Inge Hannemann erzielte als Arbeitsvermittlerin in einem Hamburger Jobcenter jahrelang eine sehr gute Vermittlungsquote. Der Beginn einer Traumkarriere? Leider nicht: Ihren Vorgesetzten und Kollegen gefiel nicht, dass sie sich weigerte, ihren Klienten das Geld zu kürzen, wenn diese Fehler machten. Inge Hannemann musste mit ansehen, wie derartige Sanktionen, ohne Rücksicht auf die individuelle Situation der Menschen verhängt, die Betroffenen in die Verzweiflung trieben. Als Hannemanns Protest auf taube Ohren stieß, ging sie an die Öffentlichkeit. Von da an wurden ihr Computer überwacht, ihre Gespräche mitgehört und ihr Arbeitsplatz durchsucht. Letztlich wurde sie freigestellt. Inge Hannemann will aufdecken, was in den Jobcentern Deutschlands Tag für Tag geschieht, welche menschlichen Tragödien die rigiden Regelanwendungen auslösen – und wie teuer das unseren Staat tatsächlich zu stehen kommt. Sie schildert erschütternde Fallbeispiele aus ihrem Arbeitsalltag, plädiert für einen menschlichen Umgang mit Arbeitssuchenden und entwickelt eine konkrete und finanzierbare Vision für eine reformierte Arbeitsmarktpolitik, in der der Mensch im Mittelpunkt steht.

INGE HANNEMANN
MIT BEATE RYGIERT

DIE HARTZ-IV-DIKTATUR

Eine Arbeitsvermittlerin klagt an

Rowohlt Taschenbuch Verlag

2. Auflage Oktober 2016

Originalausgabe
Veröffentlicht im Rowohlt Taschenbuch Verlag,
Reinbek bei Hamburg, Mai 2015
Copyright © 2015 by Rowohlt Verlag GmbH, Reinbek bei Hamburg
Umschlaggestaltung ZERO Werbeagentur, München
Umschlagabbildung Thorsten Wulff
Satz DTL Documenta PostScript, InDesign,
bei Pinkuin Satz und Datentechnik, Berlin
Druck und Bindung CPI books GmbH, Leck, Germany
ISBN 978 3 499 63065 1

INHALT

VORWORT – WORUM ES (MIR) GEHT

Immer wieder werde ich von Journalisten gefragt, ob es ein einschneidendes Erlebnis im Jobcenter gab, das mich dazu bewegte, an die Öffentlichkeit zu gehen. Die Antwort lautet: Es gab viele einschneidende Erlebnisse. Diese Eindrücke sammelten sich über die Jahre an und bewirkten, dass mein eigener innerer Druck so groß wurde, dass er auf irgendeine Weise abgebaut werden musste. Und hier kommt meist die zweite Frage: Warum haben Sie das Jobcenter nicht von sich aus verlassen und einen neuen Job gesucht? Auch diese Frage ist berechtigt. Die Antwort lautet: Ein sinnvoller Widerstand muss in meinen Augen von innen und außen kommen. Von innen heraus, um Glaubwürdigkeit zu schaffen und das, was die Erwerbslosen und deren Bedarfsgemeinschaften seit vielen Jahren kritisieren, zu untermauern. Lange Zeit verfolgte ich, was in den unterschiedlichsten Foren, Blogs oder in den sozialen Netzwerken beklagt wurde. Gleichzeitig beobachtete ich, dass Kritik selbst von Seiten der Wissenschaft, von Gewerkschaften, Erwerbsloseninitiativen oder Verbänden ebenso wenig beachtet wurde wie die berechtigten Klagen der Erwerbslosen. Ja, gerade diese Menschen wurden in ihrer Not sogar belächelt. Es schien, als sei um die Themen Jobcenter, Hartz IV und deren Umsetzung eine unsichtbare Mauer errichtet. Auch fiel mir auf, dass die Erwerbslosen ihrerseits viele Vermutungen anstellten, die zum Teil richtig, aber zum Teil auch falsch waren. Das ist kein Wunder, sind diese Menschen doch meist nur mit Aussagen und Handlungen durch die Jobcenter oder Medien konfrontiert worden, ohne zu wissen, welche Regelungen, Weisungen oder tatsächlichen Interna gelten. Ich erkannte die bundesweite Intransparenz und unterschiedlichsten Arbeitsweisen der Jobcenter, und immer mehr regte sich bei mir der Verdacht, dass die einzelnen Jobcenter-Regionen zwar durch die Bundesagentur für Arbeit und die zuständigen Regionaldirektionen ihre Weisungen, Zielvereinbarungen und Richtlinien erhielten, jedoch für deren eigentliche Umsetzung selbst verantwortlich waren und sind. Ein Zustand, der Willkür auf der einen und Unsicherheit auf der anderen Seite Tor und Tür öffnet. Gleichzeitig wurde auch für uns Mitarbeiter in den Jobcentern der Arbeitsalltag immer mehr durch Zahlen und restriktive Anweisungen bestimmt. Standen zu Beginn der Ära Hartz IV im Jahr 2005 das Chaos durch die oftmals nicht funktionierende EDV, die Unwissenheit in der Umsetzung des Sozialgesetzbuches II und zahlreiche Gesetzesänderungen im Mittelpunkt der Arbeit, so ging im Laufe der Jahre die tatsächliche Arbeit mit den Menschen immer mehr im Dienst der Zahlen verloren. Denn durch die Einführung des internen Controlling-Systems wurden peu à peu aus den Menschen Zahlen, auch in den Köpfen vieler Jobcentermitarbeiter. Parallel dazu verschärften sich die Sanktionsregelungen – insbesondere im Bereich der jungen Menschen bis 25 Jahre – und der Adlerblick auf deren Umsetzung, führten diese doch gerade zu Beginn von Hartz IV zur Reduzierung der passiven Leistungen, was den Haushalten des Bundes und der Kommunen zum Vorteil gereichte. Allein die Zunahme der Zahl der Sanktionen bis zum heutigen Tag zeigt, worauf der Schwerpunkt gelegt wird: auf Maßregelung und Bestrafung.

In all den Jahren habe ich viele Kolleginnen und Kollegen kommen und gehen sehen. Gekommen sind sie oftmals motiviert, gegangen sind sie resigniert. Genau das wollte ich nicht, und darum versuchte ich intern, ein Umdenken im Umgang mit den Erwerbslosen zu erreichen. Mit der internen Kritik, mit meinen Verbesserungsvorschlägen und Konzepten bin ich gescheitert. Antworten auf meine Fragen habe ich nicht erhalten, Zustimmung durch die Kollegen hinter verschlossenen

Bürotüren durchaus. Die verständliche Angst vor dem eigenen Jobverlust oder vor Mobbing machte so einen kollektiven Zusammenschluss unmöglich. Mir ist bewusst, dass weder eine einzelne Person noch die Betroffenen selbst die Abschaffung von Hartz IV erreichen können. Dafür ist Hartz IV einfach zu sehr ein Politikum und darüber hinaus ein Finanzsystem geworden, das inzwischen den Wirtschaftsstandort Deutschland durch den prekären Arbeitsmarkt finanziert und aufrechterhält. Und dennoch bin ich der Meinung, dass die Forderung «Weg mit Hartz IV» laut und unüberhörbar in die Welt gesetzt werden darf und muss – auch und gerade weil sie polarisiert. Denn wir leben in einer Welt, in der wir nur gehört und medial wahrgenommen werden, wenn wir uns klar positionieren – eine Taktik, die ich über die Jahre von zahlreichen Politikern gelernt habe.

Die Agenda 2010 hat eine unsoziale Gesellschaftsspaltung hervorgebracht, die zu einer Entsolidarisierung und Entdemokratisierung führt. Sie schuf eine Stigmatisierung von Langzeitarbeitslosen und signalisiert Ausgrenzung. Die Betroffenen gelten als unqualifiziert und vom Rest der Gesellschaft abgehängt. Die Machtverhältnisse verteilten sich in äußerst ungleicher Weise auf zwei Schreibtischseiten – die Stärkeren sitzen im Jobcenter. Durch die ständigen Änderungen im Sozialgesetzbuch II, interne Weisungen und hohe personelle Fluktuation oder Ausfälle in den Jobcentern ist es kaum möglich, ein einheitliches Arbeiten mit entsprechender Rechtssicherheit zu ermöglichen. Eine tatsächliche Hilfe kann unter diesen Umständen von den Erwerbslosen gar nicht mehr als solche erkannt werden und wird als zusätzliche Belastung empfunden, dabei ist die Erwerbslosigkeit an sich schon extrem belastend. Es macht also keinen Sinn, den Betroffenen noch zusätzliche Belastungen zuzumuten, davon hat am Ende keine der beiden Seiten etwas. Es muss das Ziel sein, ein angstfreies System zu schaffen. Dazu muss im ersten Schritt die derzeitige Sanktionspraxis abgeschafft werden, was den Gesetzgeber nicht mehr als eine Unterschrift kostet. Im zweiten Schritt müssen die zu niedrigen Regelsätze angehoben werden, damit eine echte gesellschaftliche Teilhabe wieder möglich wird. Das hat auch zur Folge, dass der Mindestlohn so ansteigen muss, dass arbeitende Menschen von Sozialleistungen unabhängig werden. Die Politik muss sich vom Gedanken verabschieden, dass unser Staat ein Luxusgut ist, das man unter Finanzierungsvorbehalte stellen kann. Vielmehr ist unser (Sozial- und Rechts-) Staat ein Element unserer Demokratie. Wir sollten nie vergessen: Jeden von uns trennen nur zwölf Monate vom Ausschluss aus der Gesellschaft über Hartz IV. Die Agenda 2010 hat einen gesellschaftlichen Sozialabbau bewirkt, in dem der Mensch auf der Strecke bleibt. Kurzum, wir benötigen dringender denn je eine Änderung der sozialen Verantwortung gegenüber allen Menschen unserer Gesellschaft. Dieses Buch stellt nur die Spitze des Eisbergs dar.

EINLEITUNG

Hätte mir jemand noch vor wenigen Jahren gesagt, dass ich einmal für viele Menschen zum Hoffnungsträger werden sollte, dann hätte ich ihn ohne zu zögern für verrückt erklärt. Schließlich bin ich weder Jeanne d'Arc noch ein weiblicher Robin Hood, sondern einfach Inge Hannemann. Ich bin nicht besonders groß und bringe gerade mal 50 Kilogramm auf die Waage, habe seit meinen Kindertagen Rheuma, als Folge davon eine kaputte Schulter und eine versteifte Wirbelsäule, um nur einige meiner gesundheitlichen Einschränkungen zu nennen. Und dennoch habe ich einen Kampf angenommen, den ich zwar nicht suchte, den ich aber durchaus bereit bin auszufechten. Seit meine Vorgesetzten beim Jobcenter von Hamburg-Altona beschlossen haben, dass die selbstverständlichsten Grundrechte der freien Meinungsäußerung für eine Arbeitsvermittlerin nicht gelten, gab es für mich im Grunde keine Wahl. Weil ich nicht bereit war, den Mund zu halten und gegen meine Überzeugung Dienst nach menschenverachtenden und kontraproduktiven Vorschriften zu machen, hat man mich vom Dienst freigestellt. Ich wurde von meiner Stelle als Arbeitsvermittlerin im Jobcenter Hamburg-Altona bei vollen Bezügen nach Hause geschickt, weil ich Menschlichkeit gepaart mit Sachverstand im Umgang mit Arbeitssuchenden angebrachter und wirkungsvoller fand als Sanktionen oder zu erfüllende Quoten. Warum sollte ich Menschen durch Mittelkürzungen bestrafen, die ohnehin ganz unten auf unserer sozialen Skala angekommen waren? Menschen, die vor der großen sogenannten Sozialreform durch unseren früheren Bundeskanzler Gerhard Schröder, der Agenda 2010, mit großer Wahrscheinlichkeit gar nicht erst in diese Lage gekommen wären. Menschen, die verzweifelt sind, die Hilfe und Verständnis brauchen und lösungsorientierte Jobcentermitarbeiter statt Drohung und Bestrafung. Menschen, denen durch Mittelkürzungen oftmals noch das letzte Stück Boden unter den Füßen weggezogen wird. Als Arbeitsvermittlerin wurde ich viel zu oft Zeugin von Willkür und Machtmissbrauch diesen Menschen gegenüber. Denn wie soll man es anders nennen, wenn beispielsweise einer Familie, die der deutschen Sprache nicht mächtig ist, ein elektronisch erstellter Brief geschickt wird, in dem ihnen in zwei kurzen Sätzen mitgeteilt wird, dass ihr Sohn sanktioniert wird und das Arbeitslosengeld II für drei Monate vollständig entfällt? Ohne eine Begründung, ohne Änderungsbescheid, ohne Anhörung und ohne die Möglichkeit, Rückfragen zu stellen oder Widerspruch zu erheben, ist ein solches Verfahren nichts anderes als Willkür. Ich für meinen Teil kann aber die herabwürdigende Art und Weise, mit der in den Jobcentern in vielen Fällen mit den sogenannten «Kunden» umgegangen wird, nicht tatenlos mit ansehen.

Viele deutsche Bürger meinen, weil sie ins Arbeitsleben integriert seien, gehe sie das Schicksal von Langzeiterwerbslosen nichts an. Sie denken, dass sie selbst niemals in diese Situation kommen könnten, und irren sich doch gewaltig. Denn Arbeitslosigkeit kann heutzutage jedem «passieren»: dem Manager wie dem Medienmacher oder dem Mechaniker. Doch davor verschließen jene, die (noch) Arbeit haben, gern die Augen. Durch die Medien aufgehetzt, sehen sie verächtlich auf die Bezieher von Arbeitslosengeld II herab und sind der Meinung, hier würden ihre Steuergelder verschwendet. Auf eine groteske Art und Weise haben sie tatsächlich recht. Und doch sind es nicht die Gelder, die die sogenannten Hartz-IV-Empfänger erhalten, die sich unser Land nicht leisten kann. Es sind die Unsummen, die uns das kranke System von Zeit- und Leiharbeitsfirmen, die Minijobs und Ein-Euro-Jobs sowie zahlreiche sinnlose «Maßnahmen» kosten. Aus der Agenda 2010 entstand nämlich über die Jahre ein krakenartiges Gebilde von Profiteuren, die, finanziell durch unsere Regierung unterstützt, unseren Arbeitsmarkt nach und nach zerstören, statt ihn zu sanieren. Zu Buche schlagen werden die Folgen jener rigorosen und bornierten Vorschriften, die den Mitarbeitern der Jobcenter bundesweit aufgezwungen werden und gegen die ich meine Stimme erhebe.

Mit meiner Kritik stehe ich nicht alleine da. Zahllose Jobcentermitarbeiter sind derselben Meinung, nur wagen sie nicht, sie offen zu äußern. Denn was dann passieren kann, ist am Fall Inge Hannemann klar zu sehen: Statt meiner Bitte um konstruktive Gespräche nachzukommen, um gemeinsam Lösungen für die offensichtlichen Missstände zu finden, wurde ich schlicht und einfach vom Dienst suspendiert. Und nicht etwa, weil ich schlechte Arbeit geleistet hätte, meine überdurchschnittlichen Beurteilungen belegen das Gegenteil. Trotzdem wurde ich von der Bundesagentur für Arbeit zur Erzfeindin erklärt, weil ich es wagte, mit meinen Sorgen und meiner Kritik an die Öffentlichkeit zu gehen.

Aber so einfach geht das nicht. Wir leben in einem Rechtsstaat, und darum gilt auch hier das alte biblische Zitat: «Recht muss Recht bleiben». Darum klage ich auf Wiedereinstellung. Das Recht steht auf meiner Seite, denn arbeitsrechtlich kann gegen mich kein Vorwurf erhoben werden.

Doch längst ist aus meinem Fall ein Politikum geworden. Und auch für mich geht es um viel mehr als nur um die Aufhebung meiner Freistellung: Es geht darum, dass wir in diesem Land endlich wieder zu einer Beschäftigungspolitik zurückfinden, die diesen Namen auch verdient. Eine Politik, die für die Bürger da ist, und nicht für einige wenige, die sich auf Kosten aller bereichern. Eine Wirtschaftspolitik, die den Menschen in den Mittelpunkt stellt und nicht den Profit. Eine mutige Politik, die es wagt, die Menschenwürde des Einzelnen über die Interessen von Lobbyisten zu stellen.

Diesen Kampf führe ich nicht für mich. Ginge es nur um

meine Person, hätte ich längst einen anderen Bereich gefunden, in dem ich meine Fähigkeiten einsetzen kann. Ich habe in meinem Leben schon viele Herausforderungen gemeistert, ich bin ausreichend qualifiziert, um wieder eine Arbeit, die mich befriedigt, zu finden. Doch es geht um mehr, es geht um die Sache. Diesen Kampf führe ich deshalb vor allem für all jene Menschen, die durch das ungerechte System der Hartz-IV-Diktatur ihres Lebens nicht mehr froh werden, und für diejenigen, die nur zwölf Monate von dieser Diktatur entfernt sind, wenn sie arbeitslos werden. Wenn wir alle immer schweigen und klein beigeben, wird sich nie etwas ändern. Es wird Zeit, dass sich jemand dieser Sache annimmt. Und darum nehme ich die Herausforderung an.

1. SANKTIONEN STATT UNTERSTÜTZUNG?

Als ich im September 2006 beim Jobcenter zunächst in Hamburg-Hamm meine Stelle antrat, war ich voller Tatendrang. Ich freute mich auf die Herausforderung, Menschen, die seit mehr als einem Jahr ohne Arbeit waren, zu helfen, wieder eine Beschäftigung zu finden. Für diese Tätigkeit war ich außerdem bestens qualifiziert: Ich hatte zuvor in Süddeutschland nicht nur als Dozentin in der Weiterbildung von Erwachsenen gearbeitet, sondern auch als Integrationsberaterin und Fallmanagerin in den neu entstandenen Jobcentern für Erwerbslose nach dem Sozialgesetzbuch II. Ich kannte also die Thematik und brachte eine Menge Erfahrung mit, und die wollte ich nun einsetzen.

Die Jobcenter sind bekanntlich für jene Erwerbslosen zuständig, die länger als ein Jahr ohne Beschäftigung sind und Arbeitslosengeld II beziehen, auch «Hartz IV» genannt. Aufgrund meiner Vorerfahrungen wurde ich später für junge Erwachsene unter 25 Jahren eingeteilt, die im Jobcenter-Jargon «U25» genannt werden. In der ersten Teamsitzung erklärte ich meinen Kollegen, dass es mir nichts ausmachte, auch schwierige Fälle zu übernehmen, und so übertrugen sie mir bald jene «Kunden», die laut ihren Akten erhöhte «Vermittlungshindernisse» aufwiesen – mit anderen Worten: die richtig harten Brocken.

Ja, tatsächlich werden in der allgemeinen Sprachregelung der Bundesagentur für Arbeit Arbeitssuchende «Kunden» genannt. Ich nehme an, das ist höflich gemeint, und doch mutet mich bis heute diese Bezeichnung seltsam an. Vor allem, weil ich rasch bemerkte, dass in vielen Fällen unsere Kunden gar nicht als solche behandelt werden. «Der Kunde ist König», sagt der Volksmund, doch der Kunde im Jobcenter ist, wenn wir beim Bild des Märchens bleiben wollen, doch eher ein Bettler, ein Bittsteller. Das wurde mir allerdings erst nach und nach so richtig klar.

Als meine ersten «Kunden» zu den Gesprächsterminen erschienen, fiel mir auf, wie angespannt sie waren. Niedergeschlagen oder trotzig, aggressiv oder ängstlich – all die jungen Menschen, die auf der anderen Seite meines Schreibtischs Platz nahmen, schienen das Schlimmste von mir zu erwarten. Und spätestens nach Durchsicht ihrer Akten und den ersten Gesprächen wurde mir klar: Allesamt schleppten sie ein ganzes Bündel an Problemen mit sich herum.

Ich habe sehr gern mit Menschen zu tun; sie interessieren mich einfach. Die Geschichte, die jeder Einzelne mitbringt, und die ganz persönliche Art eines jeden, sich im Leben seinen Platz zu suchen – das alles finde ich unerhört spannend. Ich verschanze mich nicht im Büro hinter Schreibtisch und Büchern. Trotzdem liebe ich den Umgang mit Zahlen und Statistiken und kann mich stundenlang mit ihnen beschäftigen, denn für mich sind sie Abbilder einer Wirklichkeit. Ich habe über die Jahre gelernt, aus ihnen alles Mögliche herauszulesen, zu erkennen, was diese scheinbar trockenen Zahlen für das wirkliche Leben bedeuten. Doch im Mittelpunkt all meiner Interessen stand schon immer der Mensch.

Und hier saßen sie also vor mir. An den Mienen konnte ich ablesen, was sich in ihren Köpfen wohl abspielte. Ich konnte fühlen, wie stark die beiden Schreibtischseiten polarisierten: Auf meiner Seite lag ganz viel Macht – und auf der anderen entsprechend das Gefühl von Ohnmacht. Schließlich konnte ich Entscheidungen treffen, die mein Gegenüber ins Mark treffen würden. Doch das kam mir überhaupt nicht in den Sinn. Diese Sache mit dem Obrigkeitsgefühl – das kenne ich persönlich gar nicht. Ich sage immer: Unter der Dusche sehen wir alle gleich aus.

«Hallo», sagte ich also freundlich, «wie geht's denn so?»

Der junge Mann mir gegenüber, der bislang auf seine Hände gestarrt hatte, als seien sie das Interessanteste auf der Welt, blickte auf und sah mir misstrauisch in die Augen. Aus der Akte wusste ich: Er hieß André W., war 19 Jahre alt. Er hatte weder einen Schulabschluss noch eine Ausbildung, dafür 18 000 Euro Schulden. Damit war er kein Einzelfall. Die Überfülle an Kaufangeboten auf Pump zu niedrigsten Zinsen und der permanente Beschuss von Seiten der Werbung sorgen dafür, dass gerade Menschen, die es sich am wenigsten leisten können, als Ausgleich zu einem Leben voller Probleme über ihre Verhältnisse leben – im wahrsten Sinn des Wortes.

«Wie soll es denn weitergehen?», fragte ich André. «Was kann ich für Sie tun?»

Er zuckte mit den Schultern und verschränkte die Arme. Aus der Akte wusste ich, dass seine Bemühungen um Arbeit wiederholt an der Verschuldung gescheitert waren. Welcher Personalchef stellt gern einen neuen Mitarbeiter ein, dessen Gehalt sofort gepfändet wird? Es sind wahrlich wenige, die sich daran nicht stören. In der Lohnabteilung muss der Pfändungsaufwand abgelesen und an eine dritte Stelle abgeführt werden. Das bedeutet für den Arbeitgeber einen höheren Personalaufwand. Von dem negativen Image, das ein verschuldeter Bewerber mit sich bringt, natürlich ganz zu schweigen. Nachdem André klar geworden war, dass er niemals Arbeit finden würde, wenn er die Wahrheit sagte, hatte er seine Schulden beim letzten Arbeitgeber einfach verschwiegen. Doch auch das hatte ihm nichts genützt. Spätestens beim ersten Lohnzettel kam alles ans Licht, und André wurde fristlos entlassen.

«Rauchen Sie?», fragte ich ihn.

Wieder sah er mich an, als könne er nicht glauben, was er da hörte.

«Ja», sagte er überrascht.

Ich kramte in meiner Tasche, holte das Tabakpäckchen samt Filter und Zigarettenpapier heraus.

«Na, dann wollen wir mal», sagte ich und erhob mich. An der Tür sah ich mich nach ihm um. «Wollen Sie hier auf mich warten oder lieber mitkommen?»

Es lag auf der Hand, die meisten meiner neuen «Kunden» kamen voll negativer Erwartungen zu dem Pflichttermin bei ihrer neuen Sachbearbeiterin. Warum dies so war, darüber zerbrach ich mir damals den Kopf noch nicht. Ich mochte diese jungen Leute, und gerade wenn sie besonders bockig wirkten, reizte mich die Herausforderung, ihre Schale behutsam zu durchbrechen und an sie heranzukommen. Mein Auftrag war es, ihnen dabei zu helfen, Arbeit zu bekommen. Sie sollten erkennen, dass ich auf ihrer Seite stand, auch wenn ich auf der anderen Seite des Schreibtischs saß. Kurz miteinander vor die Tür zu gehen und eine zusammen zu rauchen, das war ein Weg, und manchmal war es der einzige, der möglich war. Oft waren die Gespräche demütigend für meine Partner, sie mussten ihr Scheitern eingestehen, denn wer zu mir kam, der hatte «es» nicht geschafft.

«Wissen Sie was», sagte ich damals zu André, «am liebsten möchte ich Sie hier überhaupt nicht mehr sehen.»

«Ich hab auch keine Lust hierherzukommen», konterte er.

«Sehen Sie. Also was können wir tun, dass das nicht mehr nötig ist?»

Nicht umsonst spricht man vom «Schuldenberg». Jeder, der in diese Falle tappt, empfindet es so: Er steht vor einem Berg, und je höher die Schulden, desto unüberwindlicher erscheint er dem Betroffenen. Briefe werden ungeöffnet in eine Schublade gelegt, weil man einfach nicht weiß, was man tun soll. Die Lawine rollt, und man selbst hat nichts mehr unter Kontrolle. Man kann nur den Kopf einziehen und darauf warten, dass das Unglück über einen hereinbricht. Es ist schwer, sich aus eigener Kraft daraus zu befreien. Und seien wir mal ehrlich: Was hätten wir mit 19 in so einer Situation getan?

Schulden sind ein sogenanntes Vermittlungshindernis. «Stolpersteine» nenne ich diese Hindernisse, die den Weg ins Berufsleben erschweren oder oft sogar ganz versperren. Davon kann es eine Menge geben, Schulden sind nur ein Beispiel dafür. Es beginnt häufig schon damit, dass der Schulabschluss fehlt und in der Folge natürlich keine Ausbildung gemacht werden konnte. Viele sogenannte rechtschaffene Bürger, die die Hartz-IV-Empfänger verurteilen, geben den Betroffenen selbst die Schuld dafür. Tatsächlich muss man mit 19 noch keine 18 000 Euro Schulden gemacht haben, und das allein mit 18 verschiedenen Handyverträgen.

«Du bist erwerbslos, hast kein eigenes Einkommen», sagte ich zu dem jungen Mann, nachdem ich sein Vertrauen gewonnen hatte. «Wieso musst du unbedingt ein teures Smartphone für knapp 600 Euro haben?»

«Wieso», fragte er kämpferisch, «Sie haben doch auch eines!»

Ich persönlich bin der Meinung, dass Schuldzuweisungen die Lage nicht besser machen. Natürlich ist es leichtsinnig, sich mit Handyverträgen zu verschulden. Und doch muss man in der Biographie weiter vorne ansetzen:

«Wieso hast du eigentlich die Schule abgebrochen?»

Und schon ist man mit einer solchen Frage mitten in einer Geschichte, in der nichts lief, wie es bei einem jungen Menschen laufen sollte. Meist sind es verquaste Familiengeschichten voller Leid, mitunter auch voller Gewalt, die hinter einem solchen Schicksal stehen. Eltern, die sich nicht kümmerten. Niemand, der da war, um gewisse Werte zu vermitteln, der Halt geben und als Vorbild wirken konnte. Kinder, die sich selbst überlassen wurden und sich irgendwie durchwurschteln mussten. Wenn ich die richtigen Fragen stellte und genau zuhörte, kam ich oft zu dem Schluss, dass diese jungen Erwachsenen statt Verachtung durchaus Respekt verdienten, weil sie es geschafft hatten, trotz widriger Umstände in nicht noch größere Schwierigkeiten zu geraten. Dass sie schafften, das tägliche Leben zu meistern, grenzte oft an eine Meisterleistung.

Besonders in Erinnerung blieb mir die Geschichte von Jessica R., die besonders vertrackt schien. Jessica, die heute 22 Jahre alt ist, steckte, als ich sie kennenlernte, in einer schier aussichtslosen Situation. Ihre Mutter ging fort, als Jessica zwölf Jahre alt war, und ließ sie bei ihrem Vater zurück. Dieser war hochgradig alkoholabhängig, und wenn er getrunken hatte, was er täglich reichlich tat, dann wurde er aggressiv. Er schrie und tobte, und nicht selten schlugen seine Verbalattacken in physische Gewalt um. Eines Tages fand Jessica auf der Straße einen herrenlosen Hund. Es war Liebe auf den ersten Blick bei beiden, und Jessica nahm ihn mit nach Hause, was den Vater noch mehr gegen sie aufbrachte. Doch der Hund gab dem Mädchen den emotionalen Halt, den ihr die Eltern nicht bieten konnten. Ganz allein schaffte sie es, in diesem Haushalt voller Terror ihren Realschulabschluss zu machen, und diesen sogar mit einer durchschnittlich guten Note. Jessica hatte auch klare Vorstellungen davon, was sie werden wollte. Sie hätte gerne eine Schneiderlehre begonnen, doch ohne jede Unterstützung und unter stetem Beschuss von Seiten ihres alkoholkranken Vaters schaffte sie es nicht, eine Ausbildungsstelle zu finden.

Da ihr Vater Hartz IV bezog und sie als seine Tochter dadurch ebenfalls im Jobcenter erfasst war, bat sie ihre Sachbearbeiterin, von zu Hause ausziehen zu dürfen und eine eigene Wohnung genehmigt zu bekommen, damit sie den Angriffen ihres gewalttätigen Vaters nicht mehr länger ausgesetzt wäre. Damals war sie erst 17, und ihr Antrag wurde abgelehnt. Grundsätzlich ist vom Sozialgesetzbuch II vorgesehen, dass junge erwerbslose Erwachsene bis zu ihrem fünfundzwanzigsten Lebensjahr bei ihren Eltern leben müssen. Auch im Fall von Jessica wurde keine Ausnahme in Betracht gezogen.

Nachdem ihr Vater sie immer wieder brutal geschlagen hatte

und sie sogar um ihr Leben fürchten musste, versuchte Jessica, das Jugendamt einzuschalten. Wegen «personellem Engpass» reagierte das Amt allerdings nicht auf Jessicas Hilferuf. In ihrer Not wandte sich die junge Frau mehrmals an die nächstgelegene Polizeiwache, doch auch hier fand sie keine Unterstützung. Und so blieb Jessica nichts anderes übrig, als sich an besonders schlimmen Tagen gemeinsam mit ihrem Hund zu Freunden zu flüchten, ehe die Situation zu Hause wieder einmal eskalierte.

Das Jobcenter nahm keine Rücksicht auf die Nöte der jungen Frau. Stattdessen drängte man sie, endlich eine Ausbildung zu beginnen oder eine ungelernte Arbeit anzunehmen. Auf ihre persönlichen Probleme ging man nicht ein. Wen wundert es, dass das Mädchen immer scheuer wurde und es oft nicht wagte, die Wohnung ihrer Freunde zu verlassen aus Angst, ihr Vater könnte herausfinden, wo sie sich so oft versteckt hielt. Aus diesem Grund versäumte sie auch hin und wieder die Pflichttermine beim Jobcenter. Ihr damaliger Sachbearbeiter tat daraufhin das, was in den Weisungen steht: Er sanktionierte sie mit Kürzungen ihrer Bezüge, und der Druck auf die junge Frau wurde noch größer.

An diesem Punkt in Jessicas Geschichte lernte ich sie kennen; ihr Fall war unter denen, die mir nun zugeteilt worden waren. Und so kam eines Tages eine völlig verängstigte junge Frau zu mir ins Büro. Ihren Hund hatte sie auch dabei, und als ich sah, wie eingeschüchtert Jessica R. war, nutzte ich die Gelegenheit, um mich zunächst einmal mit ihr über den Vierbeiner zu unterhalten. Ich selbst bin mit allen möglichen Tieren aufgewachsen und habe da keine Berührungsängste, ganz im Gegenteil. Es dauerte eine Weile, bis ich Jessica R. dazu ermutigen konnte, mir ihre Geschichte zu erzählen. Dann aber brach alles nur so aus ihr heraus. Unter Tränen erzählte sie mir von den schwierigen Jahren, die hinter ihr lagen, und von der ausweglosen Situation, in der sie sich momentan befand.

«Ich kann nicht mehr bei meinem Vater wohnen bleiben»,

schluchzte sie. «Er ist so unberechenbar. Neulich hat er fast meinen Hund umgebracht. Ich glaube, er lässt all seinen Frust darüber, dass meine Mutter ihn verlassen hat, an mir aus.»

Ich ließ ihr Zeit und stellte eine Menge Fragen, und so fügte sich mir nach und nach ein immer klareres Bild von Jessicas Situation zusammen.

«Ich würde so gerne Schneiderin lernen», erzählte mir Jessica. «Schon als Kind hab ich kleine Sachen genäht. Leider hat meine Mutter die Nähmaschine mitgenommen, als sie auszog. Aber auf der Maschine meiner Freundin hab ich schon ein paar Sachen für mich gemacht. Ich hab ja eh kaum Geld, um mir was zum Anziehen zu kaufen.»

Jessica verzog den Mund zu einem bitteren Lächeln. Als inzwischen 18-jährige sogenannte «erwerbsfähige Angehörige in der Bedarfsgemeinschaft» mit ihrem Vater erhielt sie nach dem Regelsatz monatlich 299 Euro. Nach der Sanktionierung «wegen Meldeversäumnis» durch meine Kollegin war der Betrag allerdings auf 269,10 Euro zusammengeschrumpft. Zwar musste Jessica in der häuslichen Gemeinschaft mit ihrem Vater davon keine Mietkosten bestreiten, doch für alles andere, das Essen für sie selbst und ihren Hund, Toilettenartikel, Kleider, Schuhe, Fahrkarten und so weiter – für all das sollten die 299 Euro reichen.

«Ich will nicht mein Leben lang von Hartz IV leben», erklärte Jessica entschlossen. «Ich will einen Beruf lernen und selbst für mich sorgen. Aber wenn ich dort wohnen bleiben muss, schaff ich das nie.»

Wieder traten Tränen in ihre Augen. Mir war klar, das Mädchen war durch den jahrelangen Terror von Seiten ihres Vaters völlig zermürbt und verängstigt. Es gab keinen anderen Weg: Sie musste dort raus.

Trotz der Vorschrift, dass junge Erwachsene bis zu ihrem 25. Lebensjahr bei ihren Eltern wohnen müssen, gibt es natürlich Wege und Mittel, ihnen im Ernstfall zu einer eigenen Wohnung zu verhelfen. Und wenn Jessicas Fall kein ernster war, welcher dann? Allerdings konnte ich das als Arbeitsvermittlerin nicht im Alleingang entscheiden. In solchen Fällen muss das Jugendamt aktiv werden und eine Empfehlung schreiben, dass eine eigene Wohnung aus familiären Gründen absolut notwendig ist. Erst dann darf ich die Mietkosten für eine eigene Wohnung genehmigen.

Also versuchte ich auf Jessicas ausdrücklichen Wunsch hin erneut, das zuständige Jugendamt einzuschalten. Dort jedoch herrschte noch immer ein «personeller Engpass», weitere Wochen vergingen und nichts geschah. Schließlich begab sich Jessicas Vater tatsächlich in eine Fachklinik zu einer Entziehungskur, und die junge Frau atmete auf. Sie hatte nun wenigstens ein paar Wochen Ruhe und die Chance, sich von dem Dauerstress mit ihrem Vater zu erholen. Zumindest glaubte sie das. Denn eines schönen Tages klingelte es an der Tür, und ein Gerichtsvollzieher stand davor. Jessica bekam fast einen Nervenzusammenbruch, als der ihr erklärte, dass ihr Vater auf ihren Namen Schulden gemacht habe. Offenbar hatte er monatelang Waren in hohem Wert bestellt – und zwar auf den Namen der Tochter. Nun sah sich Jessica mit hohen Zahlungsforderungen konfrontiert.

Unter dieser neuen Belastung drohte die junge Frau endgültig zusammenzubrechen – wer konnte ihr das verdenken? Da sie inzwischen Vertrauen zu mir gefasst hatte, rief sie völlig verzweifelt bei mir an.

«Komm sofort vorbei», sagte ich, «wir kriegen das schon irgendwie in den Griff.»

Ich fand, wenn diese junge Frau schon keine Eltern mit genügend Verantwortungsgefühl für ihr Kind hatte, dann musste ich ihr eben helfen. Kurzerhand vereinbarte ich einen Termin beim Amtsgericht, rief auch den Gerichtsvollzieher an und bat ihn hinzu. Es war nicht ganz einfach, und Jessica hatte viel Glück, denn der Gerichtsvollzieher war ein verständnisvoller

Mensch und die Richterin hatte das Herz auf dem rechten Fleck – und so gelang es uns, die Schulden auf den Vater zu übertragen, der sie ja auch tatsächlich verursacht hatte.

Natürlich fürchtete sich Jessica jetzt noch mehr vor ihrem Vater.

«Wenn der nach Hause kommt», sagte sie, «dann kann ich was erleben.»

«Wie lange dauert denn seine Kur noch?», fragte ich.

«Nur noch zwei Wochen», war die Antwort.

Es war klar, die junge Frau musste nun aus der häuslichen Gemeinschaft mit diesem Vater, der unberechenbare Tobsuchtsanfälle bekam und nicht einmal davor zurückschreckte, die Zukunft seiner Tochter mit Schulden zu belasten, ausziehen. Wenn das Jugendamt nicht in die Pötte kam, dann mussten wir es anders versuchen. Aber zwei Wochen, das war einfach zu wenig Zeit.

«Weißt du was», sagte ich zu Jessica, «ich glaube, deinem Vater würde es guttun, wenn er seine Kur noch ein bisschen verlängert.»

Sie sah mich fragend an. Ich bat sie um die Telefonnummer des behandelnden Hausarztes. Ich rief ihn an und erklärte ihm die Situation. Und wieder hatte Jessica Glück: Der Arzt verstand genau, was auf dem Spiel stand, nämlich nicht mehr und nicht weniger als die Zukunft eines jungen Menschen, und verlängerte nach Rücksprache mit den behandelnden Ärzten in der Klinik die Entziehungskur um weitere vier Wochen.

Mit meiner Rückenstärkung ging Jessica nun endlich zur Polizei – diesmal nicht als Bittstellerin um Hilfe, sondern um gegen ihren Vater Anzeige wegen Körperverletzung zu erstatten. Die nächste dringend notwendige Maßnahme war es, die junge Frau weit weg von ihrem Vater unterzubringen. Für eine begrenzte Zeit konnte sie zu Verwandten ihrer Mutter ziehen, die außerhalb der Stadt wohnten und deren Anschrift der Vater nicht kannte. Jessica zog mit Sack und Pack und vor allem mit ihrem vierbeinigen Freund aus der alten Wohnung aus und hielt die neue Adresse streng geheim. Auch ich hinterlegte sie sicherheitshalber nicht im Computer des Jobcenters – man konnte ja nie wissen. Als der Vater aus seiner verlängerten Entziehungskur nach Hause kam, war seine Tochter verschwunden. Nun hatte er niemanden mehr, an dem er seine Wut auslassen konnte.

Da Jessica große Angst davor hatte, ihr Vater könnte ihr vor dem Jobcenter auflauern, denn dies war die einzige Anlaufstelle, von der er wusste, dass sie immer noch gültig für seine Tochter war, vereinbarte ich mit ihr, dass wir die Beratungstermine vorerst telefonisch abhalten würden.

So endlich dem Psychoterror ihres Vaters entronnen, stabilisierte sich die junge Frau, kam zur Ruhe und fand die Kraft und Energie, ihre eigene Zukunftsplanung in die Hand zu nehmen. Sie absolvierte erfolgreich zwei Praktika, eine wichtige Maßnahme, um ihr Selbstbewusstsein zu stärken und sich in der Arbeitswelt zu orientieren.

Der nächste Schritt war es, dem Mädchen auf die eigenen Beine zu verhelfen, die Unterbringung bei den Verwandten war ja von vornherein als vorübergehend geplant gewesen. Da das Jugendamt nach wie vor nicht aktiv wurde, wählte ich einen anderen Weg: Schlussendlich war es eine staatlich anerkannte Straßensozialstation, die Jessicas Fall begutachtete und die längst überfällige Empfehlung für eine eigene Wohnung ausstellte. Denn erst mit einem solchen offiziellen Schreiben konnte ich ihr die Kostenübernahme für die Miete genehmigen.

Jessica zog in ihre eigene kleine Wohnung und fand eine Lehrstelle als Damenschneiderin. Heute benötigt sie die Hartz-IV-Zuwendungen nicht mehr, sie steht auf eigenen Beinen. Kurz vor meiner Freistellung besuchte sie mich im Jobcenter – fast hätte ich in der selbstbewussten und fröhlichen jungen Frau das eingeschüchterte Mädchen von einst nicht wiedererkannt.

«Das hätte ich niemals geschafft», sagte sie, «wenn Sie mir nicht so geholfen hätten.»

«Geschafft hast du das selbst», gab ich lächelnd zurück. «Ich habe nur geholfen, ein paar Stolpersteine aus dem Weg zu räumen.»

Das war es, weshalb ich mich damals entschlossen hatte, beim Jobcenter team.arbeit.hamburg die schwierigen «U25»er zu übernehmen. Sicher, es gab Fälle, da waren meine Bemühungen von weniger Erfolg gekrönt. Und doch fand ich fast immer einen Weg, um den Leuten zu helfen, auch wenn ich mir damit bei meinen Kollegen und Vorgesetzten nicht nur Freunde machte.

Denn im Fall von Jessica R. machte ich aus Sicht der Teamleitung mehrere kapitale Fehler: Ich mischte mich mehr ein, als ich sollte, als ich den Fall nicht nur nach Jessicas Verhalten gegenüber dem Jobcenter beurteilte, sondern den ganzen Menschen samt seiner Lebenssituation unter die Lupe nahm. Ich übertrat meine Kompetenzen in mehreren Punkten: Da war die Sache mit dem Gerichtsvollzieher. Hier einzuschreiten ist eigentlich nicht Sache eines Sachbearbeiters beim Jobcenter. Und doch: Hätte ich das Mädchen so ins Messer laufen lassen sollen? Die Sanktionierung aufzuheben, die verhängt worden war, als Jessica aus Angst vor Zusammentreffen mit ihrem Vater nicht zu den Terminen erschienen war, bedeutete einen weiteren Verstoß gegen die «Empfehlungen», die man an uns richtete. Mich an den Hausarzt des Vaters zu wenden – auch das lag außerhalb meiner Befugnisse. Einen Weg am Jugendamt vorbei zu suchen und zu finden, überschritt außerdem meine Zuständigkeit. Dass ich mit Jessica einige Monate lang die Beratungsgespräche am Telefon führte, statt darauf zu bestehen, dass sie bei mir im Büro erschien, dafür erhielt ich auch wirklich eine Rüge. Auf die Gefahr hin, dass alles bislang Erreichte umsonst gewesen wäre, wenn Jessica vor dem Jobcenter auf ihren Vater getroffen wäre, hätte ich auf ihrem Kommen bestehen sollen. Vor allem, dass ich ihre neue Anschrift bei den Verwandten nicht ins System eingespeist hatte, ging eigentlich gar nicht. Und doch fand ich es wichtiger, ein Menschenleben zu schützen, als der Bürokratie Genüge zu tun. Dass ich am Ende einen fast schon aufgegebenen Fall in die Selbständigkeit und Unabhängigkeit vom Jobcenter hatte führen können und dies sogar auf Dauer – dieser Erfolg wurde nicht gewürdigt.

Mir war das alles ziemlich egal. Ich hörte mir die Vorhaltungen an und scherte mich nicht weiter um sie. Da war ein Mensch, dessen Leben sich von Grund auf zum Besseren gewendet hatte, das allein zählte für mich. Und war nicht genau das unser Auftrag, sei es nun bei der Bundesagentur für Arbeit oder in den Jobcentern? Menschen zu helfen, dass sie sich kraft ihrer eigenen Arbeit selbst finanzieren konnten und uns irgendwann nicht mehr brauchten? So hatte ich es zumindest verstanden und so verstehe ich den Auftrag der Arbeitsvermittler auch heute noch. Und Frank-Jürgen Weise formulierte es ja im Zusammenhang mit dem Vermittlungsskandal von 2013 nicht anders, wenn er sagte: «Wir arbeiten für Menschen, nicht für Zahlen.»[1] Genau das ist es, was auch ich fordere: dass wir die Menschen im Fokus behalten und ihr Wohl über Statistiken und Quoten stellen.

1 Zitiert nach: ntv vom 23. Juni 2013 http://www.n-tv.de/politik/
Arbeitsagentur-schoent-Vermittlungsstatistik-article10872931.html

2. ZUR UNMENSCHLICHKEIT GEZWUNGEN

Doch die Wirklichkeit im Jobcenter sieht anders aus. Es dauerte eine Weile, bis ich begriff, dass einige meiner Kollegen und vor allem diejenigen in der Leitungsebene ihre Aufgabe ganz anders definierten. Im Gegensatz zu mir und manchen meiner Kollegen sahen sie sich nicht als Verbündete der Arbeitssuchenden auf ihrem Weg in die Beschäftigung, sondern als Repräsentanten einer strengen Instanz, die glaubten, den «Hartzer» überwachen und maßregeln zu müssen. Das setzt ein Menschenbild voraus, das mir einfach nicht in den Kopf will. Ich bin der festen Überzeugung, dass Menschen grundsätzlich arbeiten wollen, und all meine inzwischen gemachten Erfahrungen bestätigen dies. Besonders in Deutschland ziehen wir alle unser persönliches Selbstwertgefühl aus der Möglichkeit, etwas Sinnvolles zu leisten und unser Geld selbst zu verdienen. Ein guter Job sichert die Anerkennung durch die Umwelt, außerdem sorgt ein geregeltes Arbeitsleben für soziale Kontakte und eine Tagesstruktur, und all das ist für viele Menschen so wichtig wie die Luft zum Atmen. Zu arbeiten bedeutet, Teil einer Gemeinschaft zu sein und dazu beizutragen, dass unsere Gesellschaft funktioniert. Ein gutes Arbeitsumfeld macht Menschen zufrieden, die Möglichkeit, etwas Sinnvolles zu leisten und die eigenen Fähigkeiten unter Beweis zu stellen und zu erweitern – all das gehört zu einem selbstverwirklichten und glücklichen Leben dazu. Michael Neumann und Jörg Schmidt haben dies in ihrem Aufsatz, der vom Roman Herzog Institut veröffentlicht wurde[2], treffend formuliert: «Empirisch

---

2 Michael Neumann, Jörg Schmidt: Glücksfaktor Arbeit – Was bestimmt unsere Lebenszufriedenheit?, Hg.: Roman Herzog Institut

ist längst nachgewiesen, was intuitiv ohnehin nie strittig war: Arbeiten macht uns glücklicher als Arbeitslosigkeit.»

Die Autoren erwähnen eine Untersuchung in zwölf europäischen Staaten, die belegte, «dass Arbeitslosigkeit unglücklich macht».

Offenbar scheint dies auch in Deutschland zu gelten – nur nicht für diejenigen, die Hartz IV beziehen. Verbreitet ist die Meinung, der «Hartzer» an sich sei faul, liege am liebsten auf Malle am Strand und freue sich über die großzügigen Zuwendungen vom deutschen Staat. Der «Hartzer» an sich kann angeblich nichts, lacht sich ins Fäustchen, während die anderen arbeiten, steht erst gegen Mittag auf und drückt sich um jedes Bewerbungsgespräch herum. Er nutzt ohne Gewissensbisse die Wohltaten des deutschen Sozialstaates aus – wieso um alles in der Welt sollte er sich anstrengen, wo er doch alles in den Hintern geschoben bekommt? Wer «Hartzer» wird, ist garantiert selbst schuld an seiner Situation, der muss ganz gewaltig was falsch gemacht haben, ansonsten wäre er niemals «dort unten» gelandet.

Einfach nur dummes Stammtischgeschwätz? Das vermutete ich früher auch. Umso entsetzter war ich, als mir langsam, aber sicher klar wurde, dass dieses Gedankengut innerhalb der Jobcenter ebenfalls weit verbreitet war. Und nicht etwa nur unter den Jobcentermitarbeitern, sondern fatalerweise auch ganz oben in der Führungsriege.

Um keine Missverständnisse aufkommen zu lassen: Ich hatte zahlreiche ausgesprochen nette und sensible Kollegen. Und noch heute habe ich bundesweit unzählige Unterstützer aus den Reihen der Arbeitsagenturen und der Jobcentermitarbeiter aller Ebenen, die so denken wie ich. Sie versorgen mich ständig mit einer Fülle an Informationen, jetzt, wo man mich

e. V., München 2013, http://www.romanherzoginstitut.de/uploads/ tx_mspublication/RHI-Diskussion_21_2te.pdf

aus dem System entfernt hat. Ich schätze und bewundere diese Menschen. Es ist alles andere als einfach, unter dem steten Druck der Vorschriften, die die Sanktionspraxis betreffen, sich selbst und seinen Idealen treu zu bleiben. Mir und meinen Kollegen wurde das Leben mit der Zeit immer schwerer gemacht – und das nicht unbedingt von Seiten unserer «Kunden». Es ist das System Hartz IV selbst, was wirklich sinnvolle Arbeit schwierig bis unmöglich macht. Es sind die Vorschriften, die verhindern, dass die Arbeitsvermittler den Betroffenen helfen können, ihre «Vermittlungshindernisse», jene Stolpersteine also, die sich mit der Zeit bei vielen ansammeln, aus dem Weg zu räumen und ihnen den Weg in die Beschäftigung zu ebnen. Unsere Situation in den Jobcentern ist hochgradig grotesk: Gerade das System, das angeblich geschaffen wurde, um den Menschen zu helfen, entwickelt Vorschrift um Vorschrift, die genau den gegenteiligen Effekt haben. Und das kann auf Dauer nicht gutgehen.

Wenn ich zurückdenke an meine Kolleginnen und Kollegen, dann sehe ich ganz unterschiedliche Menschen vor mir. Da waren diejenigen, die aus helfenden Berufen zu uns kamen, die zuvor als Sozialpädagogen gearbeitet hatten oder direkt von der Uni, voller Enthusiasmus, voller Ideen. Es dauerte nicht lange, und diese waren wieder weg – enttäuscht davon, dass sie so wenig von dem, was sie sich vorgestellt hatten und was so nötig wäre, umsetzen konnten. Andere blieben, passten sich an und verloren in erschreckendem Maße all ihre Begeisterung, weil sie nicht so agieren konnten, wie sie es gerne getan hätten. Denn wie soll man Arbeitssuchenden helfen, wenn überhaupt keine Arbeitsplätze vorhanden sind, an die sie vermittelt werden könnten?

Diesen einmal so engagierten Mitarbeitern wird mit der Zeit bewusst, dass ihr Schreibtisch mehr ist als ein Möbel, auf das man die Akte legen kann – dass er nämlich eine unsichtbare Schranke darstellt, die sie nur öffnen können, wenn sie ein, zwei, drei Vorschriften ignorieren. Wer von den Jobcentermitarbeitern sich unter diesen Umständen nicht nach einer anderen Arbeit umsah, der sah sich gezwungen, mit der Zeit sein kritisches Denken abzuschalten, um nach Weisung verfahren zu können, ohne von seinem schlechten Gewissen aufgefressen zu werden.

Das passiert schneller, als man denkt. Denn wenn man nicht aufpasst, dann kommt man irgendwann gar nicht mehr dazu, das System zu hinterfragen. Dafür sorgt schon allein der hohe Verwaltungsaufwand, mit dem die Jobcentermitarbeiter beschäftigt werden: Sie müssen nämlich täglich neue, kompliziert formulierte Weisungen lesen, Statistiken ausführen, Suchläufe durchführen nach dem Muster: «Wie viele meiner Kunden sind noch arbeitssuchend? Wie viele bereits vermittelt?» und so weiter und so fort. Denn alles will im System erfasst sein, das sogenannte «Profiling» muss immer aktualisiert werden. Und eines Morgens wacht man auf und stellt sich die Frage: Was mache ich da eigentlich?

Das ist der Grund, warum ich heute, wo ich aus dem System herausgefallen bin, so viele Unterstützer in den Jobcentern habe. Diese Menschen melden sich von selbst bei mir, schicken mir ungefragt Unterlagen, Mails, Statistiken, Informationen. Warum tun sie das, und zwar in allen Abteilungen und auf allen Dienstebenen? Weil sie das, was sie tun müssen, nicht mehr aushalten, selbst aber nicht den Mut haben, denselben Weg zu gehen wie ich. Sie alle haben gute Gründe, es nicht zu tun. Und ich wäre die Letzte, die es ihnen raten würde. Meine Unterstützer und Informanten haben erkannt: Man kann durchaus der guten Sache dienen, gerade indem man im System verbleibt.

Es ist unendlich bedauerlich, was Tag für Tag in den Jobcentern geschieht. Dabei könnte man so gut und wirkungsvoll arbeiten, wenn man uns nur ließe. Statt die Arbeitsvermittler mit administrativen Dingen zu beschäftigen, ihnen ständig umfangreiche schriftliche Dienstanweisungen auf den

Schreibtisch zu schicken, statt sie zu überwachen, ihnen in den sozialen Medien hinterherzuspionieren, sie zur Strenge zu ermahnen und zu bestrafen, wenn sie gute Arbeit leisten statt sich an sinnlose Vorgaben zu halten – stattdessen könnte man die Ressourcen ja auch dazu nutzen, um die gestellte Aufgabe so gut wie möglich zu erfüllen. So, wie ich mein Bestes gab und für bereits aufgegebene Fälle Lösungen suchte und tatsächlich fand.

Wie das Beispiel von Jessica zeigte, geht es in vielen der schwierigen Fälle nicht, ohne mit anderen Behörden zu kooperieren. Bei den Jugendlichen unter 25 Jahren mit den sogenannten Vermittlungshindernissen war es oft das Jugendamt, mit dem ich zusammenarbeiten musste, um etwas bewegen zu können. Aber auch Beratungsstellen waren meine Ansprechpartner, wenn es etwa um Schulden oder um Drogenprobleme ging. Wenn ein Jugendlicher zu mir kam und ganz offensichtlich ein solches Problem hatte, war mir klar, dass es keinen Zweck hatte, ihn in den nächsten Minijob oder Ein-Euro-Job zu stecken. Denn das Drogenproblem legte er ja schließlich nicht an der Pforte seines Arbeitgebers ab, um es abends wieder mitzunehmen. Ehe ich ihm und dem Unternehmen viele demütigende und frustrierende Erfahrungen zumutete, wollte ich dem Betroffenen doch vor einer Vermittlung lieber helfen, sein Problem in den Griff zu bekommen. Dazu war es notwendig, das Vertrauen des Jugendlichen zu gewinnen und ihn an eine entsprechende Beratungsstelle zu vermitteln. Was läge also näher, als ein Netzwerk aufzubauen zwischen den Jobcentern und den Sozialbehörden und Beratungsstellen, damit man Hand in Hand arbeiten könnte, um viel Zeit und Geld zu sparen. Doch eine solche Vernetzung ist nicht geplant, sie wird nicht gefördert, und ich habe den Eindruck gewinnen müssen: sie ist nicht erwünscht. Diese Art der Arbeit soll allein den sogenannten Fallmanagern vorbehalten sein, von denen es pro Jobcenter mindestens einen gibt. Den Erwerbslosen bleibt es selbst überlassen, sich freiwillig für das sogenannte «Fallmanagement» zu melden, oder die für sie zuständige Integrationsfachkraft weist sie dem Fallmanager zu[3]. Tatsächlich aber wissen die wenigsten von den sogenannten «schweren» Fällen, dass es so etwas überhaupt gibt. Zudem ist das Vertrauen in die Leistungen der Jobcenter bei jenen Menschen, die bereits so tief in der Tinte sitzen, erfahrungsgemäß meist nicht mehr sehr groß – also wird sich kaum jemand, der mit massiven Drogenproblemen, mit Schulden oder mit familiären Schwierigkeiten wie zum Beispiel häuslicher Gewalt zu kämpfen hat, freiwillig bei seiner «Integrationsfachkraft» melden und sagen: «Ich würde gerne mal den Fallmanager sprechen.»

Statt die Arbeit der Jobcentermitarbeiter, werden sie nun Arbeitsvermittler oder Integrationsfachkraft genannt, so stark zu reglementieren, wäre es viel sinnvoller, die Mitarbeiter dazu anzuregen, den ganzen Menschen samt seinen Lebensumständen im Fokus zu behalten. Denn nur so können sie realistische Vermittlungsarbeit anbieten und die Betroffenen tatsächlich in die Arbeitswelt integrieren. Stattdessen wird der Druck auf den Jobcentermitarbeiter immer größer. Drogen, Schulden, familiäre Probleme – das alles soll er am besten ignorieren. Er soll seine Kunden in Arbeitsstellen vermitteln. Vermitteln, vermitteln, vermitteln, so heißt das Mantra. Wohin, das ist egal, Hauptsache, die Quote stimmt und am Ende die Statistik. Denn am Ende eines Jahres erhalten die Führungskräfte Erfolgsprämien nach dem Tarifvertrag des öffentlichen Dienstes, sofern in ihren Ämtern die Zielvereinbarungen umgesetzt und die geforderten Zahlen erreicht wurden. Dabei wird nicht gemessen, ob der vermittelte Mensch zufrieden in seiner, auch berufsfremden, Arbeit ist, ob er dort eine Zukunft hat, ob sein «Vermittlungshindernis» tatsächlich beseitigt wur-

---

3 So waren im dritten Quartal 2014 2825 Fallmanager auf 424 Jobcenter der gemeinsamen Einrichtungen und Optionskommunen verteilt. (Quelle: Personalstrukturdaten der gemeinsamen Einrichtungen – intern – BA, 3. Quartal 2014)

de und er «es» schaffen kann, sich langfristig selbst zu erhalten. Gemessen wird nur die nackte Zahl: Ein Arbeitssuchender weniger, egal wie lange er bei der vermittelten Stelle bleibt. Wenigstens für die nächsten Tage oder Wochen, wenn es hoch kommt, Monate. Was dann kommt, das spielt im Augenblick keine Rolle. Und darum muss der «Kunde» auch spuren und seinem Arbeitsvermittler auf keinen Fall die Quote versauen. Die Quote steht über allem, auch über dem arbeitssuchenden Menschen. So zu arbeiten, wie ich es immer wieder mit Erfolg versuchte, nämlich mit dem Fokus auf den Menschen gerichtet, passt nicht ins Schema. Auf den ersten Blick ist eine solche Vermittlungsarbeit aufwendig und zäh. Es kann Monate dauern, bis die wichtigsten Stolpersteine aus dem Weg geräumt sind. Dass Jessica nie mehr wieder «Kundin» des Jobcenters wurde, dieser Erfolg und auch das persönliche Glück der jungen Frau finden in den Statistiken keinen Niederschlag. Ganz im Gegenteil sogar: Vermittelt ein Jobcentermitarbeiter einen Arbeitssuchenden in einem Jahr vier Mal, weil der immer wieder an seinen Stolpersteinen scheitert, dann sieht dessen Statistik besser aus als meine. Es sieht nämlich so aus, als hätte mein Kollege vier Arbeitssuchende in Brot und Lohn gebracht. Dass es immer wieder derselbe war, der von Mal zu Mal tiefer in die Spirale der Hoffnungslosigkeit gerät, darüber geben die nackten Zahlen keine Auskunft. Das persönliche Leid der «Kunden», ihre Erfolge und Lebenspläne, ihre Hoffnungen und Ängste – all das wird in keiner Statistik erfasst. Es interessiert schlichtweg keinen.

In diesem Zusammenhang bekommen die Sanktionen eine neue Tragweite. Es gibt aus Sicht der Bundesagentur für Arbeit drei gute Gründe, warum die Bezüge eines Hartz-IV-Empfängers gekürzt werden können:

- wenn er nicht zum vereinbarten Termin im Jobcenter erscheint;
- wenn er an einer Maßnahme nicht teilnimmt, obwohl er

angemeldet wurde – was auch gegen seinen Willen geschehen kann;

- wenn er nicht so viele Bewerbungen schreibt, wie in der Eingliederungsvereinbarung festgeschrieben wurde, dem Vertrag zwischen Arbeitssuchendem und Jobcenter.

Der Erwerbssuchende hat zu funktionieren. Seine äußeren und inneren Umstände werden dabei nicht berücksichtigt. Ganz davon zu schweigen, dass wir überhaupt nicht genügend Arbeits- und Ausbildungsplätze für all die Arbeitssuchenden haben. Ich frage mich: Wie heuchlerisch ist das denn? Wir fordern, wir bestrafen, wir kürzen Mittel, die eh kaum zum Leben reichen – und was haben wir auf der anderen Seite zu bieten? Ausbeuterische Modelle und prekäre Arbeitsplätze. Minijobs und Zeitarbeit. Kann das die Antwort auf sechs Millionen Arbeitssuchende sein?

Wen wundert es unter solchen Umständen, dass immer mehr Jobcentermitarbeiter frustriert sind. Wie jeder Einzelne mit dieser schwierigen Situation umgeht, ist unterschiedlich und entspricht wohl seiner Prägung. Die einen verschließen ihr Inneres, werden hart und gefühllos, treten nach unten und buckeln nach oben, um für sich selbst das Beste aus dem System herauszuschlagen. Viele Mitarbeiter werden krank, brennen aus, machen Dienst nach Vorschrift, haben innerlich längst gekündigt und zählen die Jahre, Monate oder Tage bis zur Rente. Einige versuchen innerhalb ihrer Möglichkeiten das für ihre Kunden zu tun, was eben so geht. Viel ist es nicht.

3. VON VORURTEILEN UND NEGATIVEN SELBSTBILDERN

Das Jobcenter Pinneberg machte im Mai 2013 von sich reden. Der Grund war eine reich bebilderte und auf den ersten Blick liebevoll gestaltete Broschüre, die den «Neuantragstellern» die Umstellung erleichtern und ihnen anschaulich erklären sollte, was nun alles auf sie zukommen würde.

Im Grunde keine schlechte Idee. Man kann auf den gut einhundert Seiten die gute Absicht spüren, den «Neukunden» im System Hartz IV den sozialen Abstieg so leicht wie möglich zu machen. Anhand des erfundenen Fallbeispiels der vierköpfigen Familie Fischer werden Fakten vermittelt, zum Beispiel wie man sich am besten durch den Verwaltungsdschungel eines Jobcenters seinen Weg bahnt, und was es mit komplizierten Wortschöpfungen wie «Eingliederungsvereinbarung» oder «Bedarfsgemeinschaft» auf sich hat. Da gibt es Erklärungshilfen, wie man die komplizierten Bescheide des Jobcenters zu verstehen hat, außerdem werden nach Themen geordnet umfänglich Beratungsstellen mit Anschriften aufgeführt. In einem ausführlichen Teil zum Thema «Wie bewerbe ich mich richtig» erhält man allerdings neben guten Tipps auch solche schulmeisterlichen wie: «Achten Sie auf eine angenehme Gesamterscheinung», wozu unter anderem «saubere, ordentliche Kleidung» gehört, sowie «geputzte, seriöse Schuhe».

Es wurde an nichts gespart. 16 ganzseitige Illustrationen in Vierfarbdruck zeigen, wie Mama und Papa Fischer samt Tochter und pubertierendem Sohn geradezu bravourös alle Unbill und Demütigungen auf sich nehmen, um am Ende – «Ende gut, alles besser» – gestärkt aus dieser schweren Prüfung hervorzugehen: Papa Fischer, ein typischer Ü50er, findet nach dem

Aufpolieren seiner Qualifikationen durch das Jobcenter wieder einen tollen Arbeitsplatz. Die Botschaft ist klar: Alles halb so schlimm. Mit dieser Broschüre meinte man es in Pinneberg ganz besonders gut.

Meine Oma pflegte allerdings zu sagen: «Gut gemeint ist das Gegenteil von gut.» Diese großmütterliche Weisheit trifft auf den illustrierten Ratgeber zum Arbeitslosengeld II des Jobcenters Kreis Pinneberg ganz besonders zu. Denn was sich hinter der heiteren Bildergeschichte verbirgt, ist letztendlich ein Schlag ins Gesicht eines jeden Hartz-IV-Empfängers. Am skandalösesten sind sicherlich die zahlreichen falschen Rechtshinweise, die in der Broschüre gegeben werden. So suggeriert die Broschüre beispielsweise auf mehreren Seiten, dass der Abschluss einer Eingliederungsvereinbarung zwingende Pflicht sei, obwohl dem keineswegs so ist. Die Vereinbarung zwischen dem Erwerbslosen und dem Jobcenter kann genauso gut mit einem sogenannten Verwaltungsakt erfolgen, den nur das Jobcenter unterschreibt. Die Verweigerung der Unterschrift auf die Eingliederungsvereinbarung darf nicht sanktioniert werden. Außerdem stellt die Broschüre die Behauptung auf, dass die Bedarfsgemeinschaft Familie Fischer nur ein Auto im Wert von 7500 Euro besitzen dürfe. Das ist schlichtweg falsch, da der Freibetrag mit der Anzahl der erwerbsfähigen Mitglieder zusammengerechnet wird. Bei Familie Fischer wären es somit die Eltern, da die Kinder noch der Schulpflicht unterliegen. Sie dürften also ein Auto im Wert von 15 000 Euro besitzen.

Außerdem wird hier in aller Deutlichkeit und vollkommen mitleidlos gezeigt, wie groß die Fallhöhe ist, findet ein Familienvater nach unverschuldetem Arbeitsplatzverlust (Herrn Fischers Firma wurde ins Ausland verlegt, er hatte keine Chance, mitzukommen) länger als zwölf Monate keine neue Stelle. Schon beim ersten Beratungsgespräch beim Jobcenter werden indirekt Drohungen ausgesprochen, die bei Herrn Fischer durchaus ankommen und die gewünschte Wirkung zeigen.

Die «Integrationsfachkraft», wie der Arbeitsvermittler seit 2013 heißt, erklärt ihm, was er tun muss, um sich aktiv um Arbeit zu bemühen, und welche Konsequenzen es hat, falls er das nicht tut. «Ihr Gesicht wird ernst», heißt es in der Broschüre. «‹Sanktionen›, denkt Knut.»

Als der Bescheid kommt, ist in der fiktiven Familie der Schrecken groß. Die Fischers bekommen noch weniger Geld, als sie sich ausgerechnet hatten. Denn nicht nur das geringe Einkommen aus einem Minijob wird mit 280 Euro abgezogen, sondern auch das Kindergeld. Doch das ist noch nicht alles: «Unsere Wohnung ist das nächste Problem. Laut Tabelle stehen uns mit vier Personen nur maximal 85 Quadratmeter zu. Unsere Wohnung ist nicht nur größer, sondern auch zu teuer.»

Die Familie macht gute Miene zum bösen Spiel und sieht das Ganze eher sportlich. Die Fischers entrümpeln ihre Wohnung und verkaufen Möbel, die sie nicht mehr brauchen – nach dem Motto: Was immer möglich, machen wir zu Geld.

Besonders peinlich wird es beim Kapitel «Sparen». Da nimmt Sylvia Fischer schon mal ihre Hartz-IV-erprobte Freundin Martina mit in den Supermarkt, die ihr wertvolle Tipps gibt wie zum Beispiel: «Als ich noch Hartz IV bekommen habe, habe ich es mir angewöhnt, möglichst nur einmal in der Woche einkaufen zu gehen», sagt Martina (…), «sonst kauft man viel unnötiges Zeug.» Als Sylvia Mineralwasser in den Einkaufswagen laden will, wendet Martina ein: «Wusstest du eigentlich, dass Leitungswasser oft eine bessere Qualität hat als Mineralwasser?»

Auf den Einwand ihrer Freundin: «Aber es schmeckt nicht so gut» meint Martina: «Vielleicht müsst ihr euch nur dran gewöhnen.»

Ja, an Zynismus lässt dieser letzte Satz nichts zu wünschen übrig. Tatsächlich ist es besser, die Fischers gewöhnen sich nicht nur daran, Leitungswasser zu trinken, sondern auch noch an ganz andere Dinge. Doch es kommt noch besser: Die

Hartz-IV-erfahrene Freundin rät dazu, sich mit billigen und haltbaren Lebensmitteln wie Mehl, Nudeln oder Dosen einzudecken. Ganz besonders grotesk wird es aber, wenn bei den Spartipps geraten wird, zu duschen statt zu baden, und in den WC-Spülkasten Steine zu legen, um weniger Wasser zu verbrauchen.

Ich könnte noch viele Beispiele aus dieser Broschüre zitieren, und sie wären vielleicht sogar amüsant, wäre das Ganze nicht für die Betroffenen so schrecklich ernst und demütigend. Aber das wirklich Interessante an dieser Broschüre ist, dass man sich hier mit den besten Absichten selbst entlarvt und in aller Unschuld oder anders gesagt vollkommen ungeniert diese Haltung von oben nach unten zur Schau stellt. Da wird eine Familie, die bislang ganz gut allein zurechtkam, behandelt, als seien auch die Eltern unmündige Kinder. Man greift in grundlegende Themen ein wie die Wohnsituation oder wofür eine Hausfrau ihr Geld ausgibt. Ganz besonders deutlich wird das Heuchlerische unserer Gesellschaft aber, als sich Herr Fischer auf ein wichtiges Vorstellungsgespräch vorbereitet. Er hat alles gut gemacht, alle Maßnahmen genutzt und eine perfekte Bewerbung losgeschickt. Nun ist er zum Gespräch eingeladen. Doch er hat keinen passenden Anzug. Seine Frau überredet ihn, mit ihr in ein Herrenmodengeschäft zu gehen:

«Als sie das Geschäft betreten, möchte Knut auf der Stelle kehrtmachen, doch Sylvia erklärt bereits einem Verkäufer seine bedauernswerte Situation: dass er schon so lange auf Jobsuche sei, nichts Vernünftiges im Schrank habe und sie sparen müssten. Der junge Mann mit akkuratem Seitenscheitel betrachtet Knut mit Kennerblick ...»

Wie gut, dass Knut Fischer eine Frau hat, deren Schamgrenze offenbar sehr hoch liegt. Wer möchte schon in einem Fachgeschäft von seiner prekären Situation sprechen müssen und an das Mitgefühl eines «jungen Mannes mit akkuratem Seitenscheitel» appellieren?

Am Ende heißt es, dass Knut Fischer seinen neuen Job sicher nur wegen des neuen Anzugs bekommen habe. In welcher Welt leben wir eigentlich, fragte ich mich, nachdem ich dieses Heft zum ersten Mal durchgelesen hatte. In einer Welt, wo ein schicker Anzug den Ausschlag gibt, ein qualifizierter Mensch ohne aber nicht zum Zug kommt?

Wie unterschiedlich Bewerbungsgespräche verlaufen können, je nachdem wer einem gegenüber sitzt, habe ich mehrfach am eigenen Leib erlebt. Dabei kann man eine Menge über seine zukünftigen Arbeitgeber lernen. Einmal wurde mir eine einzige, ungewöhnliche Frage gestellt. Die lautete: «Wer sind Sie?»

Und ich antwortete völlig spontan: «Ich bin ich!»

Daraufhin bekam ich die Stelle, es war das kürzeste Bewerbungsgespräch, das ich jemals geführt habe. Während eines anderen Bewerbungsprozesses, einem sogenannten Assessment-Center zur Besetzung einer Stelle als Netzwerkadministratorin im IT-Bereich, wurde von den Kandidaten verlangt, Tierkostüme anzuziehen. Mir reichte man ein Hasen-Kostüm. Natürlich weigerte ich mich. Ich wollte als Netzwerkadministratorin arbeiten und nicht als Bunny oder Playboy-Häschen. Ein Unternehmen, das seine Mitarbeiter zu Tieren mutiert – in so einem Laden möchte ich nicht arbeiten. Es dauerte keine zehn Minuten, und ich erhielt die Absage, was ich nicht im Geringsten bedauerte. «Ich mache meinem Arbeitgeber doch nicht den Affen», dachte ich. Erschreckend fand ich allerdings, dass ich die Einzige unter den vielen Kandidaten war, die da nicht mitmachen wollte. Alle anderen schlüpften gehorsam in ihre Tierkostüme. Wird der Leidensdruck durch Langzeitarbeitslosigkeit immer größer – verwandeln wir uns dann irgendwann in solch folgsame Wesen, die unreflektiert alles mit sich machen lassen?

Ich bin der Meinung, dass ein Unternehmen von Mitarbeitern, die selbständig denken können, eine eigene Meinung haben und auch einen gewissen Selbstwert vertreten, nur profitieren kann. Denn das Unternehmen ist so stark, wie es seine Mitarbeiter sind. Und glücklicherweise gibt es durchaus Unternehmen, die das erkannt haben, wenn auch viel zu wenige. *Weleda* gehört beispielsweise dazu und auch *Unilever*, die auf ihrer Homepage mit dem Satz werben: «Wir suchen Talente mit Leidenschaft und Teamgeist, die ihren persönlichen Beitrag zu unseren ambitionierten Wachstums- und Nachhaltigkeitszielen leisten wollen.» Solche Unternehmen lassen ihren Mitarbeitern Raum für Kreativität, ermuntern sie, Ideen zu entwickeln, die dann auch umgesetzt werden ohne die Erwartungshaltung, dass sofort etwas Geniales dabei herauskommen muss. Als Mitarbeiter hat man die Chance, etwas Neues im Team auszuprobieren und gemeinsam zu evaluieren. Man kann hier nicht nur von einer Art Basisdemokratie im Unternehmen sprechen, viel wichtiger ist, dass sich die Mitarbeiter wertgeschätzt fühlen. Das motiviert ungemein, die Menschen gehen meist gerne zur Arbeit, sie werden gefordert, ernst genommen und gewürdigt, sie können sich mit ihrer ganzen Persönlichkeit einbringen und sind nicht nur eine Nummer unter vielen. Auf diese Weise identifizieren sich die Mitarbeiter mit dem Unternehmen und werden für dieses zu einem unschätzbaren Potenzial. Sie arbeiten für ein gemeinsames «UnternehmeN» und nicht für irgendeinen «UnternehmeR», den sie im Ernstfall kaum zu Gesicht bekommen. Denn wenn ich mich «Unternehmer» nenne, habe ich meinen eigenen Reichtum im Fokus. Dann wünsche ich mir billige Arbeitnehmer, die möglichst gut funktionieren und möglichst wenige Ansprüche stellen. Setze ich den Akzent auf das Unternehmen, dann denke ich ganzheitlich und habe das Wohl aller im Auge – weil ich weiß, dass auch ich als Unternehmer so am besten fahre.

Dafür braucht es allerdings den Willen zur Reflexion, zur Verantwortung, und zwar auf beiden Seiten. Der Arbeitgeber muss lernen, dass er nicht nur für Umsatz und Gewinnmarge

Verantwortung trägt, sondern für alle, die in seinem Unternehmen arbeiten. Und der Arbeitnehmer muss die Gelegenheit bekommen, zu lernen, dass er Verantwortung für sein Leben, sein Glück und seine Leistungsfähigkeit übernehmen muss. Nicht zu warten, bis ihm Chancen gegeben werden, sondern sich selbst aktiv um seine eigene Weiterentwicklung bemühen.

Meine Klienten dabei zu unterstützen, das gehörte in meinen Augen zu meinen Aufgaben im Jobcenter. Und darum gab es bei mir das, was ich scherzhaft «Hausaufgaben» nannte. War ich grundsätzlich verständnisvoll, so blieb ich in dieser Hinsicht streng. Denn ich finde, es gibt nichts Wichtigeres, als den Betroffenen selbst in die Gestaltung seiner Zukunft mit einzubeziehen und ihm auf diese Weise zu zeigen, wie man selbst Verantwortung für sich übernimmt. Wie diese Hausaufgaben konkret aussahen, das hing ganz von dem jeweiligen Fall ab.

Kam so ein junger Mensch zu mir ins Büro, dann habe ich ihn erst einmal erzählen lassen und dann die notwendigen Fragen gestellt, um mir ein Bild davon machen zu können, wie seine Situation tatsächlich aussah. Rund die Hälfte meiner Klienten war durch ihre prekäre Situation verständlicherweise dermaßen durch den Wind, dass sie gar nicht mehr wussten, was sie eigentlich machen wollten – falls sie es je gewusst hatten. Und seien wir doch mal ehrlich: Wer weiß schon mit 17, 18, 19 Jahren, welche Arbeit er ein Leben lang ausüben möchte? Ich kenne viele, die bereits im Studium sind und noch immer nicht wissen, wohin die Reise tatsächlich gehen soll. Ich selbst bin das beste Beispiel, es dauerte Jahre, bis ich meine wirkliche Aufgabe im Leben fand. Warum sollte es den jungen Leuten, die zudem schon genügend Probleme am Hals hatten, anders ergehen?

Und darum führte ich da, wo ich es für angebracht hielt, mit den Arbeitssuchenden ein Visions-Coaching durch. «Wo möchtest du in fünf Jahren stehen?», war eine der Fragen, über die sich klar werden sollten. Ich half ihnen dabei, im Laufe des

Gesprächs ihre Vision zu entwickeln und auf einem Flip-Chart aufzuzeichnen. Hatten sie ihre Wünsche und Ziele einmal formuliert, stellten wir ihnen all die Aspekte, die sie daran hinderten, ihre Ziele zu verwirklichen, entgegen. Das konnte alles Mögliche sein: ein fehlender Schulabschluss, eine fehlende Ausbildung, familiäre Umstände, Süchte, Schulden, das soziale Umfeld, wenn sie beispielsweise Freunde hatten, die straffällig wurden, und vieles andere mehr. Und dann unterstützte ich die Betroffenen dabei, Schritt für Schritt diese Stolpersteine aus dem Weg zu räumen.

Waren die nötigen Schulabschlüsse vorhanden und der Weg zu einer Ausbildung oder einem Studium frei, dann arbeiteten wir intensiv daran, herauszufinden, was es genau war, was sie am liebsten lernen oder studieren wollten. Gleichzeitig entwickelten wir auch immer einen sogenannten «Plan B», also Alternativen für den Fall, dass der erste Ausbildungswunsch nicht realisierbar war. So erarbeitete ich mit den Jugendlichen im Büro gemeinsam, was sie nicht allein leisten konnten. Dann aber nahmen sie ihre sogenannten Hausaufgaben mit: Meist bestanden die darin, mehr und konkretere Details über ihren Berufswunsch herauszufinden. «Was macht man da? Was lernt man da? Was verdient man da? Wo gibt es einen passenden Ausbildungs- oder Studienplatz?», lauteten hier die zentralen Fragen. War diese Frage einmal geklärt, dann suchten wir gemeinsam offene Stellen heraus, und die Hausaufgabe bestand darin, Bewerbungen zu schreiben. Dazu gehörte oftmals auch, mir ihre Bewerbungen per E-Mail zuzusenden, damit ich sie Korrektur lesen konnte. Manchmal schrieben wir die Bewerbungen auch gemeinsam, wenn ich das Gefühl hatte, dass dies die zielführendere Methode war. Von denjenigen, die ein Studium beginnen wollten, verlangte ich, dass sie bis zum Semesterbeginn einen Minijob annahmen oder ein Praktikum absolvierten – da gab es kein Pardon. Ich erklärte auch, warum, nämlich dass ich es für essentiell halte, Erfahrungen zu sammeln. Ich achtete auch darauf, dass BaFöG-Anträge rechtzeitig gestellt wurden; wenn Hilfe benötigt wurde, konnte man jederzeit zu mir kommen.

Eine Hausaufgabe konnte auch sein, eine Liste seiner Stärken und Schwächen anzufertigen. Manchmal gab ich anerkannte Fragebögen für die Selbst- und Fremdreflexion aus, die wurden zu Hause ausgefüllt und beim nächsten Termin bei mir besprochen. Es gibt auch Fragebögen, die man online ausfüllen kann, und man erhält im Anschluss automatisch eine Auswertung. Auf diese Weise konnten meine Kunden erkennen, ob das Selbstbild, das sie von sich hatten, mit dem übereinstimmte, wie andere sie wahrnahmen, und zwar Menschen außerhalb der Familie und des Freundeskreises. Diese Prozesse stellten sich als unglaublich wirkungsvoll für die Stärkung meiner Klienten heraus, und ich war oft insgeheim schockiert, wie stark diese jungen Menschen zwischen 17 und 25 bereits unter der sozialen Stigmatisierung durch Hartz IV litten. Sie hatten fast durchweg tief verinnerlicht, dass sie Menschen von geringerem Wert seien als die anderen, die Arbeit hatten und ein sogenanntes «normales» Leben führten – und dies nur aufgrund der Tatsache, dass sie selbst und ihre Familien auf Hartz IV angewiesen waren. In diesen Tests stellten sie sich durchweg selbst viel negativer dar, als sie es in Wirklichkeit waren und wie sie von ihrer Umwelt wahrgenommen wurden, auch ihre Fähigkeiten und Kenntnisse bewerteten sie viel zu gering. Auf dieser Basis war es alles andere als Spielerei, sie diese Tests machen und Fragebögen ausfüllen zu lassen und die Listen mit Stärken und Schwächen anzulegen. Es waren wichtige Werkzeuge, um ihnen zu zeigen, dass sie durchaus Potenzial hatten, und um ihnen zu vermitteln: Ihr seid mehr wert, als ihr glaubt. Lasst euch nicht von den Medien stigmatisieren. Ihr bringt Fähigkeiten und Kenntnisse mit!

«Wie kommst du eigentlich darauf», fragte ich regelmäßig, «dass du weniger wert sein sollst als andere?»

Die Antwort fiel immer ähnlich aus. Da oft die Eltern schon Hartz IV bezogen, waren diese jungen Leute mit der Stigmatisierung durch ihre Umwelt aufgewachsen. Von klein auf hörten sie: «Wenn du Hartz IV beziehst, dann bist du dumm.» Das hatten ihre Lehrer gesagt, und ihre Mitschüler auch. Mir war klar: Wenn du das jahrelang hörst, dann bleibt dir nichts anderes übrig, als es am Ende selbst zu glauben. In der Psychologie wird dies «Priming» genannt, der Autor Malcolm Gladwell beschreibt dieses Phänomen sehr eindrucksvoll in seinem Buch «Tipping Point»: Nichts wirkt stärker als Suggestionen von außen – im positiven wie auch im negativen Sinne. Und darum betrachtete ich es als wesentlichen Bestandteil meiner Arbeit, hier gegenzusteuern – auch wenn meine Vorgesetzten das manchmal ganz anders sahen. Wenn ich diesen Jugendlichen, für die ich zuständig war, helfen sollte, eines Tages ein glückliches, erfülltes, selbständiges Leben zu führen und nicht mehr auf die sogenannten Wohltaten des Sozialstaates angewiesen zu sein, dann musste man hier ansetzen. Nur wer an sich glaubt, wird am Ende Erfolg haben. Wenn man Menschen jahrelang eintrichtert, dass sie es zu nichts bringen werden, dass sie dumm sind und nichts können, darf man sich nicht wundern, wenn sie diese negative Voraussage auch erfüllen. Wie um alles in der Welt sollen sie je selbst an ihre Fähigkeiten glauben, wenn niemand anderes es tut?

4. GLÜCK UND TRAUMA MEINER KINDHEIT

Ich hatte das unglaubliche Glück, in einem liberalen und aufgeschlossenen Elternhaus aufzuwachsen. Bis zu meinem zwölften Lebensjahr lebten wir in Hamburg, dann zogen wir in den äußersten Südwesten Deutschlands mitten aufs Land. Das war zunächst hart für mich. Das Dorf, in dem wir fortan lebten, hatte 5000 Seelen, und ich werde nie vergessen, wie ich in den ersten Tagen so verzweifelt wie vergeblich nach U- und S-Bahn suchte und nicht fassen konnte, dass es in unserem Ort nicht einmal ein Kaufhaus gab – was mich nicht hinderte, mich bald einzuleben und Freundschaften zu schließen.

Meine Eltern standen den Grünen und der SPD nahe, so wie sie damals war, geprägt vom Geiste eines Willy Brandt. Für sie war es selbstverständlich, sich zu engagieren, und ich kannte es nicht anders, als dass man demonstrieren ging. Ich kam am 21. April 1968 zur Welt, zehn Tage nach den Schüssen auf Rudi Dutschke. Meine Eltern erzählten mir später stolz, dass sie mich schon als Kind in Hamburg zu Demonstrationen mitgenommen hatten. Auch später gab es viele Wochenenden, an denen Flagge für eine gute Sache gezeigt wurde: Seien es die autofreien Sonntage, die Stationierung der Pershing-II-Raketen sowie die Aktionen der damaligen Friedensbewegung – wir waren überall mit dabei, auf jeden Fall mein Vater und ich. Kein Wunder, dass sich zwischen ihm und mir eine besonders starke Bindung entwickelte. Aber auch für weniger beachtete Themen engagierten sich meine Eltern: für die Rechte der Kinder, für die der Frauen, die besonders meiner Mutter sehr am Herzen lagen. Mein Vater arbeitete in seiner Freizeit bei Amnesty International mit, meine Mutter in der Frauenbewegung. Nicht, dass sie so radikal gewesen wäre und mir verboten hätte, Röcke anzuziehen oder dergleichen, sie vertrat einen vernünftigen Feminismus, in dem es ihr um die Stärkung ihrer Geschlechtsgenossinnen ging. In diesem Sinn arbeitete sie mit den örtlichen Frauenhäusern zusammen.

Meinen Bruder holten meine Eltern aus einem Kinderheim, da war er schon neun Jahre alt. Damals ging er auf die Sonderschule, doch meine Eltern fanden, dass er viel mehr draufhatte, und forderten und förderten ihn, so gut sie konnten. Tatsächlich machte er nach der Sonderschule auch den Hauptschulabschluss und schloss zwei Ausbildungen ab. Ich betrachtete es als großes Glück, dass meine Eltern ein Haus hatten, dessen Türen stets offenstanden. Es gab auch überzählige Zimmer, in denen immer mal wieder Frauen Unterschlupf fanden, die von ihren Männern geschlagen wurden, es gab bei uns also quasi eine Art Auffangstelle für Frauen in Not. Man wusste nie genau, wie viele Personen zum Essen erscheinen würden, und auch mein Bruder und ich durften Freunde mitbringen, wie es uns gerade gefiel. Das genoss ich sehr, auch wenn es Momente gab, wo es ein bisschen nervig war. Seit meinem neunten Lebensjahr litt ich vermehrt unter Schmerzen in den Gelenken und im Rücken, die man damals auf «Wachstumsstörungen» zurückführte. Viel später sollte sich herausstellen, dass ich Kinderrheuma hatte, doch das wurde damals noch nicht erkannt. Ich erinnere mich an einen Tag, als es mir nicht so gut ging und ich mir ein Lager auf dem Sofa gemacht hatte – und stets ging die Tür auf und Leute, die ich noch nie gesehen hatte, spazierten durchs Wohnzimmer. «Manchmal», beschwerte ich mich hin und wieder gegenüber meinen Eltern, «hätte ich euch auch ganz gern für mich.» Denn sie waren stets beschäftigt, sei es mit hilfsbedürftigen Mitmenschen oder meinem Bruder, den es zu unterstützen galt.

Doch auch ich genoss die Vorteile unseres offenen Hauses: Unser Garten war im Sommer stets voller Kinder. Mein Vater war Biologe, und so hatten wir zu Hause alles Mögliche an Getier: natürlich Hunde und Katzen, davon meist mehrere gleichzeitig, aber auch Meerschweinchen, Kaninchen, Wasser- und Landschildkröten, Leguane und Papageien. Für kurze Zeit war auch mal eine Schlange bei uns zu Gast, doch das war nur ein kurzes Zwischenspiel. Meine Mutter liebte Hunde, die Katzen kamen meist von selbst zu uns, manche retteten wir von Bauernhöfen, wo sie sonst ersäuft worden wären. Die Meerschweinchen hatte ich mir gewünscht, und den Rest schleppte mein Vater an.

Auf unserem Couchtisch im Wohnzimmer lagen immer verschiedenste Zeitungen und Zeitschriften, und mein Bruder und ich wurden angehalten, darin auch zu lesen. Es herrschte zwar kein Zwang, aber immer wieder hieß es: «Schaut mal in diese Zeitschriften rein.» So gewöhnte ich mir das Zeitunglesen und Pressevergleiche schon in jungen Jahren an; mich über politische Themen zu informieren, wurde eine tägliche Routine. Bei uns wurde viel über die Tagespolitik gesprochen, und abends sahen wir uns alle gemeinsam die Nachrichten an. Damals kam in Mode, Familienrat abzuhalten, und meine Eltern setzten diese Idee auch gleich begeistert um. So trafen wir uns einmal die Woche, um über alles Wichtige zu sprechen.

Ich fand das damals okay. Es war an der Zeit, zu lernen, wie man anderen zuhört, konstruktiv miteinander diskutiert, wie man Lob, aber auch Kritik äußert, sodass der andere es auch annehmen kann. Das ist ja bekanntermaßen gar nicht so einfach. Mein Bruder und ich lernten, dass es besser ist, zuerst das zu erwähnen, was positiv ist, und dann erst zu äußern, was einem nicht gefällt. Unsere Kritik mussten wir mit sachlichen Argumenten untermauern, um schließlich einen Konsens zu finden, mit dem alle leben konnten. Manchmal hatte ich natürlich keine Lust, sondern hätte eigentlich lieber draußen mit meinen Freunden gespielt, statt Familienrat abzuhalten, doch auch die

Disziplin, dabeizubleiben, auch wenn es vielleicht gerade nicht so großen Spaß macht, hat mich geprägt.

Meine Eltern waren Elternsprecher, und somit waren sie auch bei Veranstaltungen und Ausflügen der Schule immer mit dabei. Man hätte meinen können, das sei mir lästig geworden, doch es hat mich seltsamerweise überhaupt nicht gestört. Meine Eltern waren «cool», das bestätigten mir auch meine Mitschüler, ich fühlte mich durch ihre Gegenwart weder beobachtet noch eingeschränkt. Die anderen Kinder liebten sie wegen ihres Humors und ihrer Aufgeschlossenheit und blieben gerne bei uns zum Abendessen oder am besten gleich über Nacht.

Mein Vater arbeitete in einem Chemiekonzern in der Forschungsabteilung. Kam er abends nach Hause, band er sich erst einmal eine Schürze um und kochte. Das war seine Art, sich zu entspannen, denn es war schon klar, dass seine Tätigkeit nicht immer ganz im Einklang mit seinen Überzeugungen stand. Als ich älter wurde, haben wir darüber oft diskutiert, zum Beispiel über Tierversuche und Ähnliches. Schließlich hatten sie alles dafür getan, um meinen kritischen Geist zu schulen und zu fördern, da hinterfragte ich natürlich auch das, was meine Eltern taten. Irgendwann wurde die Forschungsabteilung in seiner Firma reduziert, und mein Vater kam in die Verpackungsabteilung, wo er zig Frauen zu beaufsichtigen hatte. Da wurde er zunehmend unglücklich. Und auch darüber sprachen wir miteinander.

Ich glaube, das Wichtigste, was mir meine Eltern mitgegeben haben, ist ihre Offenheit. Meine Eltern bildeten sich nie ein Urteil, ehe sie nicht ganz genau wussten, worum es eigentlich ging, und bevor sie die genauen Umstände kannten. Auf diese Weise habe ich von ihnen gelernt, Fragen zu stellen, genau zuzuhören und mir erst dann ein Bild zu machen. Sie waren außerdem in der Lage, sich bei uns Kindern zu entschuldigen, wenn sie etwas falsch gemacht hatten, und hatten kein Problem damit, Fehler einzugestehen – eine Eigenschaft, die nicht oft zu finden ist. Meine Eltern kamen nie mit Ausreden oder Rechtfertigungen, auch wenn es sich um etwas handelte, was ihnen sicherlich unangenehm sein musste. Sie lehrten mich, mich selbst und jeden anderen Menschen wertzuschätzen und ihm unvoreingenommen und respektvoll gegenüberzutreten. Dass eine solche Haltung leider nicht selbstverständlich ist, das sollte ich spätestens während meiner Arbeit im Jobcenter lernen.

Dass junge Menschen ihren eigenen Kopf haben und der von der Gesellschaft vorgesehene geradlinige Weg durch das Schulsystem nicht immer der passende ist – auch das ist eine Erfahrung aus meinen frühen Jahren. Denn ich hasste die Schule und wechselte zwischen Gymnasium und Realschule hin und her. Heute weiß ich, dass ich, wie viele andere Kinder mit einer schnellen Auffassungsgabe, gnadenlos unterfordert war und mich im Unterricht zu Tode langweilte. Oft dachte ich: «Wenn ich zu Hause oder in der Bibliothek ein paar Bücher oder Fachartikel über den Lehrstoff lese, lerne ich doch viel mehr.» Ich kann es noch heute nicht leiden, wenn Leute mir Dinge zweimal erklären wollen, wie damals in der Schule denke ich dann: «Ich hab's doch längst begriffen, warum halten die mich für blöd?»

Ein gutes Ventil, um solche Frustrationen abzureagieren, war für mich von jeher der Sport. Trotz der Schmerzen, unter denen ich seit meinem zehnten Lebensjahr immer wieder litt, machte ich leidenschaftlich gern Leichtathletik. Ich liebte es, an Wettkämpfen teilzunehmen und körperlich an meine Grenzen zu kommen, wenn ich mich schon geistig unterfordert fühlte. Mit 16 allerdings wurden meine Beschwerden in den Knien und im Rücken so stark, dass ich Physiotherapie erhielt – und bis heute erhalte. Zu spüren, dass ich meine sportliche Leistung nicht mehr aufrechterhalten konnte, war im Alter von 16 Jahren äußerst frustrierend. Dennoch machte ich weiter, auch wenn ich nach und nach aufhörte, an Wettbewerben teilzunehmen. Damals nahm niemand meine chronischen Schmerzen wirklich ernst, vor allem nicht die Ärzte, die oft meinten, sie seien auf psychosomatische Ursachen zurückzuführen, was schließlich dazu führte, dass ich meine Beschwerden nicht mehr erwähnte und sie als gegeben ansah.

Wie so viele hatte auch ich in der 8. Klasse einen vorübergehenden Leistungseinbruch – heute weiß man ja, dass dies eine schwierige Phase auf dem Weg zum Erwachsenwerden ist und die Hormone dafür sorgen, dass die Synapsenverbindungen des Gehirns komplett umgebaut werden. Eigentlich hätte ich damals sitzenbleiben müssen, doch meine Lehrer berieten sich untereinander und sagten: «Wenn wir sie jetzt die Klasse wiederholen lassen, dann bricht sie uns ganz weg. Was die Inge jetzt braucht, ist Förderung, damit sie die Kurve kriegt.» Und tatsächlich hat mich das mehr motiviert als alles andere. Wenn ich manchmal meinen jugendlichen Klienten im Jobcenter gegenübersaß, musste ich an diese verständnisvollen und lebensklugen Lehrer von damals denken und hätte mir gewünscht, dass es noch mehr von dieser Sorte gäbe.

Dennoch bin ich heute der Meinung, dass das Schulsystem, so wie es nun einmal war und bis heute noch ist, wenn es nicht gar schlechter geworden ist, mich für mein Leben stückweise traumatisiert hat. Nicht, dass es jemals brutal zugegangen wäre in meiner Schule. Es war dieses schreckliche Gefühl der Unterforderung, der Eindruck, meine Zeit zu vergeuden. Meine Eltern erkannten das und nahmen mich immer wieder für einen Tag bis zu einer Woche aus der Schule. Aufgrund meiner ständigen Schmerzen schrieben sie mir eine Entschuldigung und ließen mir Zeit für mich, um in Ruhe zu lesen, meine eigenen «Studien» zu betreiben, mit unseren Tieren zu spielen und Musik zu machen. Nachmittags achteten meine Eltern darauf, dass ich meine Schulfreundin anrief und von ihr erfuhr, was im Unterricht durchgenommen worden war. Das arbeitete ich dann nach und machte auch die Hausaufgaben. Den schulischen Anschluss verlor ich durch diese Auszeiten nie, und statt sechs Stunden in der Schule herumzusitzen, schaffte ich das Pensum in ein bis zwei Stunden und konnte den Rest des Tages auf meine Weise nutzten.

Schon als Kind fiel es mir sehr schwer, abzuschalten. Es ist so, dass ich grundsätzlich alles gleichzeitig wahrnehme, auch Dinge, die für mich im Augenblick gar nicht relevant sind. Es ist, als wenn man auf einer Autobahn fährt und jede einzelne Ausfahrt nimmt, gleichzeitig aber auch auf der Autobahn weiterfährt und auch die nächste Ausfahrt und die übernächste und so weiter nimmt. Ich habe eine sehr hohe und schnelle Auffassungsgabe, es kostet aber auch enorm viel Energie, all diese Eindrücke zu verarbeiten. Wenn ich in der Stadt unterwegs bin, «scanne» ich automatisch jedes Plakat, das irgendwo hängt, zu Hause kann ich dann all diese Bilder abrufen und genau sagen, wann wo was stattfindet. Schon als Kind bemerkte ich, dass Musikhören oder -machen den einzigen Schutz vor dieser rasanten Fahrt auf meiner Denk-Autobahn bedeuteten. Glücklicherweise erkannten meine Eltern, dass ich immer wieder diese Auszeiten brauchte, und erlaubten mir, zu Hause zu bleiben. Das Schlimmste für so ein Kind, wie ich eines war, ist es, wenn es in der Schule stillsitzen muss und den Unterricht, der meist an ein durchschnittliches Tempo aller Schüler angepasst ist, absitzen muss. Das zog sich durch jede Ausbildung, und bis heute in Ausschusssitzungen geht mir manchmal durch den Kopf: Warum sagen die fünfmal dasselbe? Diese ständigen Wiederholungen bewirkten nur, dass ich entweder die Schule schwänzte oder während des Unterrichts in meine Traumwelten ging – und beides kam bei den Lehrern nicht gerade gut an.

Nicht in allen Fächern flog mir alles zu, sondern nur in denen, die mich wirklich interessierten. Hochspannend fand ich Fächer wie Deutsch, Geschichte, Gemeinschaftskunde, Wirtschaft, Politik, Ethik und Religion – die Fächer, wo man verknüpfend und gesellschaftlich denken und miteinander in eine Diskussion eintreten konnte.

Mich interessierte alles, was mir etwas über das Leben erzählte, alles, was ich praktisch umsetzen konnte. Ich habe immer wieder die Schule geschwänzt, sah mir lieber die Gegend an. Zuerst bewegte ich mich innerhalb meines Wohnorts, je älter ich wurde, zog ich per Anhalter aber auch weitere Kreise. Ich hatte immer spannende Begegnungen mit interessanten Menschen und merkte, dass ich auf diese Weise viel mehr und Wertvolleres über das Leben lernen konnte. Dabei traf ich immer wieder auf tolle Leute, die entweder ein paar Klassen über mir in der Schule waren oder bereits das Abitur hatten. Mit ihnen führte ich stundenlange Diskussionen über Literatur, über Politik und Gott und die Welt. In Parks habe ich mich zu fremden jungen Leuten dazugesetzt, ich hatte keine Berührungsängste. Es war die Zeit der großen Debatten, überall wurde diskutiert und politisiert. Oder man sprach über Sartre und Camus, über Heidegger und Derrida, und wenn ich auch oft nur die Hälfte verstand, weil meine Gesprächspartner viel älter waren als ich, so sog ich doch alles nur so in mich auf. Wir diskutierten über Themen wie: «Wann ist ziviler Ungehorsam notwendig?», und mein Herz schlug höher bei den Schicksalen der Geschwister Scholl, die ihr Leben dafür ließen, einem Unrechtsstaat den Gehorsam zu verweigern. Ich las alles über Mahatma Gandhi, was ich nur bekommen konnte, und war tief beeindruckt von seinem unbeirrbaren, liebevollen Weg, der so viel Veränderung möglich gemacht hat.

So blieb ich auch immer wieder über Nacht weg, und meine Eltern waren nicht immer glücklich darüber, auch wenn ich anrief und Bescheid sagte. Was ich ihnen hoch anrechne, ist, dass sie mir trotz ihrer Sorgen um mich dennoch diese Freiheit ließen. Mir war das damals überhaupt nicht bewusst, denn ich hatte keine Angst, vor nichts und niemandem. Meine Eltern kannten mich gut genug, um zu wissen, dass sie mich damals überhaupt nicht hätten stoppen können. Bereits mit fünf Jahren hatte ich genau gewusst, was ich wollte und was nicht, das hat sich nicht geändert. Außerdem waren sie es gewesen, die mich immer darin bestätigt hatten, eine eigene Meinung zu entwickeln und nach ihr zu handeln. Dennoch prägte mich auch ein Satz wie «Wer abends spät ins Bett geht, weil er feiern musste, der kann morgens auch früh aufstehen, um in die Schule zu gehen». Und ohne dass ich es merkte, schaute ich meinen Eltern zwei wichtige Eigenschaften ab, um die sie selbst nie ein Aufhebens machten: ihre Disziplin und ihr konsequentes Handeln.

Schon sehr früh wollte ich selbständig sein und über mich bestimmen. «Autonom» war damals das neue Zauberwort. Und so zog ich nach dem Ende meiner Schulzeit und mit Beginn meiner Ausbildung von zu Hause aus.

Was die Schule anbelangt, bin ich noch heute der Meinung, dass man mir während meiner Kindheit die wertvollste Zeit gestohlen hat. Wenn es möglich gewesen wäre, privat unterrichtet zu werden, hätte ich das Pensum wohl in der Hälfte der Zeit geschafft, wahrscheinlich hätte ich dann sogar mehr gelernt und wäre mit Sicherheit glücklicher gewesen. Und genau das ist das Trauma meiner Schulzeit. Noch heute werde ich wütend und fühle mich frustriert, wenn mir jemand meine Zeit stiehlt. Schon als kleines Kind dachte ich: «Wie kommt eigentlich der Staat dazu, mir durch die Schule so viel Zeit zu klauen? Wozu soll das gut sein?»

Meine Eltern hätten es gern gehabt, dass ich das Abitur mache, und natürlich hatte ich das Zeug dazu. Doch ich wusste genau, dass ich dafür noch mehr meiner kostbaren Zeit opfern müsste, und weigerte mich. Damals befand ich mich in einer ziemlich bockigen Phase und schloss mit dem Realschulabschluss ab. Aber ich hatte mich bereits genau erkundigt und herausgefunden, dass ich später mit Hilfe von Sonderprüfungen in viel kürzerer Zeit doch noch studieren könnte. Und so machte ich es dann auch.

Es versteht sich von selbst, dass jemand mit einem solchen

Schultrauma Jugendliche, denen es ähnlich erging, gut verstehen kann. Meine eigene Biographie zeigt, dass man durchaus nicht dumm ist, wenn man es in der Schule nicht aushält oder wenn man die Lehrmethoden samt Inhalten in Frage stellt. Ganz im Gegenteil. Gerade in vielen Biographien von Menschen, die die erstaunlichsten Karrieren machten, findet man unter dem Kapitel «Schule» ähnliche Erfahrungen. Schlechte Zeugnisse müssen noch lange nicht heißen, dass mir ein dummer Mensch gegenübersitzt. Meiner Meinung nach sagt ein Schulzeugnis nur sehr wenig über die Fähigkeiten dessen aus, dessen Name darauf steht. Ich habe selbst immer wieder Wege gefunden, mich auf eine Weise zu qualifizieren, die mir angemessen war. Als Jobcentermitarbeiterin sah ich es als meine Pflicht an, «meinen» U25-Leuten ebenfalls Wege aufzuzeigen, um sich weiter zu entwickeln. Das Leben kennenzulernen, das finde ich auch heute noch genauso wichtig wie Studienabschlüsse und Berufsausbildungen.

Dass die meisten meiner Kunden ihre Schulzeit als Albtraum empfanden, das konnte ich also nachempfinden. Was mich von den meisten unterschied, die mir auf der anderen Seite des Schreibtischs gegenübersaßen, das war die Tatsache, dass ich in einem wunderbaren, verständnisvollen und fördernden Zuhause aufwachsen durfte. Seine Eltern kann man sich nicht aussuchen. Ich hatte ganz einfach Glück, so wie viele andere auch, und wieder andere nicht. Jessica ist ein gutes Beispiel dafür, wie schwerwiegend es sich auswirkt, wenn ein Kind nicht nur vernachlässigt und nicht gefördert, sondern auch angegriffen und tyrannisiert wird. Ich weiß nicht, was aus mir geworden wäre, hätte ich ihre Kindheit und Jugend durchleben müssen. Dass sie es dennoch schaffte, ihren Realschulabschluss zu machen und ihre Träume nicht zu verlieren, das bewundere ich bis heute.

Jessicas Fall ist nur einer von vielen. Er steht für alle, die einfach keine Chance haben, wenn sich nicht in ihrer Umgebung jemand findet, der nicht bereit ist zuzusehen, wie ein junger Mensch vor die Hunde geht, sondern tut, was er tun kann. Sei es nun ein Verwandter, ein Nachbar, ein Lehrer, ein Sozialarbeiter, ein Mitarbeiter beim Jugendamt oder beispielsweise eine sogenannte Integrationsfachkraft beim Jobcenter. Handeln und helfen. Unterstützen und fördern. Damit ein junger Mensch eine Zukunft hat, und zwar jenseits der Hartz-IV-Diktatur.

5. VON SINNVOLLEN UND SINNLOSEN MASSNAHMEN

Dass Lebenserfahrung das A und O ist, das gilt nicht nur für die Kunden-Seite des Schreibtischs. Wie soll man jungen Menschen durch die schwierigen Phasen des Erwachsenwerdens und der beruflichen Orientierung hindurchhelfen können, wenn man selbst von der Arbeitswelt keinen blassen Schimmer hat und sich zeit seines Lebens hinter seinen Akten verschanzt? Wie kann man einem Erwerbslosen in der Mitte seines Lebens helfen, eine neue Stelle zu finden, wenn man selbst weniger Lebenserfahrung auf dem Arbeitsmarkt hat als der «Kunde»? Und wie kann man von oben herab Forderungen und Sanktionen aussprechen, wenn man selbst das wirkliche Arbeitsleben draußen nicht kennt? Meiner Meinung nach ist das nicht möglich. Und darum lautet eine meiner Forderungen: Jeder, der in der Bundesagentur für Arbeit beschäftigt ist, sollte zuvor einen «richtigen» Beruf erlernt und ausgeübt haben. Nur wer selbst die Arbeitswelt da draußen kennt, kann sinnvolle Maßnahmen und Fortbildungen empfehlen. Nur wer selbst ausreichend Lebenserfahrung besitzt, sollte anderen Menschen Ratschläge erteilen. Denn in «Ratschläge» steckt auch das Wort «Schläge».

Stattdessen saßen wir – und sitzen die Angestellten und Beamten der Bundesagentur für Arbeit noch immer – in dem Biotop, das diese Behörde über die Jahre herangezüchtet hat. Warm und gemütlich. Ich kenne einige äußerst engagierte Jobcentermitarbeiter, keine Frage. Ich kenne aber auch viel zu viele, die es sich auf dieser Seite des Schreibtischs schön bequem gemacht haben, die genau das sind, was man weithin den Hartz-IV-Empfängern unterstellt: faul und unmotiviert. Diese

Jobcentermitarbeiter lassen sich von ihren Kollegen durchschleppen, versitzen ihre Zeit und erfüllen ihr «Soll» keineswegs. Sie machen Dienst nach Vorschrift und quatschen lieber mit ihren Kollegen, als sich Gedanken zu machen, wie sie ihren Klienten wirklich helfen könnten. Sie geben sich damit zufrieden, dass sie außer Minijobs und Zeit- und Leiharbeitsstellen einfach nichts anzubieten haben, statt gezielt für ihre Kunden auf dem Arbeitsmarkt nach freien Stellen zu recherchieren, die wirklich zu ihren Kunden passen und ihnen eine echte Perspektive bieten können. Denn ein Jobcentermitarbeiter kann, wenn er nur will und man ihn lässt, eine Menge für die Arbeitssuchenden tun. Er kann FÜR ihn arbeiten und nicht GEGEN ihn. Doch dafür sind viel zu viele Jobcentermitarbeiter entweder zu wenig qualifiziert, zu wenig motiviert oder schlichtweg zu bequem. Statt ihren Kunden wirklich zu helfen, achten sie peinlich darauf, dass dieser jede seiner sogenannten Verpflichtungen auch einhält. Wenn nicht, wird sanktioniert. In meinen Augen ist das doppelzüngig und unmoralisch, es wird mit zweierlei Maß gemessen, denn sie bestrafen die Arbeitssuchenden oft genau für das, was sie selbst tun.

Sicher, auch dafür gibt es Ursachen, und nicht immer ist es gerecht, dies den Jobcentermitarbeitern anzulasten. Als man die Sozialreform einführte, wurden massenhaft Sozialamtsmitarbeiter oder ehemalige Arbeitsvermittler aus den Arbeitsämtern sozusagen in die Jobcenter «zwangsversetzt». Bei einer Weigerung wurde der Arbeitsplatz in Frage gestellt, denn die alten Arbeitsplätze wurden ja abgeschafft. Somit blieb diesen Menschen keine Wahl, wollten sie nicht selbst auf der anderen Seite des Schreibtischs landen und arbeitslos werden. Und so kommt es, dass viele überfordert sind von den neuen Strukturen, von den sogenannten «Controlling»-Systemen und den täglichen Weisungen, die ihnen schriftlich zugestellt werden. Bereits an dieser Stelle zeigt sich, dass der grundlegende Fehler im eigentlichen System und der Politik zu suchen ist und hier die Kritik ansetzen muss. Das relativiert jedoch keinesfalls gewollte Willkür in den Jobcentern.

Denn sei es aufgrund dieser Überforderung, aus Unkenntnis oder Desinteresse – Jobcentermitarbeiter schikanieren oftmals ihre Kunden durch etwas, was ursprünglich als Instrument gedacht gewesen war, den Arbeitssuchenden zu helfen: durch Maßnahmen. Eine Maßnahme kann eine Weiterbildung oder ein Training sein, aber auch eine Arbeit im Rahmen eines Ein-Euro-Jobs oder neuerdings auch eines Null-Euro-Jobs, wie sie in Hamburg erst kürzlich eingeführt wurden.

Meiner Einschätzung nach sind nur rund 20 Prozent der angewandten Maßnahmen zur Weiterbildung sinnvoll. Auch Jens Regg, der Geschäftsführer der BA-Regionaldirektion Berlin-Brandenburg, meinte schon 2011: «Wir haben zu 80 Prozent Blödsinn finanziert.»[4] Zu den sinnvollen Maßnahmen gehören mehrwöchige Bewerbungstrainings für diejenigen, die überhaupt nicht mehr wissen, wie man so etwas heutzutage macht. Oder Computerkenntnisse für Menschen, die tatsächlich noch nicht mit einem PC arbeiten können. Das gibt es durchaus, auch bei jungen Leuten, denn viele können sich einen privaten Computer finanziell nicht leisten. Eine Studie hat außerdem belegt, dass rund 30 Prozent der deutschen Jugendlichen zwar mit Computerspielen umgehen kann, aber nicht mit Programmen wie Excel oder Word. Sinnvoll sind auch Auffrischungskurse in Buchhaltung, Rechnungswesen, Lagerlogistik und Sprachen – je nachdem, ob diese Fächer zum Berufsbild passen und die Chancen auf eine Neuanstellung auch tatsächlich erhöhen. Auch verschiedene Qualifizierungen mit einem anerkannten Abschluss vor der Kammer können sinnvoll sein, doch im Gegensatz zu den oben genannten Maßnahmen werden sie sehr selten genehmigt. Sie sind teuer und berühren schon beinahe das Thema Umschulung, während Maßnahmen

4 Zitiert nach: Der Spiegel, 01/2011 – «Die Hartz-Fabrik»

wie Bewerbungstrainings, Computerkurse usw. schon im Vorfeld von der Bundesagentur für Arbeit oder den regionalen Jobcentern «en gros» von externen Bildungsträgern eingekauft werden. Das heißt allerdings auch, dass diese Kurse durch die Jobcenter bereits zu Jahresbeginn geordert und bezahlt worden sind und nun auch mit Teilnehmern gefüllt werden müssen, ob der einzelne Arbeitssuchende diese Maßnahme braucht oder nicht. Tatsächlich erhalten die Jobcentermitarbeiter immer wieder Rundmails, in denen sie aufgefordert werden, Kunden in bestimmte Maßnahmen zu schicken, damit die auch voll besetzt sind. Hier sei eine besonders groteske zitiert: «Sehr geehrte Arbeitsvermittler/rinnen, ich möchte Sie erneut bitten, Ihre Kunden für die oben genannte Maßnahme anzumelden. Mir ist bekannt, dass es Beschwerden gibt. (…) In der Hoffnung, dass die Qualität verbessert wird, heute erneut meine Brandmail, da erst 4 Bewerber für den Kurs angemeldet sind …»

Dass Maßnahmen oft als pure Zeitverschwendung angesehen werden müssen, davon erzählt zum Beispiel eine Sechzigjährige, die sich so beschreibt: «Geschieden, Mutter von vier erwachsenen Kindern, gelernte Bürofachkraft, Kenntnisse in den gängigen Programmen, immer noch 240 Anschläge, war selbständig und, als die Kinder klein waren, als Putzfrau, Tagesmutter, Aushilfskraft tätig.» Seit fünf Jahren übt sie einen Minijob aus, doch sie wünscht sich eine richtige Anstellung mit einem Gehalt, von dem sie leben kann. «Vereinzelte Bewerbungen auf Angebote, die ich hätte ausüben können», schreibt sie, «scheiterten im Vorfeld an meinem Alter, ebenso an dem Unwillen, einen Versuch von Seiten eines Arbeitgebers zu starten. Es gibt immer weniger ordentlich bezahlte Arbeit für einfache Menschen …»[5]

Diese Frau erzählt von Seminaren, in denen ein arbeitsloser

---

[5] Quelle: http://schicksale-hartz-iv.info/2014/05/18/sinn-vs-sinnlos-und-die-seminare/

Akademiker, der fließend drei Sprachen beherrschte und aufgrund einer schweren Krankheit erwerbslos geworden war, gemeinsam mit einem jungen Flüchtling aus Afghanistan, der kein Wort Deutsch sprach und noch nie einen Computer gesehen hatte, ein Seminar besuchen musste, in dem man lernen sollte, «was man alles so mit Word machen kann». Am Ende war es der Akademiker, der dem jungen Mann aus Afghanistan mit viel Humor zeigte, wie man an einem Computer arbeitet.

So gut gemeint diese Seminare sind – problematisch ist, dass bei der Besetzung von solchen immer wiederkehrenden Standard-Seminaren überhaupt nicht darauf geachtet wird, ob das Niveau der Teilnehmer auf einem gemeinsamen Level ist oder nicht. Wenn ich daran denke, wie sehr ich mich darüber ärgere, irgendwo sinnlos meine Zeit absitzen zu müssen, dann verstehe ich, dass diese bunt zusammengewürfelten Maßnahmen, bei denen junge Menschen gemeinsam mit solchen kurz vor dem Rentenalter, Akademikern und Schulabbrechern, Menschen mit und ohne deutsche Sprachkenntnisse zusammensitzen, extrem demotivierend auf die Arbeitssuchenden wirken. «Ich gehe davon aus», berichtet die sechzigjährige Dame auf der Seite www.*schicksale-hartz-iv.info,* «dass Jobcentermitarbeiter teilweise selbst nicht wissen, wie solche Seminare geführt werden, bzw. den Inhalt nicht kennen. Ein Seminar ist eine Lehr- und Lernveranstaltung, ebenso wie Workshops. Man sollte doch meinen, dass es entweder berufsbezogen oder allgemein sinnvoll ist.»

Ja, das sollte man meinen. Doch leider sieht die Praxis oft ganz anders aus. Es gibt Berichte von Betroffenen, die alle Jahre wieder in dasselbe Seminar zwangsverschickt werden, von gut gemeinten Motivierungsspielen, von Kochkursen, in denen Arbeitssuchende mit ein paar Pfunden zu viel auf den Rippen lernen sollen, sich «gesund zu ernähren». Und das mit der Begründung, Arbeitgeber würden ungern Übergewichtige einstellen.

Maßnahmen können sinnvoll und hilfreich sein; oft sind sie, wie wir sehen, ineffektiv und Zeitverschwendung. Das Ziel eines Erwerbslosen ist es ja, mit Hilfe einer Maßnahme in eine sozialversicherungspflichtige Tätigkeit zu gelangen und diese auch längerfristig zu behalten. Diese Erfolgsquote ist allerdings äußerst gering. Ausgerechnet bei den am häufigsten angewendeten Maßnahmen, die zur Heranführung an den Ausbildungs- und Arbeitsmarkt führen sollen, sind nur 19 Prozent[6] der Betroffenen auch sechs Monate nach Ende des Kurses sozialversicherungspflichtig beschäftigt.

Mitunter aber kann die Zwangsanmeldung eines Arbeitssuchenden sogar gefährlich bis katastrophal sein, wie folgende Geschichte belegt:

Der gelernte Metzger Martin S. ist 24 Jahre alt, als sein Betrieb wegen zu großer Konkurrenz durch Supermarktketten in derselben Kleinstadt schließen muss. Trotz intensiver Suche findet er keine neue Stelle und muss nach zwölf Monaten Hartz IV beantragen. Er sucht selbst intensiv weiter und findet schließlich eine Anstellung als Küchenhilfe auf 450-Euro-Basis in einem rund 30 Kilometer entfernten Landcafé. Da Martin S. entschlossen ist, wieder zu arbeiten, nimmt er die Stelle an und stockt mit Hartz IV auf.

Martin S. bewährt sich in der neuen Stelle, sein Chef ist zufrieden mit ihm und stellt ihm eine Vollbeschäftigung in Aussicht, was den jungen Mann natürlich noch mehr motiviert. Er ist überglücklich und voller Hoffnung, bald wieder sein Geld vollständig selbst verdienen zu können. Gerne nimmt er darum den weiten Anfahrtsweg zu seiner neuen Arbeitsstelle in Kauf.

Da teilt ihm der für ihn zuständige Jobcentermitarbeiter mit, dass er ihn für eine Maßnahme zum Thema «Heranführung an den Arbeitsmarkt» angemeldet habe.

6 Stand Dezember 2013

«Aber die findet während meiner Arbeitszeit statt», wendet der junge Mann ein, «da kann ich unmöglich teilnehmen.»

Doch der Mann vom Jobcenter bleibt dabei, Martin S. muss sich für die Abende, an denen die Maßnahme stattfindet, freinehmen. Martin S. gerät in ein schlimmes Dilemma, weiß er doch genau: Gerade am Abend wird er im Landcafé am dringendsten gebraucht. Er kann also seinem Chef unmöglich erklären, dass er wegen einer Maßnahme vom Jobcenter so viele Abende freihaben muss. Zum einen fehlt er bei der Arbeit und muss durch eine teure Aushilfskraft ersetzt werden. Zum anderen, ist er sich sicher, würde sein Chef das als Zeichen werten, dass sich Martin S. beruflich auch noch anderweitig umsieht.

«Wenn ich das tue», versucht er seinem Jobcentermitarbeiter zu erklären, «dann verliere ich die Aussichten auf meine Festanstellung.»

Was, so fragt er sich außerdem, sollte ihm eine Maßnahme zum Thema «Heranführung an den Arbeitsmarkt» bringen, wenn er gleichzeitig diese große Chance, endlich wieder vollzeitbeschäftigt zu werden, riskiert? Verzweifelt versucht er, seinem Sachbearbeiter die Situation zu erklären. Umsonst. Martin S. steht bereits verbindlich auf der Liste; was aus seinem Arbeitsplatz wird, scheint dem Arbeitsvermittler groteskerweise vollkommen egal zu sein.

Martin S. entscheidet sich für seinen Job und gegen die Teilnahme an der Maßnahme. Die Folgen? Sein Sachbearbeiter sanktioniert ihn und kürzt ihm seine Aufstockung um 30 Prozent. Und das trifft Martin S. hart. Er muss ohnehin schon sehr sparsam haushalten, um mit seinem 450-Euro-Job und der Aufstockung klarzukommen. Jetzt aber fehlt ihm das Geld für die Fahrtkosten zu seiner Arbeitsstelle. Hatte dies der Jobcentermitarbeiter einfach nicht bedacht? Oder möglicherweise sogar billigend in Kauf genommen? Was sind das für Arbeitsvermittler, die mit aller Macht verhindern, dass ein engagierter und motivierter junger Mann wie Martin S. eine Vollbeschäftigung findet?

Ich kenne den Alltag des Jobcentermitarbeiters und weiß, wie das in den meisten Fällen läuft. Wenn die bereits gebuchten und bezahlten Maßnahmen nicht voll besetzt sind, wenn nicht genügend Teilnehmer an diesem oder jenem Seminar angemeldet sind, dann kriegt irgendjemand eine Menge Ärger. Damit dies nicht geschieht, werden diese Rundmails an jeden einzelnen Jobcentermitarbeiter geschickt. Sie folgen stets demselben Wortlaut, stellen fest, dass sich für die betreffende Maßnahme erst so und so viele Teilnehmer angemeldet haben und fordern dazu auf, im laufenden Tagesgeschäft weitere Zuweisungen zu prüfen. In denselben Mails wird auch mit aller Deutlichkeit darauf hingewiesen, wie zu verfahren ist, sollten sich die Kunden wehren: «Diese werden sanktioniert!»

Es geht also mal wieder um Druck von oben, der nach unten weitergegeben wird, bis da niemand mehr ist, der sich wehren kann. Das letzte Glied in dieser Kette der Demütigungen ist der Langzeitarbeitslose, der «Hartzer». Wie viele Perspektiven vernichtet, Leben zerstört, Menschen dabei ins Unglück gestürzt werden, ist den Schreibtischtätern egal. Hauptsache, ihre Quote stimmt. Die vielen verzweifelten und durchwachten Nächte, die Tränen und die ohnmächtige Wut auf Seiten der Hartz-IV-Empfänger, die die Wahl haben, sinnlos ihre Zeit zu verplempern, während ihre Zukunft zu Bruch geht, oder die finanzielle Daumenschraube noch enger angezogen zu bekommen – dieses ganze himmelschreiende Elend taucht in den Statistiken nicht auf. Die sehen hübsch sauber und ordentlich aus. Vor allem, wenn man da noch so lange hin und her rechnet, bis am Ende die Zahlen herauskommen, die man gerne haben möchte.

6. AGENDA 2010 – ODER: DIE ABSCHAFFUNG DES SOZIALSTAATES

Es war einmal ein deutscher Bundeskanzler, der, wie alle vor und alle nach ihm, unbedingt wiedergewählt werden wollte. Doch ausgerechnet zu Beginn des Wahljahrs 2002 deckte der Bundesrechnungshof einen handfesten Skandal bei der Bundesanstalt für Arbeit auf. Es stellte sich heraus, dass die Vermittlungsstatistiken in einem fast unvorstellbaren Ausmaß geschönt worden waren. Rund 70 Prozent der bei Stichproben in fünf verschiedenen deutschen Arbeitsämtern überprüften Vermittlungen erwiesen sich als fehlerhaft. Von den angeblichen 51 Prozent erfolgreich vermittelten Arbeitslosen für das Jahr 2000 blieben am Ende noch 18 Prozent übrig. Eine Katastrophe, nicht nur für die Gemeinschaft, sondern vor allem für die regierende rot-grüne Koalition unter Gerhard Schröder, schließlich war man mitten im Wahlkampf.

Von dem «bürokratischen Monster Arbeitsamt» war die Rede und davon, dass es einen radikalen Neuanfang geben müsste. Nach langem Tauziehen trat der damalige Präsident der Bundesanstalt für Arbeit, Bernhard Jagoda, endlich zurück. Doch wie sollte es nun weitergehen? Bundeskanzler Schröder machte das Thema zur Chefsache. Er versprach ein Reformpaket mit dem Ziel, die «Rahmenbedingungen für mehr Wachstum und für mehr Beschäftigung» zu schaffen, eine grundlegende Umstrukturierung der Bundesanstalt für Arbeit und gleichzeitig einen Umbau und eine Erneuerung des Sozialstaates. In Wirklichkeit aber schuf er die Grundlagen für die Entstehung einer neuen Armutsschicht. Wie kam es dazu?

Bereits am 22. Februar 2002 nahm eine Expertenkommission unter dem Vorsitz des ehemaligen Vorstandsmitglieds der Volkswagen AG Peter Hartz ihre Arbeit auf. Diese Kommission «für moderne Dienstleistungen am Arbeitsmarkt», der übrigens bei 15 Mitgliedern nur eine Frau angehörte, erhielt den Auftrag, Konzepte und Strategien zum effizienten Abbau der Arbeitslosigkeit zu entwickeln. Außerdem sollte sie die maroden und unübersichtlichen Organisationsstrukturen in der Bundesanstalt für Arbeit neu gestalten. Doch damit war es nicht genug: Die Kommission, die aus Aufsichtsräten verschiedener Großkonzerne bestand, aus Chefs der gefürchteten Unternehmensberatungsfirmen Roland Berger und McKinsey sowie einigen Landes- und Kommunalpolitikern, Vertretern der Gewerkschaften und Sozialwissenschaftlern, schrieb sich außerdem noch auf die Fahne, auch die Strukturen am Arbeitsmarkt zu verändern.

Schon im November wurde also ein neues Sozialgesetz für «moderne Dienstleistungen am Arbeitsmarkt» verabschiedet, das am 1. Januar 2003 in Kraft trat[7]. Und am 14. März 2003 konnte der wiedergewählte sogenannte «Unternehmer»-Kanzler, den man zu Beginn seiner ersten Amtszeit gemeinsam mit den Vertretern der Großunternehmen unbekümmert in aller Öffentlichkeit teure Zigarren rauchen sah, in einer Regierungserklärung ein Reformpaket verkünden. Die Änderungen waren grundlegend und wurden in vier Schritten umgesetzt. Nach dem Vorsitzenden der Kommission nennt man sie bis heute die Hartz-Reform.

Einer ihrer Grundgedanken war, die ehemaligen Sozialämter und damit die Kommunen, die diese finanzieren, zu entlasten. So wurden die bisherigen Sozialhilfeempfänger gemeinsam mit den Beziehern von Arbeitslosenhilfe, wie früher die Zuwendungen hießen, die Erwerbslose nach zwölf Mona-

---

7 BGBl I Nr. 87 vom 30. 12. 2002, S. 4607

ten erhielten, von nun an von der staatlichen Behörde Bundesanstalt für Arbeit verwaltet. Das bedeutete zum einen, dass die Kommunen die Lebenshaltungskosten der Sozialhilfeempfänger nicht mehr länger übernehmen mussten, wobei sie bei den Mietkosten weiterhin in der Pflicht blieben. Zum anderen aber hieß diese Umstrukturierung, dass Langzeitarbeitslose und Sozialhilfeempfänger von nun an in einen Topf geworfen wurden. Und das sollte weitreichende Folgen haben.

Auch einige Umbenennungen stifteten anfangs Verwirrung. So hieß die Bundesanstalt für Arbeit neuerdings Bundesagentur für Arbeit. Sozialhilfe wurde durch den Begriff Grundsicherung ersetzt. Statt der früheren Arbeitsämter wurden nun regionale Arbeitsagenturen für Bezieher von Arbeitslosengeld I geschaffen. Zudem entstanden in den einzelnen Stadtteilen Jobcenter, die bis zum Jahr 2011 «Arbeitsgemeinschaften», abgekürzt ARGE hießen, die für diejenigen zuständig sind, deren Beschäftigungslosigkeit länger als 12 Monate andauerte, sowie für die Bezieher von Grundsicherung.

Diese Zusammenlegung, die die Hartz-Kommission entwarf, sollte weitreichende soziale Folgen haben. Empfänger von Arbeitslosenhilfe waren zuvor von denen, die Arbeitslosengeld erhielten, kaum unterschieden. Es handelte sich bei allen um Menschen auf Arbeitssuche mit unterschiedlichen Problemen und Bezügen. Die Gleichstellung der ehemaligen Arbeitslosenhilfeempfänger mit den Sozialhilfeempfängern aber brachte eine noch nie dagewesene Stigmatisierung der Beschäftigungslosen mit sich. Auf einmal bildete die Zwölfmonatsfrist eine unheilvolle Trennlinie und einen sozialen Abstieg von unübersehbaren Konsequenzen. Die Schaffung der heutigen Jobcenter, Anlaufstellen für Langzeitarbeitslose und Empfänger von Sozialhilfe, die von nun an Grundsicherung genannt wurden, brachte es mit sich, dass in ein und demselben Amt Menschen mit einem großen sozialen Gefälle betreut wurden. Wer wie Herr Fischer aus der Pinneberger Jobcenter-

Broschüre nach 13 Monaten der Beschäftigungslosigkeit trotz hoher Qualifikation auf einmal gemeinsam mit Menschen auf seinen Termin warten muss, die seit Jahren Grundsicherung erhalten und offiziell nicht mehr vermittelbar sind, dem sitzt die Angst im Nacken, dass es ihm in Kürze ebenso ergehen wird. Und diese Stigmatisierung, das Schüren dieser existenziellen Angst bei den Betroffenen war meiner Meinung nach von Anfang an von den Reformern gewollt.

In meinen Augen war ein wesentliches Ziel dieser Umstrukturierung und der Zusammenfassung von Sozialhilfeempfängern und jenen, die mehr als zwölf Monate ohne Arbeit sind, Druck aufzubauen. Druck auf diejenigen, die nun Arbeitslosengeld II erhielten, früher Arbeitslosenhilfe und heute umgangssprachlich Hartz IV genannt. Denn von Anfang an waren die Möglichkeiten, zu sanktionieren, im neuen Gesetz verankert worden, und 2006 wurden diese durch das sogenannte «Fortentwicklungsgesetz» noch verschärft. Auch die Noch-Beschäftigten fühlen diesen Druck, damit sie nicht auf die Idee kommen, sich gegen schlechte Arbeitsbedingungen und prekäre Entlohnung zu wehren. Tatsächlich griff die Angst, in Hartz IV abzurutschen und in die Mühlen des Jobcenters zu geraten, rasch um sich und besteht bis heute. Sie wuchs proportional zur sozialen Ausgrenzung der Hartz-IV-Empfänger und der Diskussion über deren Schmarotzertum und Faulheit.

Hartz IV kam bekanntlich nicht von heute auf morgen. So wurde schon zu Beginn des 21. Jahrhunderts in Deutschland der Begriff «aktivierender Sozialstaat» geprägt. Bereits hier wurde impliziert, dass Arbeitssuchende «aktiviert» werden müssen – gerade so, als sei ein Arbeitssuchender passiv und wolle überhaupt nicht mehr Arbeit finden. Findet er keine, ist es sein eigenes Scheitern, weil er nicht genügend Eigeninitiative zeigt. Auf diese Weise wurde bereits kurz vor der Reform das Klima geschaffen, in dem nun ohne Probleme die Verantwortung des Sozialstaats auf den einzelnen Betroffenen umgeleitet werden konnte.

Diese allmähliche Unterhöhlung des Sozialstaats möchte ich hier in den wesentlichen Punkten skizzieren. Denn obwohl die Reform bis heute von konservativen bis neoliberalen Kräften in Deutschland als Großtat gefeiert wird, beinhaltet sie doch eine unmerkliche Preisgabe fundamentaler sozialer Errungenschaften der Vergangenheit:

Hartz I haben wir zu verdanken, dass im Rahmen von sogenannten «modernen Dienstleistungen am Arbeitsmarkt» Unternehmen in Form der «Personal-Service-Agenturen», kurz PSA, aus dem Boden sprossen wie Pilze an einem warmen Septembertag. PSA sind von privaten Trägern geführte Leiharbeitsunternehmen, die bis heute der Bundesagentur für Arbeit einen Großteil ihrer Aufgabe abnehmen. Sie sollen Arbeitssuchende als Leiharbeiter an Firmen vermitteln, und das tun sie auch – aus ihrer Sicht – mit großem Erfolg, wenn man die Umsätze dieser Vermittlungsfirmen betrachtet. Für die Arbeitnehmer, die von einer PSA als Leiharbeiter vermittelt werden, allerdings sieht die Sache ganz anders aus: Sind sie nämlich keineswegs mehr, wie es ursprünglich einmal der Fall war, den regulär angestellten Kollegen gleichgestellt. Denn mit Einführung der Sozialreform wurde still und heimlich eine ganze Reihe von Gesetzen gelockert oder gleich ganz außer Kraft gesetzt, die einmal zum Schutz der Leiharbeitnehmer verabschiedet worden waren.

Eines davon ist beispielsweise das Arbeitnehmerüberlassungsgesetz. Dieses Gesetz, das unter anderem die zulässige Dauer eines Leiharbeitsverhältnisses regelte, sollte die Leiharbeitnehmer vor Ausbeutung bewahren. Zum Beginn des Jahres 2003 wurde dieses Gesetz allerdings geändert und verlor damit seine ursprüngliche Schutzfunktion für die Arbeitnehmer: War es vorher verboten gewesen, Leiharbeiter unbefristet zu beschäftigen, so war dies von da an möglich. Die

«Überlassungsdauer», also die Zeitspanne, wie lange ein Leiharbeitsvertragsverhältnis Gültigkeit haben konnte, wurde nun nicht mehr beschränkt. Vor der Reform sah es so aus: Hatte ein Unternehmen einen Arbeitnehmer zwei Jahre lang im Rahmen eines Leiharbeitsvertrags beschäftigt, so musste er ihm einen regulären Arbeitsvertrag anbieten, um ihn mit seinen festangestellten Kollegen gleichzustellen. Von 2003 an war dies nicht mehr der Fall. Auch das sogenannte «Synchronisationsverbot» wurde im Verlauf der Reform aufgehoben. Dieses Verbot verhinderte vor dem Inkrafttreten des «Ersten Gesetzes für moderne Dienstleistungen am Arbeitsmarkt», also Hartz I, dass die Leiharbeitsfirma Arbeitssuchende nur für die Zeitspanne eines bestimmten Einsatzes unter Vertrag nahmen. Zum 1. Januar 2004 wurde das Synchronisationsverbot vollständig aufgehoben. «Seitdem können Verleiher durch Befristungen des Arbeitsvertrags und passgenaue Kündigungen die Dauer des Arbeitsvertrages mit der Dauer des Einsatzes im Entleihbetrieb synchronisieren. Damit wird das Beschäftigungsrisiko nicht mehr von der Leiharbeitsfirma, sondern von den Leiharbeitnehmer/innen getragen.»[8]

Neben der Aufhebung des Synchronisationsverbotes, der Abschaffung der Höchstüberlassungsdauer, des Befristungsverbotes und des Wiedereinstellungsverbotes kam unser damaliger Super-(Bundes-)Minister für Wirtschaft und Arbeit Wolfgang Clement im Zuge der Agenda 2010 und zum Zwecke der «Flexibilisierung des Arbeitsmarktes» noch auf weitere Ideen: Er führte einen neuen Gleichbehandlungsgrundsatz ein. Dieser sollte den Zeit- und Leiharbeitern gleichen Lohn, Urlaub und Arbeitszeit, auch unter dem Namen «Equal Pay» und «Equal Treatment» bekannt, zusichern. Allerdings bediente er sich dabei eines Tricks und verzichtete auf eine

8 (Quelle: http://www.hundertprozentich.de/lexikon/263-synchronisationsverbot-sp-1884127271; eine Seite des Bundesvorstands ver.di – Vereinte Dienstleistungsgewerkschaft)

gesetzlich unverrückbare Festschreibung dieses Gleichbehandlungsgrundsatzes. Stattdessen ergänzte er den Gesetzestext mit der einschränkenden Formulierung «Ein Tarifvertrag kann abweichende Regelungen zulassen (…)»[9] Die Folge von diesen ungeheuerlichen Gesetzesänderungen zugunsten der Unternehmer war, dass diese mehr und mehr dazu übergingen, Leiharbeiter statt feste Mitarbeiter einzustellen. Dies brachte für die Unternehmer nämlich eine Reihe von Vorteilen mit sich: Zum einen wurde und wird den Leiharbeitern meist ein deutlich niedrigerer Lohn bezahlt als der Stammbelegschaft. Der Unternehmer kann flexibel auf plötzlich auftretende Arbeitsspitzen reagieren, beispielsweise bei einer Auftragserteilung mit kurzen Fristen.

Und es kam noch besser für die Unternehmer: Im Laufe von ständig neuen Gesetzesregelungen zur Verkürzung der Überlassungsdauer von Leiharbeitern wurde diese seit 1972 von ursprünglich maximalen drei Monaten auf sechs, neun, zwölf und vierundzwanzig Monate verlängert und schlussendlich im Zuge der Hartz-Reformen 2003 ganz aufgehoben, sodass heute ein Mitarbeiter sein ganzes Berufsleben lang in einem Leiharbeitsverhältnis beschäftigt werden kann.

Da das Unternehmen, für das der Leiharbeiter tätig ist, offiziell ja gar nicht als Arbeitgeber auftritt, sondern diesen Part das Leiharbeitsunternehmen übernimmt, gelten die speziellen Tarifvereinbarungen für Leiharbeiter, die in dem Manteltarifvertrag Zeitarbeit mit letzter Änderung vom 17. September 2013 festgeschrieben wurden. Dieser Mantelvertrag wurde zwischen dem Bundesarbeitgeberverband der Personaldienstleister e.V. (BAP) und den Mitgliedsgewerkschaften des DGB (IG BCE, NGG, IG Metall, GEW, ver.di, IG BAU, EVG, GdP) geschlossen und beinhaltet große Nachteile für die Leiharbeiter im Vergleich zu ihren festangestellten Kollegen. Also zieht

9 AÜG Versagung § 3 (1) Abs. 3

auch der DGB hier eine scharfe Trennlinie zwischen seinen festangestellten Mitgliedern und den Arbeitnehmern der Leiharbeitsfirmen, nach eigenen Aussagen zum Schutz seiner festangestellten Mitglieder. Man befürwortet damit, dass Leiharbeiter nicht nur schlechter bezahlt werden, sondern auch in Bereichen wie Urlaubs- und Weihnachtsgeld schlechter gestellt sind.

Im Jahr 2007 allerdings startete die IG Metall die Kampagne «Gleiche Arbeit – Gleiches Geld», um für die Leiharbeiter dieselben Bedingungen zu verhandeln wie für die Stammbelegschaft. 2011 konnte in der Stahlindustrie auch tatsächlich der erste Flächentarifvertrag umgesetzt werden. Somit gelten für die Leiharbeiter in dieser Branche dieselben Tarife wie für die Stammbelegschaft. Neben den Forderungen von gleichen Bedingungen konnten ebenso kleinere Erfolge über die Höhe der Vergütungen sowie die Höchstdauer des Einsatzes und Übernahmeregelungen in der Metall- und Elektroindustrie erzielt werden. In Zukunft müssen sich also diese Arbeitgeber mit dem Betriebsrat zusammensetzen, um über den Einsatz von Leiharbeitern zu sprechen. Weiterhin gilt in dieser Branche die maximale Dauer von 24 Monaten als Überlassung.

Der Unternehmer, der seine Mitarbeiter ausleiht, spart eine Menge Geld. Wird ein Leiharbeiter krank, so übernimmt das Leiharbeitsunternehmen die Lohnfortzahlung – die Firma, für die er arbeitet, hat damit nichts zu tun. Oft werden auch vorgeschriebene Gesundheitsuntersuchungen, für die normalerweise der direkte Arbeitgeber aufkommen muss, von der Leiharbeitsfirma übernommen. Gerade Großkunden wie zum Beispiel Mercedes oder Deutsche Post setzen so auch die Leiharbeitsfirmen unter Druck, indem sie um die Preise feilschen und nach der «Geiz ist geil»-Mentalität verfahren. Geht das Leiharbeitsunternehmen nicht darauf ein, wechselt der Großkunde einfach die Leiharbeitsfirma, bis er den günstigsten Preis für ausgeliehene Mitarbeiter ergattert.

Ein starkes Argument für ein Unternehmen, sich Leiharbeiter zu holen, ist vor allem auch die Möglichkeit, diese Mitarbeiter problemlos wieder loszuwerden, sollte die Auftragslage sich kurzfristig ändern. Bei Neueinstellungen von Leiharbeitern – und dabei muss man wissen, dass der Mitarbeiter bereits dann eine sogenannte «Neueinstellung» ist, wenn er die vergangenen drei Monate nicht bei dem Unternehmen beschäftigt war – kann er in den ersten beiden Wochen von einem Tag auf den nächsten gefeuert werden. Von der dritten Woche an bis einschließlich drei Monate Beschäftigung beträgt die Kündigungsfrist eine Woche, bei einer Beschäftigung bis zu sechs Monaten sind es zwei Wochen, innerhalb derer ein Mitarbeiter auf die Straße gesetzt werden kann, und das natürlich ohne Angabe von Gründen.

Der Leiharbeiter muss also ständig damit rechnen, innerhalb kürzester Zeit wieder ohne Beschäftigung zu sein. Die Hoffnung oder besser gesagt das Besänftigungsargument «Integration» der Reform-Macher, dass es einem Langzeitarbeitslosen mit Hilfe eines Leiharbeitsvertrags gelingen könnte, die Hürde in die Festanstellung zu nehmen, erwies sich als reine Augenwischerei. Warum um alles in der Welt sollte ein Unternehmer so viele Vorteile aufgeben, wenn er dieselbe Arbeitskraft auch viel billiger und unverbindlicher haben kann?

Für den Leiharbeitnehmer liegen die Nachteile auf der Hand. Oftmals bleibt ein Mitarbeiter als Leiharbeiter in einem Unternehmen beschäftigt. Er hat kaum eine Chance, aus dem Niedriglohnsektor herauszukommen, es sei denn, er findet eine andere Stelle auf dem sogenannten Ersten Arbeitsmarkt. Dies ist allerdings höchst unwahrscheinlich, denn kaum ein Leiharbeiter kann seine Vorbeschäftigung lückenlos darlegen. Außerdem ist der Grund seiner Tätigkeit für eine Leiharbeitsfirma ja eben die Schwierigkeit, im Ersten Arbeitsmarkt Fuß zu fassen.

Als Leiharbeiter allerdings bleibt er immer ein Arbeitnehmer zweiter Klasse, und so wird er auch behandelt. Nicht nur, dass er weniger verdient als ein Kollege mit einem regulären Arbeitsvertrag, auch wenn beide gleich qualifiziert sind und dasselbe leisten. Bei Opel und Mercedes-Benz dürfen Leiharbeiter zum Beispiel an ihrer Arbeitskleidung kein Firmenemblem tragen und sind so auf den ersten Blick von ihren Kollegen als Mitarbeiter zweiter Klasse erkennbar. Festangestellte Arbeitnehmer begegnen Leiharbeitern oft mit Misstrauen und Vorurteilen, arbeiten diese Menschen doch unter viel schlechteren Bedingungen und gefährden nach Meinung vieler die regulären Arbeitsplätze. In einer Vielzahl von Betrieben warten darum noch andere demütigende Benachteiligungen auf die Leihmitarbeiter: So müssen sie ihr Kantinenessen nicht selten teurer bezahlen als ihre festangestellten Kollegen, vielerorts ist auch die Kaffeemaschine für sie tabu und der Stammbelegschaft vorbehalten und dergleichen mehr.

Die Anzahl der offenen Stellen im Bereich der Zeit- und Leiharbeit beim Arbeitgeberservice der Arbeitsagenturen und Jobcenter stiegt von knapp 10 Prozent im Jahr 2000 auf 38 Prozent im Jahr 2011[10]. Ich persönlich kenne jemanden, der bereits seit zwölf Jahren in derselben Firma als Leiharbeiter tätig ist und all die Jahre mit Kollegen zusammenarbeitet, die für die gleiche Leistung viel mehr verdienen. Es sieht nicht so aus, als würde sich das in Zukunft ändern; es ist wahrscheinlich, dass er bis zu seiner Rente gute Arbeit für einen Dumpinglohn leisten muss. Er hat sich damit abgefunden. Früher wäre das nicht möglich gewesen, nach der Sozialreform sind solche Verhältnisse jedoch gang und gäbe.

10 Quelle: Rosige Zeiten am Arbeitsmarkt? Strukturreformen und «Beschäftigungswunder» – Friedrich Ebert Stiftung, Juli 2014, Seite 48

Eine ähnliche soziale Ungerechtigkeit kann man auch beim Umgang mit sogenannten Werkverträgen beobachten.

Den Werkvertrag an sich gibt es schon sehr lange, und in geregelter Form findet er sich bereits in den Paragraphen § 631 ff. folgende als fester Bestandteil des Bürgerlichen Gesetzbuchs seit dem Jahr 1900. Zum Beispiel im Bereich des Handwerks, bei Kulturschaffenden oder im IT-Bereich war und ist diese Vertragsform üblich und unproblematisch. Ein Werkvertrag wird abgeschlossen, um, wie der Name schon sagt, ein konkretes Werk zu schaffen. Dies kann ein fest umrissener Auftrag eines Handwerkers sein, zum Beispiel die Installation einer Heizungsanlage, für die der Handwerker einen Kostenvoranschlag macht und dafür einen Auftrag vom Kunden erhält. Oder die Beauftragung eines Bildhauers, eine Skulptur für einen bestimmten Zweck und zu einem verhandelten Festhonorar anzufertigen – oder ein IT-Fachmann erhält den Auftrag, eine bestimmte Computeranlage zu installieren. Da diese Aufträge klar umrissen sind, Auftragnehmer oft in eigenen Werkstätten arbeiten oder sehr spezialisierte Fertigkeiten für die Erstellung eines bestimmten Werks zur Verfügung stellen, nehmen sie dem Stammpersonal eines Unternehmens nicht die Arbeit weg. Problematisch wurde der Werkvertrag erst im Rahmen der verschiedenen Hartz-Reformen, als der Begriff eines «Werks» aufgeweicht wurde. Auch die saisonale Arbeit an einem Bau ohne fest umrissenen Auftrag oder die Erntephase in der Landwirtschaft wurde auf einmal zu einem Werk deklariert. Mit der Arbeit eines spezialisierten Handwerkers oder des Regisseurs, der eine Oper inszeniert – mit der Arbeit derer, die auch selbst eine angemessene Vergütung ihrer Arbeit verhandeln können, hat das natürlich nichts zu tun.

Die Praxis des Werkvertrags wurde bereits vor der Arbeitsmarktreform missbraucht, etwa nach dem Anwerbestopp von ausländischen Arbeitnehmern 1973. Damals entstanden in den Ländern, aus denen die Arbeitsmigranten kamen, Werkvertragsunternehmen, die ausländische Arbeitskräfte «nach Bedarf» nach Deutschland vermittelten. Bereits damals profitierten deutsche Unternehmen von der Differenz zwischen den hiesigen Tariflöhnen und der viel geringeren Entlohnung, die diese Werkvertragsunternehmen ihren Arbeitskräften bezahlten.

Sehr beliebt wurden die Werkverträge auch nach der EU-Osterweiterung um zehn Beitrittsländer im Jahr 2004, als dort in kürzester Zeit ebenfalls Werkvertragsunternehmen entstanden, die billige Arbeitskräfte für Dumpinglöhne nach Deutschland brachten.

Doch noch gab es keinen Grund für die Unternehmen, der Leiharbeitspraxis zugunsten von Werkverträgen den Rücken zu kehren. Denn der Deutsche Gewerkschaftsbund (DGB), vertreten durch den DGB-Tarifexperten Reinhard Dombre, stimmte im Herbst 2002 der Weisung Clements, dessen ergebener Lakai er war, zu, dass Lohnabschläge bis zu 30 Prozent für schwer vermittelbare Langzeitarbeitslose zu akzeptieren und umzusetzen sind. Das Argument: Man vertrete schließlich die Interessen der arbeitenden Bevölkerung und damit die der zahlungskräftigen Mitglieder. Nie waren die Gewerkschaften für die Leiharbeitsbranche wertvoller als damals, und leider hat sich das bis heute kaum geändert. In diese Bresche schlug 2002 der Christliche Gewerkschaftsbund Deutschlands (CGB) mit seiner Tarifgemeinschaft Christlicher Gewerkschaften für Zeitarbeit und Personalserviceagenturen (CGZP). Der CGB fungiert für 14 Einzelgewerkschaften und deren Mitglieder als Dachverband, dem DGB für festangestellte Arbeitnehmer vergleichbar, die in ver.di organisiert sind.

Genauso wie der DGB hat sich nun der CGB im Jahr 2002 mit drei Arbeitgeberverbänden zusammengeschlossen, um eigene Tarife in der Zeit- und Leiharbeitsbranche zu entwickeln. Man sollte meinen, dass eine Gewerkschaft der Leiharbeiter deren Wohl im Sinne hat. Stattdessen waren die Tarife, denen diese sogenannte christliche Gewerkschaft zustimmte, zum Teil um zwei Drittel günstiger als der DGB-Tarif. So erhielt ein Bayer-Schering-Mitarbeiter 2007/2008 über den DGB-Tarif einen Bruttostundenlohn in Höhe von 17,50 Euro. Nach dem CGB galt ein Osttarif in Höhe von 5,20 Euro und ein Westtarif in Höhe von 6,42 Euro: Der Lohntarif «light» war geboren.

Dies war der Startschuss für den ganz großen Boom der Zeit- und Leiharbeitsunternehmen. Noch nie kam man so günstig an Lohnsklaven. Dadurch geriet der DGB seinerseits unter Druck, und er sah sich zu Zugeständnissen genötigt. 2004 zum Beispiel beharrte er zwar gegenüber der Interessensgemeinschaft Zeitarbeit (IGZ) und dem Bundesverband Zeitarbeit (BZA) weiter auf dem Eingangslohn in Höhe von 6,85 Euro, stimmte jedoch – und tut dies bis heute – der Möglichkeit einer Reduzierung des Stundensatzes um 25 Prozent zu, wenn Anspruch auf eine Verpflegungspauschale bestand, solange der ursprüngliche Nettolohn nicht unterschritten wird. Damit werden zum Beispiel die teilweise anfallenden und oft hohen Benzinkosten auf die Leiharbeiter abgewälzt. Stundenlöhne von damals 5,14 Euro im Westen und 4,20 Euro im Osten waren somit keine Seltenheit und einer «Geiz ist geil»-Mentalität im legalen Rahmen eines Gewerkschaftsbundes die Tore geöffnet.

Bis im Dezember 2010 aus Sicht der Unternehmer, die Leiharbeiter benutzten, etwas zutiefst Beunruhigendes geschah: Das Bundesarbeitsgericht erklärte alle von der Tarifgemeinschaft Christlicher Gewerkschaften für Zeitarbeit und Personal-Service-Agenturen seit 2003 ausgehandelten Verträge für rechtswidrig und damit ungültig. Doch das war noch nicht alles: Die betroffenen Arbeitnehmer erhielten die Möglichkeit, Lohnnachforderungen über die gesamten sieben vergangenen Jahre zu stellen.

So gingen spätestens 2012, trotz einer halbherzigen Korrektur des Gesetzes, nach der die Beschäftigung von Leiharbeitern nur noch «vorübergehend» erlaubt wurde[11], ohne dass der Begriff «vorübergehend» klar umrissen wurde, mehr und mehr Unternehmen dazu über, die Vorteile auszuschöpfen, die Werkverträge ihnen boten.

Siemens war eines dieser Unternehmen, die nach dem Urteil des Bundesarbeitsgerichts von 2010 weniger Interesse an Leiharbeitern zeigten, sondern stattdessen massenhaft Werkverträge einführten, um weiterhin die Arbeitnehmer im Billiglohnsektor zu halten. Zum ersten Mal allerdings geschah etwas, womit viele nicht gerechnet hatten: Siemens schloss Werkverträge nicht mehr nur im Bereich der Produktion ab, sondern nun auch in der Verwaltung. Damit «traf» diese Praxis zum ersten Mal nicht mehr nur die klassisch benachteiligten Arbeitnehmergruppen wie zum Beispiel ungelernte, ausländische Arbeiter oder Frauen, sondern auch jene im Hochlohnsektor, die sich bis dahin sicher gefühlt hatten. Und immer öfter sind es auch hochqualifizierte Arbeitnehmer wie zum Beispiel Ingenieure, denen statt einer Festanstellung ein Werkvertrag angeboten wird.

Im Niedriglohnsektor allerdings bilden die Arbeitnehmer mit Werkverträgen die dritte und damit die unterste Klasse in einem Unternehmen – sie werden noch schlechter bezahlt als die von Leiharbeitsfirmen eingesetzten Mitarbeiter. Denn im Gegensatz zu früher, wo ein Selbständiger das Honorar für die Erstellung eines Werkes selbst aushandeln konnte, übernehmen dies nun die Werkarbeitsunternehmen für sie. Obwohl diese prozentual am Lohn beteiligt werden, lohnt es sich aus ihrer Sicht nicht, auf hohen Gehältern zu bestehen – es ist die Masse, die «es macht». Der Arbeitnehmer wird somit zur Ware, der von den Werkarbeits-Buden, wie ich sie gerne nenne, so günstig wie möglich feilgeboten wird, nur damit das Geschäft überhaupt zustande kommt. Unrühmliche Vorreiterin ist auch

11 § 1 Abs. 1 AÜG

hier die Automobilbranche. Die Mitarbeiter in der Fertigung haben überwiegend einen Werkvertrag zu beschämend niedrigen Löhnen. In der öffentlichen Kritik steht allen voran Mercedes-Benz, doch auch bei Volkswagen und bei Opel sind die Verhältnisse nicht viel besser.

Es ist kein Geheimnis, dass die großen Parteien, natürlich auch die SPD, von riesigen Spenden aus den Unternehmen unterstützt werden. Die Automobilbranche ist bekanntermaßen finanzstark genug, um auf diese Weise Einfluss auf die Politik nehmen zu können, und das tut sie auch. «Umsonst ist nur der Tod», sagt ein Sprichwort. So werden die Parteien abhängig von Lobbyisten, die ihre eigenen Interessen verfolgen. Dass gerade die Automobilbranche in ungeheurem Ausmaß von der Sozialreform, die die Agenda 2010 werden sollte, profitiert, kann kein Zufall sein.

Es war einmal ein Kanzler, von dem es hieß, dass er es gut mit den sozial Schwachen meinte. Tatsächlich aber schuf er ein Ausbeutersystem ohnegleichen, von dem die Lobbyisten, die ihn unterstützten, auf Kosten der Armen profitierten. Der Kanzler musste irgendwann einmal gehen. Die Profiteure aber genießen nach wie vor die Früchte dieser unsozialen Reform.

7. DIE «NEUE UNTERSCHICHT» – ODER:
WIE SPALTE ICH EINE GESELLSCHAFT

Hartz I beinhaltete bekanntlich noch weitere Neuerungen: Den Arbeitssuchenden ohne familiäre Bindung wurde zugemutet, spätestens nach dem 4. Monat Arbeitslosigkeit bundesweit einsetzbar zu sein. Außerdem verschärfte man die Meldepflicht: Wer sich jetzt nicht sofort nach Erhalt der Kündigung arbeitslos meldete, musste Minderungen des Arbeitslosengelds in Kauf nehmen.

Mit der Einführung der «Bildungsgutscheine» hofften die Reformer, das Thema Weiterbildung und Qualifizierung in den Griff zu bekommen. Gleichzeitig schrieb aber die Bundesagentur für Arbeit, angeblich um Geld zu sparen, Trainingsmaßnahmen als Pakete im großen Stil bei den Bildungsträgern aus. Das führte dazu, dass nun der Preis gewann und nicht mehr unbedingt die Qualität der Maßnahmen im Vordergrund stand. Konnten Arbeitsämter früher maßgeschneiderte Fortbildungen buchen, das heißt Fortbildungen, die den größtmöglichen Nutzen für die «Kunden» brachten, so ist das heute kaum noch möglich. Einige der Folgen habe ich bereits im fünften Kapitel geschildert: Werden Seminare und Fortbildungen en gros im Voraus eingekauft, ohne dass vorher der tatsächliche Bedarf feststeht, geraten die Agenturen unter Druck, sollten nicht genügend Teilnehmer vorhanden sein. Dann geschieht es, dass Menschen wie zum Beispiel der gelernte Metzger Martin S. in Maßnahmen gezwungen werden, die für sie überhaupt nicht geeignet sind, nur damit sie voll werden. So kann es vorkommen, dass ein Ingenieur oder gar ein IT-Fachmann gemeinsam mit Anfängern eine EDV-Maßnahme absitzen muss, obwohl er möglicherweise genauso qualifiziert ist wie der Dozent. Man mag darüber lächeln – für die Betroffenen ist es alles andere als lustig. Sie verplempern Zeit und Energie und fühlen sich vom Jobcenter in ihrer individuellen Situation immer weniger ernst genommen. Einmal davon abgesehen, dass wieder einmal Steuergelder zum Fenster hinausgeworfen werden, wenn Maßnahmen nach dem Gießkannenprinzip auf die Arbeitssuchenden verteilt werden, ob sie nun etwas bringen oder nicht.

War es vor der Einführung der Bildungsgutscheine einfacher gewesen, sinnvolle berufliche Umschulungen zu ermöglichen, so waren jetzt die Möglichkeiten kontingentiert, der Weg bis zur Genehmigung einer maßgeschneiderten Weiterbildung wurde langwieriger und bürokratischer. Tatsächlich ist eine zunächst wenig auffällige, langfristig aber einschneidende Begleiterscheinung der Einführung der Bildungsgutscheine die zunehmende administrative Bürokratie, der sich der Jobcentermitarbeiter heute stellen muss, um diese Maßnahmen und zahlreiche andere Details ebenso zu «verwalten». Als Folge davon verbringt ein Arbeitsvermittler täglich mehrere Stunden am PC, um dem Verwaltungsakt Genüge zu tun, Statistiken auszufüllen und das System mit jedem seiner Schritte und jeder Entscheidung zu füttern.

Gleichzeitig mit dem ersten Teil der Hartz-Reform trat auch das «Zweite Gesetz für moderne Dienstleistungen am Arbeitsmarkt» oder Hartz II in Kraft. Es bescherte uns Minijobs ohne Begrenzung der Arbeitsstunden, sogenannte «Midijobs», und die «Ich»-AGs.

Minijobs, oder wie es offiziell heißt: «geringfügige Beschäftigung» gab es bereits vor der Reform. Ursprünglich waren sie allerdings auf 15 Wochenstunden beschränkt gewesen – zu Beginn des Jahres 2003 entfiel diese Begrenzung.

Heute liegt die Lohngrenze für einen Minijob bei 450 Euro im Monat. Wie lange man dafür arbeiten muss, hängt vom Unternehmen ab, bei dem man anheuert. Wer beispielsweise bei der Solarium-Kette «Sunpoint» arbeitet, verdient 5,50 Euro pro Stunde[12]. Um auf 450 Euro zu kommen, muss er bei diesem prekären Stundenlohn einen Halbtagesjob leisten. Man stelle sich vor, eine Vollzeitbeschäftigung würde 900 Euro brutto einbringen! Es ist klar, dass niemand mit einem solchen Einkommen in Deutschland überleben kann. Hier wurde einer der Grundsteine für die spätere Praxis des «Aufstockens» gelegt, von der noch die Rede sein wird. Das heißt, das Jobcenter errechnet die dem Betreffenden zustehende Grundsicherung und bezahlt die Differenz hinzu – auf Kosten der Steuerzahler. Und das nur, weil ein Arbeitgeber keine angemessenen Löhne bezahlt. Warum, frage ich mich, muss eine Kette wie «Sunpoint» aus unseren öffentlichen Geldern dermaßen subventioniert werden, während seine Mitarbeiter unter dem Existenzminimum leben müssen? Im Ergebnis ist dieses Unternehmen, das als Beispiel für viele andere steht, Nutznießer einer fehlgesteuerten Arbeitspolitik.

Eine weitere Neuerung war die Einführung der Ich-AGs, in dessen Rahmen Arbeitslose einen auf drei Jahre befristeten Existenzgründungszuschuss erhalten konnten, wenn sie sich selbständig machten. Seit 2006 wurde dieses Modell eingestellt, offenbar hatte es nicht den gewünschten Erfolg. Bereits genehmigte Ich-AGs liefen nach dem Bewilligungszeitraum aus.

Im Rahmen von Hartz III wurde zum Jahresbeginn 2004 aus der Bundesanstalt für Arbeit die Bundesagentur für Arbeit, BA genannt. Diese Bundesagentur für Arbeit agiert auf drei Verwaltungsebenen: in der Zentrale in Nürnberg, in den Regionaldirektionen und den örtlichen Agenturen für Arbeit. Die Verantwortung für die Umsetzung der sogenannten «Zielvereinbarungen» wurde nun von der mittleren Verwaltungsebe-

12 Stand Herbst 2014

ne auf die Arbeitsagenturen und Jobcenter selbst verlagert. Für die Agenturen für Arbeit und Jobcenter bedeutete dies in der Praxis, dass sie für ihr zugewiesenes Budget selbst verantwortlich sind. Sie können also selbst entscheiden, wie sie die Gelder verwenden wollen. Dies hat leider zur Folge, dass aus den Geldern, die eigentlich für die Erwerbslosen gedacht waren, nun unerwartete erhöhte Personal- und Verwaltungskosten gestemmt werden müssen. Der Topf der Verwaltungskosten wird größer, der Topf für die Eingliederung und Förderung arbeitssuchender Menschen hingegen kleiner.

Nun entstehen die Jobcenter als zentrale Anlaufstellen für die Betroffenen, und zwar, wie ich im letzten Kapitel schon darlegte, für Empfänger von Sozialhilfe (ab jetzt Grundsicherung) und Arbeitslosenhilfe (jetzt Arbeitslosengeld II oder Hartz IV) – gleichermaßen.

Mit der Stärkung der regionalen Arbeitsagenturen wurde aber auch ein ausgefeiltes Controlling-System entwickelt, das die Mitarbeiter in den Arbeitsagenturen und in den neu geschaffenen Jobcentern bis heute in Atem hält. Dieses Controlling-System hatte in der Phase I (2003–2005) zunächst als Ziel nur die «Führbarkeit» der Mitarbeiter. Noch saß den Reformern der Vermittlungsskandal von 2002 im Nacken, und man wollte sichergehen, dass derartige Manipulationen der Statistiken nie wieder möglich sein sollten. Weitere Phasen erhielten so klingende Namen wie «Operative Leistung» und «Innovation im Markt». 2011 mündete das Controlling-System schließlich in die Phase IV: «Aktiv für Arbeit in einer Welt im Wandel» sowie «Netzwerkmanagement – Lernende Organisation». All dies führte dazu, dass die Jobcentermitarbeiter einen Großteil ihrer Arbeitszeit mit dem «System» beschäftigt waren und bis heute sind, in dem sie alles, was sie entscheiden oder mit dem Arbeitssuchenden vereinbaren, hinterlegen müssen.

In dieser 3. Phase der Reform wurde auch die Grundlage für das gelegt, was wir heute «Sanktionen» nennen: Bei mangelnder Mitwirkung und Initiative der Beschäftigungslosen bei der Stellensuche können nun leichter als zuvor die gefürchteten «Sperrzeiten» verhängt werden.

Das heißt nichts anderes, als dass der Empfänger von Arbeitslosengeld II beweisen muss, dass er sich aktiv um eine neue Anstellung bemüht. Gelingt es ihm nicht, muss er sich rechtfertigen, warum das so ist. Er gerät mehr und mehr in die Defensive, die Schuld an seiner Situation wird nun ihm zur Last gelegt.

Dies ist ein entscheidender Schritt in Richtung Stigmatisierung der Arbeitssuchenden. Es ist ein kleiner Schritt von dieser Beweislast zu der Haltung gegenüber Hartz-IV-Empfängern, «dass sie selber schuld sind» an ihrer Situation.

Dazu passt auch die Einführung der sogenannten «Eingliederungsvereinbarung». Dabei handelt es sich um einen Vertrag nach öffentlichem Recht zwischen dem Jobcenter und dem Arbeitssuchenden, der meist beim allerersten Termin geschlossen wird – zur «Eingliederung in Arbeit». In diesem Vertrag werden die Rechte und Pflichten beider Seiten festgeschrieben und die Ziele formuliert, zum Beispiel die «Aufnahme einer sozialversicherungspflichtigen Tätigkeit».

Zunächst werden in diesem Vertrag die Leistungen festgelegt, zu denen sich das Jobcenter verpflichtet: In der Regel sind das Beratung, Vermittlungsvorschläge und eventuell auch Zuschüsse zu den Kosten, die bei Bewerbungen und Vorstellungsgesprächen anfallen. Im nächsten Punkt werden die Pflichten des Arbeitssuchenden festgeschrieben: zum Beispiel die Anzahl der Bewerbungen, die der Arbeitssuchende innerhalb eines Monats zu schreiben hat. Dies alles ist frei verhandelbar – und was die meisten Arbeitssuchenden nicht wissen: Sie müssen diese Eingliederungsvereinbarung überhaupt nicht unterschreiben. Denn auch wenn dieser Vertrag auf den ersten Blick so aussieht, als seien Rechte und Pflichten zwischen den Vertragspartnern ausgeglichen, so sind sie das in Wirklichkeit oftmals nicht. Des Pudels Kern aber liegt auf der Seite 3 dieses Vertrags unter «Rechtsfolgenbelehrung»: Hier sind die Maßnahmen festgeschrieben, gegen die ich am meisten protestiere, nämlich die sogenannten Sanktionen:

«Die §§ 31 bis 31b Sozialgesetzbuch II sehen bei Verstößen gegen die in der Eingliederungsvereinbarung festgelegten Pflichten Leistungsminderungen vor. Das Arbeitslosengeld II kann danach – auch mehrfach nacheinander – gemindert werden oder vollständig entfallen.»[13] Im Folgenden wird dies spezifiziert: zunächst können die Leistungen zu 30 Prozent, bei wiederholtem Verstoß zu 60 Prozent und schließlich zu 100 Prozent gekürzt werden – pro «Verstoß» auf drei Monate. Weiter heißt es: «Führen die Leistungsminderungen dazu, dass kein Arbeitslosengeld II mehr bezahlt wird, werden auch keine Beiträge zur Kranken- und Pflegeversicherung abgeführt.»

Eine weitere gravierende Passage in der Eingliederungsvereinbarung findet sich gegen Ende: «Sie sind verpflichtet, bei einer Ortsabwesenheit (außerhalb des zeit- und ortsnahen Bereiches) vorab die Zustimmung des persönlichen Ansprechpartners einzuholen...» Das heißt nichts anderes, als dass jeder Ausflug in eine andere Stadt vom Jobcentermitarbeiter genehmigt werden muss – ein Maß an persönlicher Unfreiheit, das nicht gerechtfertigt und meist außerdem sinnlos ist. Unterschreibt ein Arbeitssuchender diesen Vertrag, erklärt er sich gleichzeitig mit diesen Punkten einverstanden. Eine Klage vor dem Sozialgericht dagegen ist dann nicht mehr möglich.

Ich finde es wichtig, dass die Leistungen, welche die Arbeitsagenturen oder Jobcenter versprechen, und jene, die der unterzeichnende Arbeitssuchende einbringen soll, ausgeglichen und vernünftig sind. Theoretisch könnte in einer solchen Eingliederungsvereinbarung auch stehen, dass man dreißig

13 Standardformular einer Eingliederungsvereinbarung der BA, Stand Herbst 2014

Bewerbungen pro Monat schreiben muss und jeden Tag beim Jobcenter auf der Matte zu stehen hat. Das wäre natürlich sinnlos, doch ich habe schon die verrücktesten Verträge gesehen. Stehen solche Dinge erst einmal in der Eingliederungsvereinbarung, so sind sie bindend. Dann bieten solche Formulierungen dem Jobcentermitarbeiter ausgezeichnete Möglichkeiten, einen «Kunden» zu quälen, sollte ihm danach sein. Und leider ist das durchaus immer wieder der Fall.

Eine wichtige Information, die man nicht oft genug wiederholen kann, ist: Der Arbeitssuchende muss diese Vereinbarung nicht unterschreiben, auch wenn der Jobcentermitarbeiter ihn dazu drängen mag. Unterschreibt er nicht, ist der Arbeitsvermittler dazu verpflichtet, einen «Vertrag nach Verwaltungsakt» zu schreiben. Dieser ist paradoxerweise im Wortlaut identisch mit der Eingliederungsvereinbarung, mit dem einzigen Unterschied, dass dieser «Vertrag nach Verwaltungsakt» nur vom Jobcenter unterschrieben wird, vom Arbeitssuchenden hingegen nicht. Damit sichert sich der Empfänger von Arbeitslosengeld II das Recht, vor dem Sozialgericht zu klagen, sollte etwas nicht so laufen, wie es die Gesetze vorschreiben. Die Eingliederungsvereinbarung hat meiner Ansicht nach nämlich einzig und allein den Zweck, die eigentliche Verantwortung und Aufgaben der Jobcenter, nämlich die Arbeitsvermittlung, auf die Erwerbslosen zu übertragen. Wird dieses Ziel nicht erreicht, bedeutet die Eingliederungsvereinbarung die staatliche Legitimation, den Menschen ihre Existenzsicherung gegebenenfalls vollständig zu entziehen. Auf keinen Fall sollte diese Eingliederungsvereinbarung beim sogenannten Erstgespräch unterschrieben werden, das oftmals kurz nach dem Einreichen eines Arbeitslosengeld-II-Antrages stattfindet. Unterschreibt man nicht, folgt nämlich eine «Eingliederungsvereinbarung nach Verwaltungsakt», und die darf erst dann erstellt werden, wenn die Hilfebedürftigkeit festgestellt ist.

Zu Beginn des Jahres 2004 wurde schließlich die vierte

und bislang letzte Reformphase verabschiedet – Hartz IV. Die grundlegende Umstrukturierung der Bundesagentur für Arbeit wurde damit abgeschlossen. In dieser Phase wurden die heutigen Jobcenter geschaffen. Unter der Führung der Bundesagentur entstanden außerdem durch die «Verordnung zur Zulassung von kommunalen Trägern als Träger der Grundsicherung für Arbeitssuchende» 69 sogenannte Optionskommunen und Arbeitsgemeinschaften für Arbeit. Die Optionskommunen agieren im Vergleich zu den damaligen Arbeitsgemeinschaften und heutigen Jobcentern selbständig in der Verwaltung von Erwerbslosen, also auch mit ihrem eigenen Finanzhaushalt. Sie sind dazu verpflichtet, ihre monatlichen Statistiken wie Arbeitslosenzahlen an die BA zu übermitteln.

Hinter dieser letzten Reformphase stand folgender Gedanke: «In den Jobcentern kümmern sich Fallmanager um Langzeitarbeitslose. Sie sind statt wie früher für rund 350 jetzt für lediglich rund 75 Arbeitslose zuständig. Besonders intensiv soll auf Arbeitslose über 50 Jahre eingegangen werden.»[14]

Dass die Wirklichkeit ganz anders aussieht, davon konnte ich mich persönlich während meiner Tätigkeit im Jobcenter team.arbeit.hamburg überzeugen.

Obwohl die internen Personalstrukturdaten der BA aus dem 3. Quartal des Jahres 2014 Zahlen enthalten, die dem genannten Betreuungsschlüssel entsprechen, so ergab eine aktuelle Datenübersicht der Bundesregierung, dass im September nur rund die Hälfte aller Jobcenter den Betreuungsschlüssel für die U25-Jährigen einhielten. Bei den über 25-Jährigen sah es nicht viel besser aus. Nun muss man wissen, dass sich der Betreuungsschlüssel, so wie ihn die BA errechnet, nur aus den reinen Arbeitslosen zusammensetzt. Für die Mitarbeiter in den Jobcentern hat dies allerdings keine Relevanz, da ihr tat-

---

14 siehe https://www.hartz-iv-iii-ii-i.de/ von: Verein für Soziales Leben e. V.

sächlicher Schlüssel statt bei den genannten 75 im Schnitt bei 300 Beschäftigungssuchenden liegt. Denn tatsächlich haben sie viel mehr «Kunden» als nur die in der offiziellen Statistik der BA aufgeführten «Arbeitslosen», zum Beispiel diejenigen, welche sich in Maßnahmen oder Erziehungszeit befinden, ebenso Menschen, die Angehörige pflegen, arbeitsunfähig oder Aufstocker sind. Im Schnitt spreche ich hier von rund 900 000 Menschen, die auf diese Weise aus sämtlichen Berechnungen, wie zum Beispiel dem Betreuungsschlüssel, herausgerechnet sind. Denn ebenso wie die offiziellen Arbeitslosen müssen auch diese Menschen in die Jobcenter kommen und sind somit in der Beratung der Mitarbeiter.

Ein allzu bekannter Slogan der Hartz-Reform lautet «Fördern und Fordern». Er stieß und stößt noch heute bei dem Teil der Bevölkerung, der erwerbstätig ist, auf großen Beifall. Er impliziert, dass dies vorher nicht geschehen sei, dass vor der Reform «nur» gefördert worden war und die faulen Arbeitslosen nichts dazu taten, um ihre Situation zu verändern. Jetzt aber sollte «eingefordert» werden, was die Schmarotzer bislang angeblich nicht gezeigt hatten: den Willen, Arbeit zu finden. Und so kommt in diesem Slogan eine grundsätzliche Haltung zum Ausdruck, die unsere Gesellschaft spalten sollte in die «Guten», die Arbeit haben, und die «Bösen», die sich nicht genug anstrengen und darum dem Steuerzahler auf der Tasche liegen.

Zum ersten Mal prägen in diesen Jahren die Mainstream-Medien einen neuen Begriff: den von der «neuen Unterschicht».

«So entsteht in Deutschland eine neue Unterschicht der Besitzlosen», schreibt beispielsweise Wolfgang Uchatius 2005 in der Online-Ausgabe der Wochenzeitung «DIE ZEIT».[15] «Anders als das Proletariat vergangener Tage ist sie in sich fast so verschieden wie der Rest der Gesellschaft. Zu ihr zählen ge-

15 Wolfgang Uchatius, Armut in Deutschland – Die neue Unterschicht, DIE ZEIT Nr. 11/2005, 10. März 2005

scheiterte Anwälte oder Architekten ebenso wie Niedriglöhner oder Sozialhilfeempfänger. Die einen sind tief gefallen, die anderen haben nie abgehoben. Unten treffen sie sich. Finanziell gesehen haben sie vom Leben nichts mehr zu erwarten, das haben sie gemeinsam.»

Das bringt mich zu der Geschichte der Familie S.: Stefan S. hatte sich als Ingenieur die vergangenen Jahre auf die Entwicklung von Motoren spezialisiert, die von Brennstoffzellen angetrieben wurden statt mit der Verbrennung von Benzin. Mit seinem Arbeitgeber, einem Automobilhersteller, hatte er einen bereits erneuerten Werkvertrag. Er war Entwicklungsleiter und führte ein zwölfköpfiges Team von Spezialisten. Seine Frau Karin S. arbeitete in einer führenden Position in der Werbebranche. Das Ehepaar verdiente zusammen 21 000 Euro im Monat und bewohnte mit ihren Zwillingen, René und Annalena, die gerade die ersten Klassen des Gymnasiums besuchten, ein 200-Quadratmeter-Einfamilienhaus mit großem Garten in einer der begehrtesten Gegenden der Stadt. Natürlich gehörte das Haus noch zum größten Teil der Bank, doch mit dem Einkommen der Familie schien dies kein Problem, im Gegenteil: Der Steuerberater hatte die Familie geradezu gedrängt, Schulden zu machen, um Steuern abschreiben zu können.

Da geschah das Unerwartete: Kurz vor Ablauf von Stefan S.s Werkvertrag stellte sein Arbeitgeber die Weiterentwicklung im Bereich der Brennstoffzellen ein. Stefans Team wurde aufgelöst. Von heute auf morgen stand er ohne Einkommen da.

Zunächst machte sich die Familie keine Sorgen. Stefan war hochqualifiziert, er war sich sicher, dass er bald eine neue Stelle finden würde. Doch bald stellte sich gerade seine Spezialisierung als Handicap heraus: Es gab nicht viele Betriebe, die seine Qualifikationen auch nutzen konnten. «Tut mir leid», hörte er immer wieder, «aber für unsere Stelle sind Sie überqualifiziert.» Sein Argument, dass er in der Lage sei, sich in jedes andere technisch verwandte Gebiet in Kürze einzuarbeiten, überzeugte die Personalleiter nicht, denn mit seinen 46 Jahren galt er bereits als recht alt für neue Technologien. Jüngere Mitbewerber schlugen ihn aus dem Feld.

Die monatliche Schuldenbelastung musste nun Karin S. alleine tragen und dazu die Familie ernähren. «Es ist ja nur vorübergehend», sagten sie sich. «Nur so lange, bis Stefan Arbeit findet.»

Doch es kam noch schlimmer: Die Werbeagentur, in der Karin arbeitete, verlor ihren größten Etat. Zwei Dritteln der Belegschaft wurde gekündigt. Karins Abfindung stopfte nur ein winziges Loch in dem riesigen Schuldenberg. Eine neue Stelle fand auch sie nicht mehr, die Werbebranche liegt am Boden.

Inzwischen ist Stefan schon länger als ein Jahr ohne Arbeit. Sein erster Besuch beim Jobcenter war ein echter Schock für ihn. Als er nach Hause kommt, sagt er: «Wir müssen das Haus verkaufen.» Doch auch hier haben Stefan und Karin S. Pech: Der Immobilienmarkt ist zusammengebrochen, die Preise gesunken, sie erzielen bei weitem nicht den Betrag, der ihre Schulden decken würde. Inzwischen erhält die Familie 1254 Euro Hartz IV. Auch Mietkosten in Höhe von 685 Euro inklusive Heizung übernimmt das Jobcenter. Der Umzug aus dem wunderschönen Einfamilienhaus in die Plattenbauwohnung am anderen Ende der Stadt mit rund 80 Quadratmeter Wohnfläche könnte den radikalen sozialen Abstieg der Familie nicht besser illustrieren.

Stefan und Karin haben lange gekämpft: Karin versucht weiterhin, freiberuflich in der Werbung zu arbeiten, doch die Aufträge kommen viel zu spärlich. Auch sie bekommt die Konkurrenz von Jüngeren schmerzlich zu spüren. Das Ehepaar hat so gut wie allen Besitz veräußert und jede Gelegenheit wahrgenommen, um etwas Geld dazuzuverdienen. «Ich würde jeden Job annehmen», sagt Karin. «Doch wo ich mich auch bewerbe, immer sind schon hundert andere dort.»

Die Zwillinge fühlen sich nicht wohl in der neuen Schule im

sozialen Brennpunkt. Gehörten sie früher zu den guten Schülern, sind ihre Leistungen rapide abgefallen. Stefan leidet heute an schweren Depressionen. «Was haben wir falsch gemacht?», fragt er sich immer wieder. Inzwischen hat er erkannt: «Was immer wir auch tun, wir werden unseren Schuldenberg nicht mehr abbezahlen können.» Niedergeschlagen bekennt er: «Es ist ein schrecklicher Gedanke, dass eines Tages unsere Kinder sich damit auseinandersetzen müssen.»

Stefan und Karin S. gehören heute zu den Armen – zu der sogenannten «neuen Unterschicht».

Vor der Hartz-Reform wurde der Begriff «Unterschicht» Menschen, die außerhalb der Gesellschaft leben, zugeschrieben: Obdachlose, Bettler, Alkoholiker – «Asoziale» eben. Von nun an wird er – und das meiner Meinung nach ganz bewusst – für diejenigen verwendet, die durchaus noch Teil unserer Gesellschaft sind, aber länger als zwölf Monate keine Beschäftigung haben. Hier wirkt bereits, was wenige Jahre zuvor begonnen hatte: Dem Arbeitssuchenden wurde damals zum ersten Mal die Schuld an seinem Problem zugeschrieben, gleichzeitig erfuhr er eine nie gekannte mediale Stigmatisierung. Und das in einer Zeit, in der wir gar nicht ausreichend Arbeitsplätze für alle Erwerbssuchenden in Deutschland haben. In einer Zeit, wo die, die Arbeit haben, zu Überstunden gezwungen werden und derart unter Leistungsdruck geraten, dass immer mehr krank daran werden. «Die Republik teilt sich», schreibt Wolfgang Uchatius in seinem Artikel aus dem Jahr 2005 weiter. «Nach dem neuen Armuts- und Reichtumsbericht der Bundesregierung gehört den wohlhabenden zehn Prozent der Deutschen inzwischen fast die Hälfte des gesamten Nettovermögens. Die unteren zehn Prozent besitzen nichts mehr. Sie haben nur Schulden.» Im Jahr 2013 stellt es sich inzwischen so dar, dass ein Prozent der Deutschen mehr als ein Drittel des gesamten Vermögens besitzt. Die reichsten zehn Prozent besitzen zusammen zwei Drittel und die Hälfte der Bevölkerung hat nahezu nichts oder unter dem Strich Schulden. Ihr gehört zusammengenommen ein einziges Prozent vom Gesamtvermögen.[16]

Wie verlogen muss eine Politik noch werden, die für sich in Anspruch nimmt, sozial zu sein, ehe der Bürger erkennt, welch übles Spiel hier gespielt wird? Wie lange wollen sich Noch-Beschäftigte und Arbeitssuchende gegeneinander ausspielen lassen, während andere sich auf ihre Kosten bereichern? Ich denke, es ist an der Zeit, aufzuwachen und zu erkennen, dass die Sozial- und Arbeitsmarktpolitik der vergangenen zwölf Jahre einen Keil zwischen die deutsche Bevölkerung geschlagen hat, eine soziale Dynamik der Spaltung, die noch lange nicht ihren Höhepunkt erreicht hat.

16 BMAS, Der vierte Armuts- und Reichtumsbericht der Bundesregierung. https://www.bmas.de/SharedDocs/Downloads/DE/ PDF-Publikationen-DinA4/a334-4-armuts-reichtumsbericht-2013. pdf?__blob=publicationFile

8. MIT EINSCHRÄNKUNGEN LEBEN –
DER ARBEITSMARKT UND MENSCHEN MIT BEHINDERUNG

Während die Hartz-Reformen eingeführt und umgesetzt wurden, war ich selbst noch auf der anderen Seite tätig, und zwar im Bereich Weiterbildung und Qualifizierung im südbadischen Lörrach und in Müllheim. Nach meinem Realschulabschluss hatte ich mich zunächst zur Speditionskauffrau ausbilden lassen – nicht dass mich das besonders begeistert hätte, aber wie so viele Jugendliche hatte ich nur eine ungefähre Vorstellung davon, was ich eigentlich werden wollte. Meine Interessen gingen in verschiedene Richtungen, vor allem aber war ich damals an meiner schnellstmöglichen Selbständigkeit interessiert.

Nach meiner Ausbildung lernte ich die Arbeitswelt in verschiedenen Firmen kennen, und über diese ersten Jahre der Berufserfahrung in der Wirtschaft bin ich heute noch froh, weiß ich doch deshalb, was das Arbeitsleben außerhalb des geschützten Biotops Jobcenter bedeutet. Darauf folgte eine Phase, die ich gerne mit «Familienmanagement» umschreibe: Ich wurde Mutter und nahm einen Teil der Erziehungszeit wahr, ehe ich erneut zwei Jahre in der Privatwirtschaft tätig war. Schließlich folgte ich meiner Begabung, andere Menschen zu motivieren und ihnen zu helfen, ihre Stärken zu erkennen und auszubauen, und wurde Dozentin in der Erwachsenenweiterbildung für verschiedene Bildungsträger.

2005, in dem Jahr, als «DIE ZEIT» und andere Medien von der neuen Unterschicht berichteten, begann ich als Integrationsberaterin und Fallmanagerin für das Forum Jugend & Beruf in Müllheim zu arbeiten, wozu auch die sozialpsychiatrische Beratung und Vermittlung von Arbeitslosengeld-II-Empfängern gehörte. Als mir die Arbeitsagentur in Freiburg eine Festanstellung anbot, lehnte ich noch dankend ab. Zum einen hätten sich meine Arbeitsbedingungen verschlechtert, zum anderen wollte ich auch kein direktes Arbeitsverhältnis mit der BA eingehen. Hinzu kam noch ein anderer Gedanke: Seit unserem Wegzug aus Hamburg hatte ich immer davon geträumt, eines Tages wieder in diese wunderbare Stadt zurückzukehren. Sosehr ich das Leben in Süddeutschland schätzen gelernt hatte, so sehr vermisste ich die weltoffene Hafenstadt, in der ich zur Welt kam. Und dass man Träume in die Tat umsetzen sollte, das erklärte ich ja inzwischen als Dozentin Tag für Tag in meinen Fortbildungen.

Ich bewarb mich auf drei Stellen im Norden Deutschlands: in Berlin, in Bremen und in Hamburg. Von allen drei Institutionen erhielt ich Einladungen zum Vorstellungsgespräch. Da beschloss ich dann aber doch, alles auf die Karte Hamburg zu setzen, und sagte die Gespräche in Berlin und Bremen ab. Und prompt erhielt ich die Stelle. Fortan arbeitete ich als freie Dozentin, Lernberaterin und feste Arbeitsvermittlerin bei zwei verschiedenen Bildungsträgern. Ich bediente also gemeinsam mit meinen Kollegen den Sektor Weiterbildung und bot unter anderem Seminare an, die auch von den Hamburger Jobcentern gebucht wurden.

Das machte mir großen Spaß, doch im Zuge der Umsetzung der Hartz-Reformen wurde es allmählich immer schwieriger, qualitativ anspruchsvolle, spezifische Seminare zu verkaufen, die auf die Teilnehmer abgestimmt waren und ihnen auch wirklich etwas brachten. Allerdings wurde mir klar, dass es bald nicht mehr möglich sein würde, meinen Lebensunterhalt und den meiner Tochter mit meiner freien Dozententätigkeit für die Arbeitsagenturen zu verdienen. Diese setzten mehr und mehr auf Masse statt auf Qualität, und durch die öffentlichen Ausschreibungen wurden die Honorare immer weiter gedrückt. Es war traurig mitanzusehen, wie der Weiterbildungssektor für die Erwerbslosen immer mehr an Niveau verlor und wie immer häufiger jene Anbieter den Zuschlag für große Seminarpakete erhielten, die zu den niedrigsten Preisen zu arbeiten bereit waren. Gleichzeitig wurden aus unseren Festverträgen befristete Verträge, die Löhne sanken kontinuierlich und ich hatte die Alternative, weiter in zwei Jobs zu arbeiten oder aufstockende Leistungen bei den zukünftigen Jobcentern zu beantragen.

Aus diesem Grund begann ich mich umzuhören, ob ich bei einem der Jobcenter eine interessante Stelle finden könnte, bei der ich meine Fähigkeiten besser einsetzen könnte. Und so kam ich dazu, die Seite zu wechseln und Arbeitsvermittlerin zu werden. Ich horchte auf, als ich im Jahr 2006 von einer Sache erfuhr, die sich äußerst spannend anhörte: In Hamburg-Hamm sollte das bundesweit erste Jobcenter speziell für schwerbehinderte Menschen entstehen. Ich bewarb mich und erhielt die Stelle.

Mein direkter Arbeitgeber ist die Stadt Hamburg, und zwar die Behörde für Arbeit, Soziales, Familie und Integration, kurz BASFI genannt. Von dieser Behörde wurde ich ans Jobcenter team.arbeit.hamburg ausgeliehen. Dieses Jobcenter hat rund 2000 Beschäftigte und unterhält 16 Standorte im gesamten Hamburger Stadtgebiet. Das Jobcenter in Hamburg-Hamm war einer von ihnen, ebenso wie Altona, wo ich später arbeiten sollte.

Niemand weiß so gut wie ich, dass Menschen mit körperlichen Einschränkungen, chronischen Schmerzen und Behinderungen früh zu kämpfen lernen. Sie gewöhnen sich von klein auf daran, diszipliniert mit ihrem Körper umzugehen, ihn zu trainieren, um ihr Handicap auszugleichen. In der Regel sind sie hochmotiviert, müssen sie sich doch jeden Erfolg härter erkämpfen als ihre gesunden Mitschüler. Während jene ihre Leistungsfähigkeit als gegeben nehmen, bedeutet es für Menschen mit Behinderung eine tägliche Herausforderung, der sie sich mit unglaublichem Mut stellen. Sie sind es gewohnt, Strategien zu entwickeln, um Hindernisse zu überwinden, und verfügen über die Ausdauer, sie auch tatsächlich umzusetzen. Aus diesem Grund sind diese Menschen auch in der Arbeitswelt wunderbare Mitarbeiter mit großem Potenzial, die einem Unternehmen viel Positives bringen können.

Leider wird dies in der Wirtschaft noch viel zu wenig erkannt. Menschen mit Behinderung gelten als wenig leistungsfähig, oft befürchtet man sogar eine Störung der Arbeitsabläufe durch sie. Während meiner Zeit im Jobcenter team.arbeit. hamburg in Hamburg-Hamm sagten mir Unternehmer unverblümt, sie erwarteten einen erhöhten Aufwand, wenn sie Menschen mit Behinderungen einstellen würden. «Die Kollegen müssen sich doch dann kümmern», hieß es oft. Wenn ich zurückfragte, was sie genau damit meinten, erhielt ich allerdings nie eine schlüssige Antwort. Ich schätze, solche weit verbreiteten Vorbehalte rühren von der Angst vor dem Unbekannten. Ohnehin tun sich Nichtbehinderte oft schwer im Umgang mit Menschen mit Handicap. Man schaut weg und meidet sie wenn möglich. Die soziale Ausgrenzung von Menschen mit Behinderungen beginnt natürlich viel früher, nicht erst an den Pforten der Unternehmen.

Dabei sind die Rechte von Menschen mit Behinderung klar umrissen. 2006 in der UN-Behindertenrechtskonvention festgeschrieben, sind sie seit 2009 auch in Deutschland verbindlich. In Artikel 27 dieser Konvention wird ausdrücklich das Recht behinderter Menschen auf Arbeit auf der Grundlage der Gleichberechtigung beschrieben, genauer gesagt: ihr Recht auf die Möglichkeit, den Lebensunterhalt durch frei gewählte Arbeit selbst zu verdienen.

Im selben Artikel wird der Staat verpflichtet, dies auch tatsächlich zu ermöglichen und geeignete Schritte zu unternehmen, damit dieses Recht umgesetzt werden kann. Nur: Wie bringt man Betriebe dazu, Mitarbeiter mit Behinderung einzustellen? Wie kämpft man gegen die Vorurteile und die Berührungsängste bei Nichtbehinderten an? Wie kann man sie davon überzeugen, dass ein Mensch mit einer Behinderung nicht automatisch eine Last, eine Bürde, einen Hemmschuh bedeutet, ein Sandkörnchen im Getriebe eines Unternehmens, sondern eine Bereicherung? Es wird in letzter Zeit viel über Inklusion geredet – tatsächliche Veränderungen in diese Richtung kann ich allerdings kaum beobachten.

In Deutschland lebten im Jahr 2014 rund 7,5 Millionen Menschen mit einer Schwerbehinderung, also einem Grad der Behinderung von 50 Prozent oder mehr. Seit 2001 ist die Zahl der schwerbehinderten Menschen ohne Arbeit um sechs Prozent gestiegen. Aufgrund der demographischen Entwicklung stieg auch die Zahl der älteren Schwerbehinderten an, und sehr oft ist eine im Lebensverlauf erworbene Krankheit die Ursache dafür: Fast zwei Fünftel der arbeitslosen Schwerbehinderten sind 55 Jahre und älter.

Im Jahr 2012 konnten fast 60 Prozent der schwerbehinderten Erwerbslosen einen Studien- oder Berufsabschluss vorweisen, bei den nichtbehinderten Arbeitssuchenden waren es fünf Prozent weniger. Und obwohl der Anteil an schwerbehinderten Fachkräften höher liegt als bei den nichtbehinderten Arbeitslosen, gelingt es ihnen seltener, auf dem Ersten Arbeitsmarkt eine Beschäftigung zu finden.

Weder öffentliche Förderungen und Zuschüsse für die Einstellungen von Menschen mit Behinderungen, mit denen ein Arbeitsplatz passend umgestaltet werden kann, noch Lohnzuschüsse können Unternehmer nachhaltig dazu bewegen, Mitarbeiter mit Behinderung einzustellen. Dabei gilt seit 2009 die gesetzliche Vorgabe[17], dass ein Unternehmen mit einer Belegschaftsgröße von 20 Mitarbeitern oder mehr eine Quote von mindestens fünf Prozent an behinderten Arbeitnehmern

17 § 77 Absatz 1 Satz 1 SGB 9

beschäftigen muss. Erfüllt es diese Quote nicht, wird eine Ausgleichsabgabe fällig. Doch vor allem private Unternehmen bezahlen lieber diesen Betrag, als ihrer Beschäftigungspflicht von fünf Prozent nachzukommen. Kein Wunder, sprechen wir hier doch von lächerlichen Beträgen zwischen 115 und 290 Euro pro Monat.

Ich bin der Meinung, dass sich die Unternehmen auf diese Weise viel zu billig aus der Verantwortung ziehen können. Angesichts der Furcht der meisten Unternehmer davor, «was da alles auf sie zukommen» könnte, wenn sie einen Behinderten einstellen, finde ich es zwar nachvollziehbar, dass sie sich lieber «freikaufen», als ein solches «Wagnis» einzugehen. Behinderte Arbeitnehmer haben fünf Tage mehr Urlaub als Nichtbehinderte. Außerdem stehen sie zwar unter einem besonderen Kündigungsschutz, ihre Entlassung muss vom Integrationsamt bestätigt werden. Nach meiner Erfahrung erteilt dieses Amt jedoch in den meisten Fällen seine Zustimmung dazu.

Kein Grund für Unternehmer also, angesichts einer Bewerbung eines Menschen mit Behinderung in Panik zu verfallen. Ich vermute, dass die größte Angst darin besteht, Menschen mit Behinderung könnten häufiger durch Krankheit ausfallen als nichtbehinderte Arbeitnehmer, und sie müssen für die Ausfallzeiten bezahlt werden. Oder es werden erhöhte Ausgaben im Bereich der Betriebsausstattung befürchtet – obwohl es dafür ja Zuschüsse durch die Integrationsämter oder durch die Arbeitsagentur gibt. Wie so oft werden auch in diesen Fällen Vorurteile durch mangelndes Wissen am Leben erhalten. Vor allem das Vorurteil, dass Menschen mit Behinderung weniger gute Arbeit leisten. Dabei kann ich aus vielen Erfahrungen nur immer wieder versichern: Durch ihre Leidensgeschichte und gerade aufgrund dieser Vorurteile, die ihnen von allen Seiten entgegenschlagen, sind behinderte Arbeitnehmer in den meisten Fällen besonders gewissenhaft und leistungsorientiert.

Spricht man über Menschen mit Behinderungen, assoziieren die meisten Rollstuhlfahrer. Im Jahr 2006, als die UN Behindertenrechtskonvention verabschiedet wurde, sah ich beim Versorgungsamt in Hamburg ein Plakat, auf dem eine Menschengruppe abgebildet war. Einer davon saß in einem Rollstuhl.

«Ja ... wieso ist da denn nur ein Behinderter drauf?», fragten sich viele Passanten.

Die meisten gehen davon aus, dass man Menschen ihre Behinderung sofort ansieht. Als ich in Hamburg-Hamm im Jobcenter für schwerbehinderte Menschen arbeitete, waren allerdings unter meinen rund 450 Fällen ganze zwei, die aufgrund einer Behinderung auf einen Rollstuhl angewiesen waren. Außerdem befanden sich in meiner Kartei zwei Blinde, drei Gehörlose, zwei Fälle mit einseitiger spastischer Lähmung und ein junger Mann mit Mehrfachbehinderung, der sein Bett so gut wie nie verlassen konnte. Den übrigen 440 Menschen konnte man ihre Behinderung nicht ansehen: Darunter befanden sich vier Autisten (zwei davon übrigens mit nachgewiesener Hochbegabung), rund 13 Prozent Lernbehinderte, rund 6 Prozent Krebserkrankte.

Einen dieser Fälle habe ich als besonders traurig in Erinnerung. Es handelte sich um eine junge Frau, die bereits als Jugendliche an Leukämie erkrankt war. Als ich sie kennenlernte, galt sie als geheilt und steckte voller Pläne für ihre Zukunft.

«Ich mache jetzt mit der Schule weiter», strahlte sie mich an. «Und wenn ich mein Abitur in der Tasche habe, dann will ich studieren.» Ich gratulierte der jungen Frau und freute mich für sie. Kein halbes Jahr später allerdings überbrachte mir ihre verzweifelte Mutter die Nachricht von ihrem Tod: Die Krankheit war sehr plötzlich wieder ausgebrochen und innerhalb kurzer Zeit tödlich verlaufen.

Dieser Fall ist mir auch noch wegen einer anderen Sache so deutlich in Erinnerung, nämlich wegen der pietätlosen Bürokratie, die bei einem Todesfall anläuft, und der ich mich damals auch prompt verweigerte. Sobald ich die Nachricht vom Tod der jungen Frau erfahren hatte, musste ich im System «verstorben» eintragen. Damit wurde gleichzeitig in der Leistungsabteilung ein Brief aktiviert, der die Hartz-IV-Leistung der Verstorbenen betraf. Dieser Formbrief an die Hinterbliebenen enthielt den unglaublichen Satz: «Für den laufenden Monat muss der Leistungsanspruch überprüft werden». Denn der Monat war ja noch nicht voll, die wenigsten Menschen sterben pünktlich zum Letzten eines Monats. Gleichzeitig werden die Hinterbliebenen in diesem Formbrief aufgefordert, unverzüglich die Sterbeurkunde einzureichen, damit der Leistungsanspruch überprüft werden kann. Es ist die Regel, dass dieser Formbrief sofort abgesendet wird, ohne Rücksicht auf die Situation oder die Gefühle der Angehörigen nach einem Todesfall. Ich habe mich dem verweigert. Schließlich wird das Arbeitslosengeld II zum Anfang eines Monats ausgezahlt. Welchen Unterschied macht es für die Behörde, ob ich die Differenz sofort nach dem Tod oder zwei Wochen später errechne? Für die Betroffenen allerdings bedeutet es viel, wenn man sie in ihrer Trauer respektiert und ihnen ein paar Tage Zeit lässt, ehe der Papierkrieg beginnt, der unweigerlich nach einem Todesfall eintritt.

Ich denke, es wird viel zu oft vergessen, dass Angestellte der Bundesagentur für Arbeit oder Kommunen Dienstleister sind. Das wird von vielen Kollegen, sei es im Jobcenter oder in der Grundsicherung, nicht verstanden. Stattdessen wird das Gefühl vermittelt: «Das Geld, das du bekommst, stammt aus meiner eigenen Tasche.» Und das Totschlagargument gegen jede Form der Menschlichkeit ist immer: «Wir verwalten das Geld der Steuerzahler.» Das ist auch nicht verwunderlich, wenn die Mitarbeiter in den regelmäßigen Mitarbeiterbriefen oder Videobotschaften von der BA zu lesen und zu hören bekommen, dass sie im Sinne der Steuerzahler arbeiten sollen.

Es gab in meiner Kartei also nur einige wenige, denen man

ihre Behinderung ansehen konnte; mit Abstand die meisten meiner Kunden damals beim Jobcenter Hamburg-Hamm waren Menschen mit psychischen Behinderungen.

Psychosen sind zum Beispiel die häufigste Erkrankung weltweit, einer von hundert leidet an diesem Krankheitsbild. Diese Menschen sind oft durchaus qualifiziert, sprechen Fremdsprachen, sind kreativ und verfügen über ein komplexeres Denken. Problematisch wird es, wenn sie sich in eine festumrissene Struktur einfügen müssen, früh am Morgen zu einer bestimmten Zeit mit der Arbeit beginnen und dann viele Stunden am Stück leistungsfähig sein sollen. Auch mit Druck können sie oft schlecht umgehen. Menschen mit Psychosen brauchen außerdem Ruhezeiten. Könnten sie ihren Arbeitstag zeitlich selbst gestalten, wäre es vielen von ihnen möglich, in Teilzeit auf dem Ersten Arbeitsmarkt tätig zu sein. Doch dazu bräuchten wir sehr viel mehr Flexibilität und ausreichend Verständnis der Situation bei den Arbeitgebern.

Die meisten meiner Klienten im Jobcenter Hamburg-Hamm litten unter Depressionen, auch dies keine äußerlich sichtbare Behinderung, doch eine gravierende und das Leben bestimmende. Wird diese Erkrankung nicht therapiert, sind die Betroffenen meiner Meinung nach nicht vermittelbar. Wer in einem tiefen schwarzen Loch steckt, kann meist nichts anderes mehr wahrnehmen und ist voll und ganz damit beschäftigt, den täglichen Lebenskampf zu bewältigen. Auch ein Arbeitgeber wird nicht glücklich mit einem unter Depressionen leidenden Mitarbeiter. Hier braucht es zunächst eine ausreichende Stabilisierung durch einen Arzt oder Therapeuten. Menschen mit einer bipolaren Störung, früher auch als manische Depression bekannt, leiden unter wellenförmig wechselnden Gemütszuständen. In manischen Phasen können sie enorm leistungsstark sein. Sind die Betroffenen medikamentös gut eingestellt, motiviert und bereit für eine Veränderung in ihrem Leben, dann können Vermittlungen sehr erfolgreich sein. Doch nicht immer ist dies möglich. Während tiefer depressiver Phasen ist es für einen solchen Klienten fast schon eine Heldentat, überhaupt ins Jobcenter zu kommen. Ähnlich geht es jenen, die unter Agora- und Sozialphobie leiden, große Menschenmengen nicht ertragen oder für die es unmöglich ist, einen großen Platz zu überqueren.

Bei einer starken Ausprägung dieser Erkrankungen waren die Menschen meistens arbeitsunfähig geschrieben. Und die berühmte «Hausaufgabe» bestand in kritischen Phasen dann oftmals in der freiwilligen Vereinbarung, sich jeden Tag kurz bei mir zu melden – telefonisch oder per Mail. Nicht selten hatte ich die berechtigte Befürchtung, mein Gegenüber könnte sich etwas antun. Die Tatsache, dass es jemanden gab auf der Welt, und war es auch nur ihre Jobcentermitarbeiterin, der etwas an ihrem Schicksal lag, gab so manchem den Halt, Tag für Tag zu überstehen.

Während meiner Arbeit im Jobcenter für Arbeitssuchende mit Behinderung wurde mir etwas Wichtiges klar: psychische Erkrankungen werden bei uns nicht annähernd anerkannt wie körperliche Behinderungen. Eine Körperbehinderung ist eher mess- und einschätzbar als eine seelische. Daher liegt die Messlatte für eine Erwerbsunfähigkeit für psychisch Kranke enorm hoch. Hinzu kommt auch hier eine besondere Form der Stigmatisierung, der sich viele Betroffene nicht aussetzen möchten, weshalb sie ihre Probleme oft herunterspielen. Oder aus dem Weg gehen – was in unserem Fall gleichbedeutend ist mit: nicht zum Jobcenter-Termin erscheinen, um quälende Fragen nach ihrem psychischen Zustand zu vermeiden. Wer spricht gern mit einem Sachbearbeiter auf einer Behörde über seine Depressionen, Ängste und tiefen seelischen Probleme? Einmal davon abgesehen, dass die Mitarbeiter in den seltensten Fällen eine entsprechende Qualifikation in diesem Bereich mitbringen. Und wieder haben wir hier das drohende Damoklesschwert der Sanktion, eine Maßnahme, die den meist labilen Zustand der Betroffenen natürlich keineswegs verbessert.

Oft sind die Grenzen zwischen einer echten psychischen Behinderung und psychisch labilen Zuständen aufgrund einer unerträglichen Lebenssituation fließend. Auch Jessica, jene junge Frau, die ihrem gewalttätigen Vater entkommen konnte, stand kurz vor einer handfesten Depression. Wir konnten gerade noch rechtzeitig ihre Lebensumstände so verändern, dass sie die Chance hatte, sich frei zu entfalten, ohne tägliche Angst zu leben und zu lernen, um schließlich ein eigenständiges Leben zu führen. Auch Jessica hatte einige kritische Monate lang die «Hausaufgabe», sich täglich bei mir zu melden, bis sie sich so weit erholt hatte, dass keine Gefahr einer Depression mehr bestand.

Es gibt in Deutschland zahlreiche sogenannte Integrationsfirmen mit dem besonderen Auftrag, Arbeitsplätze für Menschen mit Behinderung, seien die Einschränkungen nun physischer oder psychischer Art, zu schaffen und damit – das ist jedenfalls die Hoffnung – deren Einstieg in den Ersten Arbeitsmarkt zu erleichtern. Der Anteil der Schwerbehinderten innerhalb der Belegschaft liegt zwischen 25 und 50 Prozent. Meistens erhalten diese Betriebe finanzielle staatliche Hilfe in Form von Förderpauschalen oder einen sogenannten Nachteilsausgleich. Die Beschäftigten beziehen in der Regel Hartz IV und verdienen zusätzlich einen kleinen Betrag – ein Taschengeld.[18]
Ich persönlich halte diese Einrichtungen grundsätzlich für eine gute Sache. Wenn ich mit Leuten spreche, die in einem solchen Betrieb beschäftigt sind, höre ich fast immer, dass sie sich wohl und gut aufgehoben fühlen: «Da werde ich nicht wie jemand zweiter Klasse behandelt.» In diesen Firmen kann man sich auf die unterschiedlichen Bedürfnisse und Belastbarkeiten ein-

---

18 Geregelt im Sozialgesetzbuch IX § 132–134

stellen und die Arbeitszeiten und -dauer anpassen. Und mancherorts gibt es sogar die Möglichkeit, eine Ausbildung zu machen. Arbeit, ist sie sinnvoll gestaltet und den Behinderungen angepasst, kann ja durchaus therapeutisch wirken. Es ist ein Grundbedürfnis des Menschen, seine Energie und Fähigkeiten in einen sinnvollen Kontext zur Allgemeinheit zu stellen. Dies bedeutet «Teilhabe», ein Teil der Gemeinschaft zu sein, sich zu verwirklichen und als gebraucht zu erleben – wie ich schon im zweiten Kapitel dieses Buches erwähnte, ein wichtiger Faktor für den Menschen, um glücklich oder zumindest zufrieden zu sein.

Allerdings habe ich auch einen Fall kennengelernt, der zeigt, wie leicht es passieren kann, dass ein Mensch in eine bestimmte Schublade geschoben wird, aus der er niemals wieder herauskommt – es ist die traurige Geschichte der Ines P.

Diese junge Frau war 30 Jahre alt, als ich sie kennenlernte. Zu diesem Zeitpunkt hatte sie eine mehr als fünfjährige Leidenszeit hinter sich. Ines P. leidet unter einer Lernschwäche und hat die Förderschule abgeschlossen, aber keine Ausbildung absolviert, was aber ihr eigener großer Wunsch war. Sie war im Jobcenter für Schwerbehinderte gemeldet und hatte mit ihrer Arbeitsvermittlerin vereinbart, eine sogenannte niedrigschwellige Ausbildung als Haushaltshilfe oder Pflegehelferin zu machen, worauf sie sich sehr freute. Dabei sollte sie von einem sogenannten Arbeitsassistenten begleitet werden, der ihr dabei helfen sollte, diese Ausbildung auch wirklich zu schaffen. Diese Art der besonderen Unterstützung wird von der Bundesagentur für Arbeit gefördert, wenn ein psychologischer Gutachter den entsprechenden intellektuellen Reifegrad bescheinigt. Der Test ergab, dass Ines P. diese Förderung benötigte und – wie bereits geplant – für eine niedrigschwellige Ausbildung geeignet war.

Zu diesem Zeitpunkt wechselte Ines P.s Arbeitsvermittlerin in ein anderes Jobcenter, und ihr wurde ein anderer Sachbearbeiter zugeteilt. Voller Hoffnung, die geplante Ausbildung nun beginnen zu können, stellte sich Ines P. ihrem neuen Arbeitsvermittler vor. Groß war ihr Entsetzen, als sie erfuhr, dass dieser bereits, ohne sie zu kennen und ohne ihr Wissen, einen Antrag auf Erwerbsunfähigkeitsrente gestellt hatte. Dafür hätte der Rententräger eigentlich eine Schweigepflichtentbindung von Ines P.s Ärzten benötigt, um die entsprechenden Atteste einzusehen. Obwohl diese nicht vorlagen, schrieb der Rententräger nur aufgrund des psychologischen Gutachtens und des Antrags des Jobcentermitarbeiters die junge Frau erwerbsunfähig.

Für Ines P. brach eine Welt zusammen. Sie wollte arbeiten, gebraucht werden, etwas Sinnvolles tun mit ihrem noch jungen Leben. Nun blieb ihr nichts anderes übrig, als in einer Behindertenwerkstatt zu arbeiten, eine Tätigkeit, die sie völlig unterforderte. Seit inzwischen vier Jahren klagt sie gegen die Entscheidung des Rententrägers, doch aufgrund der hohen Zahl der Klagen vor dem zuständigen Sozialgericht verzögert sich die Verhandlung immer wieder.

Ihre Arbeit in der Werkstatt für Behinderte empfindet sie als monoton, Ines P. ist sehr unglücklich mit ihrer Situation. Inzwischen hat sie einen zweijährigen Sohn.

«Ich wünsche mir so sehr eine richtige Arbeit», sagte sie neulich zu mir, «auch um für mein Kind ein Vorbild zu sein!»

Zu dem geringen Entgelt aus der Werkstatt von rund 130 Euro bezieht Ines P. weiterhin Hartz IV. Vom Jobcenter wird sie nur zweimal im Jahr zu einem Gespräch eingeladen mit der Begründung, sie habe ja einen Arbeitsplatz.

«Wenn ich da hinkomme», berichtet Ines P., «dann fragt er mich nur, ob ich immer noch in der Werkstatt arbeite. Ich sage: Ja, und schon soll ich wieder gehen. Wenn ich frage, ob ich nicht endlich meine Ausbildung machen kann, schickt er mich weg.»

Ines P. wird mit ihren inzwischen 30 Jahren nur noch «verwaltet», ohne Rücksicht auf ihre Fähigkeiten und ihre eigenen Wünsche. Außerdem belastet ihr Arbeitsplatz in der Behindertenwerkstatt den Steuerzahler monatlich mit mehr als 3000 Euro, was bei weitem die – in der Dauer begrenzten – Kosten für eine geförderte Ausbildung übersteigt. Was nach dem gesunden Menschenverstand unsinnig erscheint, macht allerdings aus der Sicht des Jobcentermitarbeiters einen eigenen grotesken Sinn: Denn die Kosten für den Arbeitsplatz in der Behindertenwerkstatt und jene für die geförderte Ausbildung entstammen unterschiedlichen Töpfen. Außerdem gilt Ines P. in der Statistik des Arbeitsvermittlers als erwerbstätig. Schön für den Arbeitsvermittler – Pech für Ines P.

Der einzelne Mensch verkommt in dieser Geschichte – und sie ist leider nur ein Beispiel von vielen – zur Zahl. Die Quote stimmt, der Arbeitsvermittler erntet Lob. Wie viele Lebensschicksale hier den Zahlen untergeordnet werden, das weiß niemand so genau. Doch seit ich meine Kritik öffentlich mache und auf «der anderen Seite» gelandet bin, erreichen mich immer wieder Berichte von Fällen, wo mit einem einzigen Verwaltungsakt Lebenspläne zerstört wurden.

9. AUSGEBRANNT

Es wäre also im Interesse aller wirklich wünschenswert, dass die Mitarbeiter der betreffenden Jobcenter besser geschult würden, um mit diesen vielfältigen Ausprägungen der Behinderungen adäquat umgehen zu können. Denn auch für die Arbeitsvermittler ist es oft nicht einfach, die richtige Ansprache zu finden, da nehme ich mich selbst gar nicht aus. Schließlich war keiner von uns psychologisch ausgebildet, allerhöchstens hatten wir pädagogische Zusatzqualifikationen. Dennoch ist es auch mir passiert, dass ein Kunde auf eine Frage von mir extrem überraschend reagierte: Er ging hoch wie ein Raketensatz. Besonders der Umgang mit Borderlinern verlangt nicht nur Fingerspitzengefühl, sondern auch ein gewisses Maß an Wissen und Erfahrung.

Im Jobcenter Hamburg-Hamm hatten wir durchaus Psychologen in unserem Team. Doch genau wie die Juristen dürfen diese ihr Fachwissen nicht anwenden und keine psychologische Beratung im klassischen Sinne anbieten, denn ihr Job besteht darin, die Gesetze, Weisungen und internen Mails rechtskonform nach dem Sozialgesetzbuch II umzusetzen.

Dabei hat ein Psychologe natürlich aufgrund seiner Ausbildung ganz andere Möglichkeiten als ich, um bestimmte Anzeichen im Verhalten des Gegenübers zu erkennen, die ich nur intuitiv erahnen konnte. Wenige von uns Jobcentermitarbeitern hatten die Kompetenz, um mit Erwerbslosen mit einer psychischen Behinderung oder Erkrankung angemessen arbeiten zu können. Eine große Hilfe wäre es, wenn es pro Jobcenter einen fest angestellten Psychologen mit externem Büro gäbe, der im Notfall als Mediator, Berater oder Supervisor fungieren könnte. Was ich aber als völlig verfehlt empfinde, ist die bestehende Praxis, Menschen mit psychischer Behinderung zum medizinisch-psychologischen Dienst zu schicken, um dort einen Test zu durchlaufen, der einem IQ-Test gleicht. Es darf nicht möglich sein, dass der dort angestellte Psychologe einen Menschen nach 30 Minuten aburteilt. Selbst wenn er die Unterlagen vom behandelnden Arzt vor sich liegen hat, kann er in dieser kurzen Zeit kein Urteil über Wohl und Weh und die Zukunft eines ohnehin schon gebeutelten Menschen fällen. Dennoch ist es ein psychologisches Gutachten, welches schlussendlich festhält, wie viele Stunden der Betroffene leistungsfähig ist, für welche Bereiche und für welche Bereiche nicht.

Noch kritischer wird es, wenn der Mitarbeiter im Jobcenter oder in der Arbeitsagentur ohne Kenntnis oder Zustimmung des Arbeitssuchenden ein Gutachten beim Rententräger beantragt. So ist es durchaus vorgekommen, dass der Rententräger ein Gutachten erstellte, in dem eine Minderbelastbarkeit der Betroffenen festgestellt wurde. Wie konnte es dazu kommen, fragen sich dann die Betroffenen. Meistens begann alles mit einer achtlosen Bemerkung des Erwerbslosen im Gespräch mit dem Sachbearbeiter, dass er sich durch den Druck der ehemaligen Tätigkeit «ausgebrannt» fühle. Und diese beiläufige Äußerung nahm der Arbeitsvermittler zum Anlass, ein Gutachten beim Rententräger zu beantragen.

Es gibt drei Möglichkeiten, wie völlig ohne Wissen des Betroffenen ein Gutachten erstellt werden kann: Entweder liegen dem Jobcenter bereits ärztliche Befunde vor, und der Sachbearbeiter sendet diese an den Rententräger. Eine zweite Möglichkeit: Dem Rententräger liegen bereits Befunde aufgrund vorangegangener Rehas vor und er benutzt diese. Oder aber der Rententräger fragt bei der zuständigen Krankenkasse an. Auf diese Weise wurde in einem mir bekannten Fall eine Pflegefachkraft zur Helferin im Lager heruntergestuft, obwohl die Pflegerin deutlich signalisierte, dass sie weiterhin in ihrem Beruf arbeiten möchte. So werden Fachkräfte zu Helfern und damit für den Niedriglohnsektor zurechtgestuft. Die Erwerbslosen haben in diesen Fällen keine Möglichkeit, gegen diese Willkür anzugehen, ohne mit Sanktionen rechnen zu müssen. Neben der damit einhergehenden Aberkennung des eigentlichen Berufs werden hier natürlich auch Datenschutzrechte verletzt. Für die Beantragung eines Gutachtens ist nämlich neben einem Gesundheitsfragebogen, den der Arbeitssuchende persönlich ausfüllen muss, sein Einverständnis erforderlich. Außerdem entstehen hier enorme Kosten für den Steuerzahler, wenn man bedenkt, dass bei einer psychologischen Begutachtung 331,77 Euro anfallen. Sobald der Mitarbeiter im Jobcenter auch nur den virtuellen Antrag an den Psychologischen Dienst im System abschickt, wird automatisch eine Rechnung generiert, die das Jobcenter zu bezahlen hat.

Für die Betroffenen allerdings ist diese fragwürdige Praxis besonders kritisch, denn psychologische und ärztliche Gutachten, auch nach Aktenlage, entscheiden oftmals über den weiteren beruflichen Werdegang. Eine Anfrage aus dem Jahr 2014 durch die Grünen Ludwigsburg ergab, dass der Ärztliche Dienst in bis zu 77 Prozent der Fälle nur nach Aktenlage entscheidet. Eine Aktenlage kostet den Steuerzahler 115,14 Euro. Im Jobcenter für schwerbehinderte Menschen habe ich miterlebt, dass Schwerstkranke «per Aktenlage» voll leistungsfähig geschrieben wurden. Betroffene erzählten, dass die Untersuchung darin bestand, dass die Betroffenen mit ausgestreckten Armen im Untersuchungszimmer des Ärztlichen Dienstes hin und her laufen mussten. Viele Betroffene bezeugen außerdem, dass die Untersuchungen nicht von entsprechenden Fachärzten durchgeführt wurden, sondern von Psychologen oder Neurologen. In einem Fall konnte ich mich als Beistand vor Ort davon überzeugen und stellte fest, dass die dortige Neurologin der Ansicht war, dass auch sie orthopädische Einschränkungen beurteilen könne. Schließlich, so ihre Aussage, seien sie im Ärztlichen Dienst für alles zuständig.

Ich führte immer wieder Gespräche mit Mitarbeitern aus den Arbeitsagenturen und Jobcentern und fragte sie, warum um alles in der Welt sie ein solches Gutachten überhaupt beantragten. «Ich wollte den Erwerbslosen aus dem Druck der Zwangsvermittlung herausnehmen», rechtfertigten meine Kollegen ihre Handlungen immer wieder. Sie wollten ihnen etwas Gutes tun und erwiesen ihnen doch einen Bärendienst.

Die Gutachten waren nämlich in der Regel so verfasst, dass zwar die Einschränkungen erwähnt wurden, jedoch auch weiterhin eine volle Leistungsfähigkeit bestand. Dies war natürlich für die Vermittler ein Widerspruch in sich, die erhoffte fachliche Hilfe blieb damit aus und stellte sich aus ihrer Sicht als eine fehlerhafte Interpretation der Situation dar. In diesen Fällen bleibt nichts anderes übrig, als von den zuständigen Fachärzten ein Gegengutachten erstellen zu lassen in der Hoffnung, dass der Betroffene damit sein Recht (zurück)erhält. Da das Gutachten grundsätzlich keinen Verwaltungsakt darstellt, ist kein Widerspruch möglich. Würde sich nun aufgrund des Gutachtens der Leistungsbescheid ändern, wäre erst gegen diesen ein Widerspruch möglich. Doch dies geschieht in der Regel nicht. Nun könnte man ja meinen, jede eventuelle festgestellte Erwerbsunfähigkeit würde der BA helfen, Kosten zu sparen.

Die tatsächlichen Gewinner einer solchen Begutachtung sind wieder einmal die Falschen: die Bildungsträger, externe Personalvermittlungsstellen und selbstverständlich die Zeit- und Leiharbeit. Mit den genannten beruflichen Einschränkungen kann der Betroffene oftmals seinen eigentlichen Beruf nicht mehr ausüben. Aus der vorherigen Fachkraft wird ein Helfer, den gerade die Zeit- und Leiharbeit oder die Bildungsträger für Beschäftigungsmaßnahmen «benötigen». Für eine weitere Feststellung der noch vorhandenen Leistungsfähigkeit wird der Erwerbslose in Aktivierungsmaßnahmen oder in einfache Helferjobs gepackt. Immer mit der Argumentation, man müsse auf diese Weise die noch vorhandene Leistungsfähigkeit und Motivation überprüfen. Auf diese Weise werden ärztliche Gutachten zu tragenden Pfeilern für das Finanzsystem angegliederter Institutionen und Unternehmen.

Ich glaube, es ist nochmals an der Zeit, über zwei Begriffe zu sprechen, die in letzter Zeit inflationär verwendet werden – ohne dass sie klar voneinander abgegrenzt sind: die beiden Begriffe Integration und Inklusion.

Integration bedeutet die Eingliederung eines Individuums in ein bereits bestehendes System, während Inklusion ausdrückt, dass Menschen, die bereits innerhalb desselben Systems leben, dieses auch genauso nutzen können sollten wie alle anderen auch. Die Inklusion von Behinderten bedeutet, ihnen den Zugang zu allen Bereichen des Lebens zu ermöglichen. Arbeit ist einer davon.

Es gibt aber auch Fälle, in denen ganz im Gegenteil darauf hingearbeitet wird, Behinderte in eine Arbeitswelt zu zwingen, in die sie überhaupt nicht gehören. Ein solcher Fall ist mir bis heute schmerzlich in Erinnerung geblieben. Es handelte sich um den damals siebzehnjährigen Kevin B., der mehrfach behindert mit ausgewiesener Pflegestufe II war: Kevin litt unter Schwerhörigkeit, Blindheit und einer spastischen Lähmung. Diese Lähmung verursachte bei ihm krampfartige Zuckungen, die epileptischen Anfällen ähnelten. Er musste die meiste Zeit liegend verbringen, und um ihn angemessen zu pflegen, was rund um die Uhr notwendig war, hatte sein alleinerziehender Vater seinen Beruf aufgegeben. Er bezog fortan Hartz IV, wodurch Kevin bei mir im Jobcenter ebenfalls erfasst werden musste.

Damals befand sich sein Vater bereits in einem Rechtsstreit mit dem medizinischen Dienst der Pflegekasse um die Zuerkennung der Pflegestufe III, die meiner Einschätzung nach auf jeden Fall gerechtfertigt gewesen wäre. Mir war vollkommen klar, dass ich diesen mehrfach behinderten, bettlägerigen Jungen auf keinen Fall vermitteln konnte. Also beantragte ich in Absprache mit dem Vater die Erwerbsunfähigkeit für Kevin. Die Deutsche Rentenversicherung Nord allerdings forderte eine medizinische Begutachtung des Behinderten.

Die Untersuchung fand natürlich zu Hause bei dem Jungen statt, Kevin konnte sein Heim ja nicht verlassen. Das Ergebnis allerdings kann ich bis heute kaum fassen: Dieser Gutachter des medizinischen Dienstes bescheinigte Kevin doch tatsächlich eine Leistungsfähigkeit von 3–6 Stunden täglich, mit der Begründung, er könne im Bett in Heimarbeit Schrauben sortieren.

Auf der anderen Seite erlebte ich es, dass eine Frau mit Borderline-Syndrom innerhalb von wenigen Tagen nach Antragstellung ohne jede Begutachtung erwerbsunfähig geschrieben wurde. Nicht, dass ich es ihr nicht gönnte, schließlich hatte ich auch ihren Fall beantragt und unterstützt. Dass man allerdings von einem blinden, schwerhörigen, von spastischen Krämpfen geschüttelten jungen Menschen verlangte, er könne drei bis sechs Stunden im Bett Schrauben sortieren, empfand ich als grausam und zynisch.

«Man muss wohl mit dem Kopf unter dem Arm beim medizinischen Dienst auflaufen», sagte Kevins Vater mit schwarzem Humor, «um erwerbsunfähig geschrieben zu werden».

Dieser Mann, der entschlossen war, seinen Sohn selbst zu pflegen und dies mit großer Hingabe tat, erzählte mir, dass er seinerseits von seiner Jobcentermitarbeiterin immer wieder unter Druck gesetzt wurde.

«Geben Sie Ihren Jungen in ein Heim», forderte sie von ihm, «und nehmen Sie wieder eine Arbeit an.» Auch dies meiner Meinung nach eine unglaubliche und unmenschliche Forderung. Außerdem würde diese Lösung den Steuerzahler noch viel teurer kommen: Ein Heimpflegeplatz übersteigt ja den Hartz-IV-Satz von Vater und Sohn monatlich um ein Vielfaches. Auch hier spielte wie im Fall von Ines P. wieder eine Rolle, dass unterschiedliche Geldtöpfe belastet würden und die Statistik der Arbeitsvermittlerin von einer Lösung mit Heimaufenthalt profitiert hätte. Dennoch bin ich der Meinung, dass man einen Menschen bei einer so persönlichen Entscheidung unter keinen Umständen unter Druck setzen darf.

Ich riet dem Vater dazu, Widerspruch gegen diesen unsinnigen Bescheid des medizinischen Diensts einzulegen, was er auch tat. Noch bevor es zur Klage kam, wurde Kevin vom Sozialgericht in dem ersten Verfahren die Pflegestufe III zugesprochen, und damit war dieses unsägliche Gutachten glücklicherweise wirkungslos geworden.

Auf der anderen Seite gab es einen anderen Fall, quasi die Geschichte von Kevin ins Gegenteil verkehrt: Es handelt sich um das Schicksal von Bernd H., einem 33-jährigen Mann mit einem Behinderungsgrad von 80 Prozent durch Tuberöse Sklerose.

Trotz seiner Behinderung ist Bernd H. außergewöhnlich qualifiziert: Er kann einen Realschulabschluss und eine Ausbildung als Groß- und Einzelhandelskaufmann vorweisen. Vom Fachdienst Gesundheit in seinem Landkreis wurde eine Arbeitsfähigkeit von sechs Stunden pro Tag festgestellt.

Bernd H. ist hochmotiviert und möchte unbedingt arbeiten, und doch sitzt er seit seinem Ausbildungsabschluss zu Hause bei seinen Eltern. Sein zuständiges Jobcenter unternahm in den vergangenen zwölf Jahren keinerlei Anstrengungen, ihm behilflich zu sein, eine Anstellung zu finden. Was aber noch schlimmer ist: Sein Sachbearbeiter verweigerte Bernd H. jahrelang die komplette Leistung nach dem Arbeitslosengeld II mit der Begründung, dass seine Eltern, beide Rentner, ihn «durchfüttern» könnten. Obwohl er alle Nachweise erbrachte und ihn sogar ein Sozialberater unterstützte, wurde Bernd H. das ihm zustehende Arbeitslosengeld II nicht genehmigt.

Da Bernd H. keine Leistungen erhielt, konnte er auch nicht

von sinnvollen Maßnahmen profitieren, die ihn schon längst in die Arbeitswelt hätten eingliedern können. Ein gesamtes Jahr lang war er vollkommen mittellos und damit auch nicht krankenversichert. Für die Arztrechnungen musste sein Vater aufkommen. In diesen zwölf Monaten hätte er vom Jobcenter einen sogenannten Vermittlungsgutschein erhalten können, um zwei sozialversicherungspflichtige Tätigkeiten annehmen zu können. Doch diese Gutscheine erhalten nur Leistungsempfänger, und da er das nicht war, konnte er diese Gelegenheit nicht wahrnehmen. Damit ihm nicht die Decke auf den Kopf fällt, übt Bernd H. bis heute in einer Sozialeinrichtung ein Ehrenamt aus.

Als sei das alles nicht schon genug des Zynismus, riet ihm sein Sachbearbeiter beim Jobcenter sogar, in ein Obdachlosenheim zu ziehen, um zu beweisen, dass er alleine lebe.

Mittlerweile hat Bernd H. seine Klage vor dem Sozialgericht gewonnen und erhält als eigenständige Person im Haushalt seiner Eltern endlich den vollen Satz Hartz IV. Eine Nachzahlung für die vergangenen Jahre und damit eine Entschädigung der Eltern erfolgte jedoch nicht.

Diese beiden Beispiele zeigen deutlich, wie groß die Macht eines einzelnen Sachbearbeiters ist. Wo Macht ist, ist der Willkür Tür und Tor geöffnet. War der eine der Auffassung, ein schwerbehinderter, blinder Junge könne gut und gern im Bett Schrauben sortieren, so fand ein anderer, dass ein qualifizierter und motivierter Schwerbehinderter, der ehrenamtlich durchaus in der Lage war, die Kassenbücher eines sozialen Vereins zu verwalten, nicht vermittlungswürdig war. Statt ihn wenigstens erwerbsunfähig zu schreiben, damit er eine eigenständige Leistung erhalten konnte, forderte er, dass seine Eltern ihn von ihrer Rente durchfüttern sollten.

Es wird kaum verwundern, dass ich bei den Missständen, mit denen ich täglich konfrontiert wurde, nicht besonders glücklich war im Vorzeige-Jobcenter Hamburg-Hamm zur Eingliederung von Menschen mit Behinderung. Fälle wie Ines, Kevin oder Bernd machten mich wütend und traurig zugleich. Ich bin von klein auf mit einem ausgeprägten Gerechtigkeitssinn ausgestattet und in einem Elternhaus groß geworden, wo soziale Verantwortung für Schwächere gelebt wurde. Zu erfahren, wie die einfachsten Grundsätze der Menschlichkeit ausgerechnet in einer Behörde mit Füßen getreten wurden, die dafür geschaffen worden war, um an den Rand unserer Gesellschaft gedrängten Menschen Gerechtigkeit widerfahren zu lassen, zehrte mehr an mir, als mir damals bewusst war.

Gleichzeitig fühlte ich mich mit meinen rund 450 Fällen alles andere als ausgelastet. Wie damals in der Schule stellte ich fest, dass ich im Erkennen von Problematiken und deren Zusammenhängen ziemlich schnell war, und dass ich in kürzerer Zeit viel erledigen konnte. Und dann begann die große Langeweile, während der mir die Ungerechtigkeiten und willkürlichen Maßnahmen, mit denen ich konfrontiert war, durch den Kopf gingen.

Immer wieder versuchte ich, Fortbildungsseminare für mich und meine Kollegen auf die Beine zu stellen. Ich fand, dass wir alle unsere Arbeit noch so viel besser machen könnten, wenn wir dazulernten. Ich bin ein neugieriger Mensch, ich lerne täglich und das macht mir unglaublich viel Freude. Wenn ein Problem scheinbar nicht zu lösen war, dann ließ mir das keine Ruhe, bis ich die Lösung gefunden habe. Doch ich musste feststellen, dass ich mit diesem Wunsch nach Optimierung unserer Qualifikation ziemlich alleine da stand. Vielleicht sahen die Kollegen ja gar keine Probleme. Für die meisten gab es die Anweisungen, und sie waren es zufrieden, nach denen zu verfahren. Doch genau das war es, was den betroffenen Menschen so oft nicht gerecht wurde. Diese Haltung war dafür verantwortlich, dass Menschen wie Kevin Schrauben sortieren sollten, wohingegen Bernd als nicht vermittelbar abgestempelt wurde.

Eines Tages wurde tatsächlich ein dreitägiges Team-Findungs-Seminar mit externen Coachs für alle Mitarbeiter des Jobcenters veranstaltet. Ich freute mich darauf, meine Kollegen endlich besser kennenzulernen. Wer weiß, dachte ich, vielleicht finden wir auf diesem Weg doch gemeinsame Interessen, an die wir anknüpfen und die wir für unsere Arbeit nutzen können.

Doch es sollte ganz anders kommen. Statt uns wirklich als Team «zu finden», brachen völlig unvermittelt abgrundtiefe Gräben auf. Auf einmal befanden wir uns mitten in einer Dynamik voller Neid und Hass, Konkurrenzdenken und Aggressionen, die mich zutiefst schockierte. Die Situation eskalierte, Beleidigungen gingen hin und her – meiner Meinung nach war das Seminar aus dem Ruder gelaufen und vollkommen gescheitert.

Dieses Konkurrenzdenken ist mir persönlich fremd, noch nie konnte ich damit etwas anfangen, schon als Kind und Jugendliche nicht. Ich freute mich immer, wenn ein Kollege gut im Vermitteln war, am liebsten hätte ich mich viel mehr mit den anderen ausgetauscht, damit wir alle voneinander lernen könnten. Was mich interessierte, war meine Arbeit, und die wollte ich so gut wie möglich machen – nicht, um gut dazustehen, sondern weil es um das Schicksal von Menschen ging. In diesem Sinne versuchte ich immer wieder zu zeigen, dass es durchaus möglich ist, im Jobcenter «menschlich» zu agieren, wenn man nur möchte, und dass es nicht notwendig ist, die Quote oder die Statistik wichtiger zu nehmen als den Menschen.

Nach dem Seminar war das Arbeitsklima natürlich nicht besser als zuvor. Jeder tat so, als wäre nichts geschehen, und doch hatten sich Fraktionen und Gruppen gebildet. Ich kümmerte mich nicht darum und hielt mich raus, und doch konnte ich nicht umhin, die Gerüchteküche und das Mobbing wahrzunehmen, das im Gange war. «Der und der hat in seinem Büro geraucht», hieß es dann vollkommen kindisch, oder: «Die und die erfüllt ihre Quote nicht.» Kinderkram, der mich langweilte.

Im Jobcenter ist vormittags Publikumsverkehr, und der Nachmittag ist der Pflege des Systems vorbehalten. Doch damit war ich immer viel zu schnell fertig. Ich hasste es, die Zeit totzuschlagen, und bat unseren Teamleiter um zusätzliche Arbeit, der sich freute, mir eine seiner monatlichen Aufgaben zu übertragen: das Erstellen der Controlling-Listen für die einzelnen Jobcenter. Dafür konnte ich aus dem internen System Zahlen herausfiltern, um sie in umfangreiche Excel-Listen einzufügen und die Informationen zum Thema Integration herauszufiltern. Auch diese Aufgabe erledigte ich jeden Monat im Handumdrehen – und doch fand ich es spannend, mich mit diesen Zahlen zu beschäftigen. Auf diese Weise erhielt ich außerdem einen guten Überblick über die Aktivitäten der Jobcenter – oder jedenfalls, wie sie sich in Zahlen niederschlugen. Wie schon gesagt, an Statistiken kann ich mich laben und mich stundenlang mit ihrer Analyse beschäftigen. Deshalb weiß ich auch genau, wie man es anstellt, sie zu schönen, ohne wirklich zu lügen. Während meiner Beschäftigung mit den Excel-Dateien stellte ich fest, dass diese viel mehr Komponenten erhielten, die nicht nach außen kommuniziert wurden.

Mir wurde damals klar, dass nur die reine Anzahl der Arbeitslosen nach außen in die Medien gegeben wurde. Jene Arbeitssuchenden aber, die in Maßnahmen steckten, – zum Beispiel in einem Ein-Euro-Job, in einem Zeitarbeitsverhältnis, das ja oft nur auf drei Monate begrenzt war, oder in einer Fortbildung – wurden aus den offiziellen Zahlen herausgerechnet. Noch heute entsteht auf diese Weise eine Differenz von bundesweit rund 900 000 bis 1 000 000 Arbeitssuchenden, die der Öffentlichkeit unterschlagen werden.

Warum ist das so? Es ist nicht gut fürs Image. Das europäische Ausland schaut kritisch auf den deutschen Arbeitsmarkt und die deutsche Wirtschaft. Da kommt es nicht gut, wenn man statt drei Millionen Arbeitslosen von viereinhalb Millionen sprechen muss.

Allerdings ist diese Kritik nicht wirklich neu. So äußerte 2009 der damalige Arbeitsminister Olaf Scholz (SPD) in der Fernseh-Sendung «Panorama» folgende Meinung: «Ich glaube, dass man sich auf die Seriosität dieses Prozesses[19] verlassen kann, und wer persönlich für sich alles anders rechnen möchte, kann ja dann die Zahlen, die er sonst hat, dazurechnen und das als seine Zahl veröffentlichen und dazu ein Flugblatt drucken.»

Tatsache ist, dass eine große Anzahl von Arbeitslosen aus den offiziellen Statistiken herausgerechnet wird: Menschen, die sich in Maßnahmen befinden, die arbeitsunfähig geschrieben sind, die Angehörige pflegen, die die Erziehungszeit wahrnehmen, die älter als 58 Jahre alt sind und innerhalb eines Jahres keinen Vermittlungsvorschlag erhalten, Erwerbslose, die mit 63 Jahren gezwungen werden, einen Rentenantrag zu stellen. Außerdem jene ohne Status, weil sie zum Beispiel zwei Mal nicht zum Termin im Jobcenter erschienen sind, Menschen, die ergänzende Leistungen beantragen müssen, weil ihr Verdienst nicht ausreicht, sowie diejenigen, die sich über einen Dritten coachen lassen. Tatsache ist aber auch, dass die auf diese Weise beschönigten Zahlen in den Medien veröffentlicht werden und sich dadurch im öffentlichen Bewusstsein festsetzen. Lediglich Insider mit einer Affinität zu Zahlen und Menschen, die beruflich mit dieser Statistik zu tun haben, kennen die wahren Zahlen. Für einen sogenannten «Normalbürger» ist die Thematik viel zu komplex.

Nun zähle ich durch meine Tätigkeit in den verschiedenen Jobcentern zu den sogenannten Insidern, arbeite zudem gerne mit Zahlen und kann Statistiken lesen und interpretieren. Als ich damals im Jobcenter für Behinderte arbeitete, nahm ich es

19 Gemeint sind Statistikerhebungen und Controlling.

noch nicht so deutlich wahr, aber im Nachhinein ist mir klar, dass mich meine Arbeit dort immer mehr frustrierte. Lange blendete ich meine Unzufriedenheit erfolgreich aus. Trotz meiner Gelenkerkrankung ging ich dazu über, mehr und mehr Sport zu treiben. So lief ich oft schon frühmorgens vor der Arbeit zehn Kilometer, und oft nach Dienstschluss noch einmal dieselbe Strecke. Das half mir, mit der Situation zurechtzukommen und viel zu lange auszublenden, dass es mir alles andere als gutging.

Ich war so glücklich gewesen, damals nach meinem Umzug nach Hamburg, und hatte mich unglaublich darüber gefreut, als ich meine Traumwohnung mit Blick auf den Hafen gefunden hatte. Diese Aussicht aus meinem Fenster entschädigte mich für vieles, oft stand ich abends oder am frühen Morgen dort und staunte wie ein Kind über diesen unglaublichen Anblick.

Und dann wachte ich eines Morgens auf und befand mich in einem tiefen schwarzen Loch. Ein Zustand der tiefsten Depression, wie ich ihn nie zuvor gekannt hatte. Es war mir kaum möglich, aufzustehen. Bei dem Gedanken, ins Jobcenter zu gehen, wurde mir schwindlig. Was ich nie für möglich gehalten hätte: Ich war einfach nicht in der Lage, zur Tür hinaus und zur Arbeit zu gehen.

Ich werde nie vergessen, wie ich an diesem Tag am Fenster stand – und rein gar nichts empfand. Ich sah die Elbe, sah die Schiffe, den Hafen, und da war nicht die Spur von einem Gefühl, keine Freude, nicht das übliche Gefühl des Staunens, einfach überhaupt nichts.

Ich raffte mich auf und ging zum Arzt.

«Mein Gott», sagte er, «Sie befinden sich ja in einem unglaublichen Erschöpfungszustand.»

Er hatte recht. Ich hatte Untergewicht und fühlte eine unendliche Müdigkeit. Alles schien sinnlos und leer.

«Wieso kommen Sie erst jetzt?», wollte der Arzt wissen.

Die Wahrheit war: Ich hatte überhaupt nicht bemerkt, wie

schlecht es mir ging. Gut, die Situation im Jobcenter war extrem unerquicklich geworden. Trotz meiner Erfolge hatte ich das Gefühl, viel zu wenig ausrichten zu können. Ja, ich hatte mich sogar vor wenigen Tagen dabei ertappt, dass auch ich Anzeichen zeigte, innerlich eine gewisse Distanz zum Schicksal meiner Klienten aufzubauen, zynische Gedanken zu haben. Aber das wollte ich nicht. Ich wollte mich nicht so verändern und werden wie viele meiner Kollegen und Vorgesetzten. Auf gar keinen Fall.

Nun erkannte ich, dass es der Sport war, der mich lange Zeit aufrecht gehalten hatte. Wenn man Langstrecken läuft, so wie ich es getan hatte, um mein Kopfkarussell zum Stoppen zu bringen, schüttet der Körper Serotonin und Dopamin aus, Glückshormone. Durch das lange Laufen erlebte ich das Phänomen, das man «Runner's High» nennt: Man gerät in einen fast schon euphorischen Zustand, der einen immer weiterträgt. Die körpereigenen Glückshormone wirken schmerzstillend und euphorisierend. Der für mich wohl wesentlichste Nebeneffekt des Langstreckenlaufs war aber, dass es mir damit gelang, meine Gedanken abzuschalten. Da war nur noch der Weg unter meinen Füßen, meine Laufmusik im Ohr und die Bewegung meines Körpers – all dies schien zu verschmelzen. Ein extrem glücklicher Zustand stellte sich ein; ja, ich glaube, dass ich damals fast süchtig nach dieser Art des körperlichen Auspowerns und der damit verbundenen geistigen Entspannung geworden war. Wie so viele andere lief ich meiner beruflichen Unzufriedenheit buchstäblich davon. Unmerklich wurden die Strecken immer länger. So war es auch zu erklären, dass ich die Vorboten meiner Erkrankung nicht erkannt hatte. So lange, bis ich einfach nicht mehr konnte.

«Sie müssen erst mal wieder zu Kräften kommen», sagte der Arzt und stellte mir eine Krankschreibung aus.

Doch mir war klar, dass mein Zustand nicht nur auf körperliche Erschöpfung zurückzuführen war. Mit ein paar Tagen

Ausschlafen würde das nicht ausgestanden sein. Obwohl ich mich in einem dunklen, hoffnungslosen Loch befand, konnte ich gleichzeitig meine Situation ganz klar einschätzen: Ich war ausgebrannt – ein klassischer Burnout.

10. ZEIT DER BESINNUNG – ODER: WIE ICH BESCHLOSS, ZU KÄMPFEN

Nun hatte ich viel Zeit zum Nachdenken. Die vergangenen Jahre im Jobcenter zogen an mir vorüber, und viele Zusammenhänge zwischen dem, was ich dort erlebt hatte, und meinem jetzigen Zustand wurde mir langsam immer klarer. Ich bin kein Mensch, der einfach gar nichts tun kann, auch wenn das «ärztlich verordnet» sein sollte, und so tat ich Dinge, für die ich vorher nie Zeit gehabt hatte. Dinge, von denen ich nie erwartet hätte, dass ich sie einmal tun würde – malen zum Beispiel. Früher hatte mich das überhaupt nicht interessiert, im Kunstunterricht hatte ich immer eine 3 oder gar eine 4. Nun entdeckte ich zu meiner eigenen Überraschung die Freude, mit reichlich Farbe auf großformatigen Leinwänden frei und abstrakt zu gestalten.

Es war meine Therapeutin, die mich darauf brachte. Nicht dass es einfach gewesen wäre, jemanden zu finden, der mich in Behandlung nahm, im Gegenteil. Noch am selben Tag der ersten Krankschreibung schlug ich das Telefonbuch unter der Rubrik «Therapeuten» auf und wählte eine Nummer nach der anderen, nur um festzustellen, dass ich nirgendwo einen Termin bekommen konnte.

«Wir haben einen Aufnahme-Stopp», bekam ich jedes Mal zu hören. «Tut uns leid.»

Nach ein paar Tagen war mir klar, dass es so nicht weitergehen konnte, und fasste einen Entschluss. Ich suchte mir eine Praxis in meiner Nähe heraus, packte ein Buch ein und marschierte los.

«Ich setze mich jetzt ins Wartezimmer», erklärte ich der verblüfften Sprechstundenhilfe, «und bleibe so lange, bis die Therapeutin mit mir spricht.»

«Ja, aber...», stotterte die junge Frau, «das geht doch nicht!»

«Das geht durchaus», antwortete ich und nahm im Wartezimmer Platz.

Ich stellte mich darauf ein, vier, fünf Stunden ausharren zu müssen, vielleicht den ganzen Tag. Ich rechnete auch mit der Möglichkeit, am nächsten Tag wiederkommen zu müssen, doch das nahm ich in Kauf. Ich musste mit jemandem sprechen, der sich in solchen Zuständen auskannte, der mir sagen konnte, was mit mir los war und was ich jetzt tun sollte.

Nach einer Stunde schaute die Psychologin ins Wartezimmer.

«Was machen Sie hier?», fragte sie mich, nicht unfreundlich, eher neugierig.

«Ich mache eine Art Sitzstreik», gab ich freundlich zur Antwort. «Ich bleibe hier sitzen, bis Sie mit mir sprechen.»

Daraufhin verschwand sie wieder. Und tatsächlich, nach gut drei Stunden Wartezeit wurde ich ins Sprechzimmer gerufen.

«So etwas wie Sie habe ich noch nie erlebt», sagte die Psychologin. «Nun, welches Problem haben Sie denn?»

Ich erzählte ihr davon, wie ich mich fühlte oder beziehungsweise, wie ich mich nicht fühlte, was ich alles nicht mehr fühlte und wie leer mir alles erschien, so vollkommen ohne Sinn. Sie ließ mich ausreden, hörte aufmerksam zu. Als ich geendet hatte, sagte sie:

«Ich kann Sie beruhigen: Eine schwere Depression haben Sie mit Sicherheit nicht.»

«Woher wissen Sie das?», fragte ich sicherheitshalber nach.

«Weil Sie dann nicht die Kraft gehabt hätten, das hier durchzuziehen: so einen Sitzstreik. Ein wirklich Depressiver würde das nicht mehr schaffen.»

Da war ich dann doch sehr erleichtert.

Von nun an war ich zur Behandlung angenommen. Ich fand

es wichtig, in diesem seltsamen und schwierigen Zustand professionell begleitet zu werden, jemanden zu haben, der quasi von außen auf mein Leben schaute, denn meine eigene Familie hatte ja ebenso wenig Distanz wie ich selbst.

Zum ersten Mal in meinem Leben sagte ich: «Jetzt komme ich an erster Stelle.» Immer hatte ich das Wohl anderer vor das meine gestellt. Jetzt aber wusste ich, was auf dem Spiel stand. Ich wollte wieder gesund werden, wieder Freude empfinden und die ganze übrige Gefühlspalette auch. Ich wollte wieder ich selbst werden und meine alte Kraft zurückgewinnen.

In den Gesprächen mit der Therapeutin, die eigentlich nichts anderes tat, als Fragen zu stellen und mich die Antworten selbst finden zu lassen, wurde ich mir nach und nach über viele wichtige Dinge bewusst: Zum Beispiel, dass meine Arbeit immer an allererster Stelle gestanden hatte. Ich war stolz darauf gewesen, mich selten krank gemeldet zu haben, trotz meiner chronischen Krankheit. Selbst mit hohem Fieber hatte ich mich ins Jobcenter geschleppt, das war für mich Ehrensache gewesen. Oftmals hatte ich Arbeit mit nach Hause genommen, hatte an den Wochenenden das Internet nach Stellenangeboten für meine «Kunden» durchkämmt und mich durch Berge von «Weisungen» durchgelesen, hatte Gesetzestexte studiert und nach Möglichkeiten gesucht, wie ich einmal wieder einen Stolperstein für jemanden beiseite räumen konnte. Jetzt aber hatte ich begriffen, dass es niemandem etwas nützte, wenn ich selbst dabei kaputtging, und nahm mir ganz bewusst die Zeit, die mein Körper und meine Psyche brauchten, um sich zu erholen.

Mit dem Sport hörte ich nicht von einem Tag auf den anderen auf, das wäre gar nicht möglich gewesen. Aber ich fuhr meine Leistungen langsam herunter, bis ich auf einem Level angekommen war, das mir wirklich guttat. Noch heute brauche ich regelmäßig Bewegung, um mich wohlzufühlen, das gehört einfach zu mir. Inzwischen fahre ich wieder Rennrad, damit kann ich meine schwer angegriffenen Gelenke noch am besten schonen.

Die Therapeutin hatte recht – ich hatte nicht die klassischen Anzeichen einer Depression. Ich war in der Lage, meinen Haushalt zu erledigen, zu lesen und mich um mein Kind zu kümmert, das inzwischen schon ziemlich groß war und als Teenager ganz andere Fragen ans Leben stellte als früher. Außerdem begann ich mich politisch zu interessieren und stellte mir zum ersten Mal die Frage: Was mache ich eigentlich? In welchem System arbeite ich da? Was geht dort eigentlich vor sich? Denn damals, als ich selbst bis über beide Ohren in diesem System steckte, war es mir gar nicht möglich gewesen, so darüber zu reflektieren, wie ich das jetzt tue.

All diese Fälle zogen wieder an mir vorüber, in denen die Arbeitssuchenden unmenschlich behandelt worden waren. Wollte ich so weitermachen? Was sollte ich überhaupt tun, wenn ich wieder gesund war? Hatten mich nicht meine Arbeit und das Umfeld krank gemacht? Sollte ich mir etwas ganz anderes suchen? Einfach alles hinter mir lassen? Neu beginnen – es gab eine Menge Dinge, die ich gerne machen, und Felder, auf denen ich mich ausprobieren würde. Doch wäre das nicht Feigheit, etwas, das meinem Charakter überhaupt nicht entsprach?

Nein, ich konnte mich nicht einfach so aus der Verantwortung ziehen. Denn ich fühlte tatsächlich Verantwortung all jenen Menschen gegenüber, die auf der anderen Seite des Schreibtischs saßen und deren Lebensglück jeden Tag zerstört wurde. Sie hatten nicht die Möglichkeit, «einfach» etwas anderes zu machen. Denn diese Menschen hatten keine Lobby, niemanden, der für sie eintrat. Oder doch?

Ich begann zu recherchieren und stieß zum ersten Mal auf Thomas Kallay, einen Betroffenen, der damals gemeinsam mit zwei anderen Familien gegen die Höhe des Hartz-IV-Satzes klagte und erreicht hatte, dass inzwischen sein Fall vor dem

Bundesverfassungsgericht in Karlsruhe verhandelt wurde. Ich las alles über diesen Fall und war beeindruckt von seinem Mut und seiner Konsequenz. Besonders freute ich mich darüber, dass die Karlsruher Richter die Vorschriften zum Arbeitslosengeld II nicht nur nach dem Gleichheitsgebot überprüfen wollten, sondern auch an dem im Artikel 1 des Grundgesetzes verankerten Maßstab der Menschenwürde. Zum ersten Mal seit Einführung von Schröders Arbeitsmarktreform kam nun die Bemessung der Regelleistungen auf den Prüfstand. Und tatsächlich sollten die höchsten Richter auch entscheiden, dass diese verfassungswidrig seien und eine Neuberechnung notwendig wurde. Für die Hartz-IV-Berechtigten änderte sich durch dieses Urteil jedoch leider nichts. Das Bundesverfassungsgericht entschied zwar, dass die Regelleistungen im SGB II für Erwachsene und Kinder verfassungswidrig seien, unterließ im Verfahren aber entgegen seiner Amtsermittlungspflicht, die Grundlage der sogenannten Einkommens- und Verbraucherstudien, die ein Bild des Lebensbedarfs unterschiedlichster Haushalte quer durch alle Schichten abbilden sollten, aus den Jahren zuvor auf Richtigkeit zu überprüfen. Als Begründung wurde angegeben, dass dem Gericht ausgerechnet diese Daten nicht vorlagen, also konnten sie auch nicht von unabhängigen Gutachtern überprüft werden. Deutsche Sozialverbände sowie externe Fachleute reklamierten gegenüber dem Bundesverfassungsgericht die nicht korrekten Zahlen der Einkommens- und Verbraucherstudien. Das Gericht ignoriert dies bis heute. In einem neueren Urteil entschied das Bundesverfassungsgericht im Juli 2014, dass die Regelleistungen im SGB II für Kinder und Erwachsene noch gerade verfassungskonform seien. Die Richter bemängelten zwar, dass es den Betroffenen mit den aktuellen Bemessungen schwerfallen dürfte, sich teurere Dinge wie eine Waschmaschine anzuschaffen, doch dies änderte nichts an dem Urteil, dass das Arbeitslosengeld II mehr oder weniger ausreichend sei. Es sei Sache des Staats, die Verantwortlichkeit für die Haushalte zu übernehmen. Mit diesen beiden wachsweichen Urteilen stellt sich das Bundesverfassungsgericht hinter die Bundesregierung, um den Staatssäckel zu schonen. Im Ergebnis kann man sagen: Bis heute sind die Regelleistungen nicht verfassungskonform.

Bei meinen Recherchen stellte ich fest, dass Kritiker des Systems bislang alle von außen kamen. Sie konnten zwar Zeichen setzen, wie Thomas Kallay zum Beispiel, doch wirklich grundlegend etwas am System verändern konnten sie nicht. Was aber wäre, so fragte ich mich, wenn eine Jobcentermitarbeiterin, jemand, der das System von innen kennt, endlich den Mund auftun und die Missstände von innen heraus kritisieren und bestätigen würde? Denn mir war klar geworden: Echte Veränderungen können nur geschehen, wenn sie von außen UND von innen angestoßen werden.

Es brauchte nicht viele Gespräche mit der Therapeutin, und ich verstand, dass ich gar nicht unter einem «Burnout» litt, sondern unter einem sogenannten «Bore-out» – eine seelische Erschöpfung durch Unterforderung, oder wie ich heute sagen würde: Ich war nicht ausgebrannt, ich war ausgebremst. Die Motivationsforschung sagt, dass es drei Faktoren gibt, die es möglich machen, dass jemand Zufriedenheit durch seine Arbeit erlebt, weil er etwas verändern kann: Man muss etwas «wollen», man muss etwas «können», das heißt die Fähigkeiten zu dieser Veränderung mitbringen, und man muss «dürfen», mit anderen Worten: Man muss ihn das tun lassen, was nötig ist. Bei mir stimmten die ersten beiden Faktoren: Ich wollte den Arbeitssuchenden wirklich helfen und hatte auch die Voraussetzungen, die Fähigkeiten dazu. Was bei mir aber fehlte, das war der Faktor «dürfen»: Man bremste mich aus, man zwang mich, in meinen Augen unnütze Dinge zu tun wie das Pflegen einer gigantischen Controlling-Maschine, während die sogenannten Kunden vor die Hunde gingen. Man quälte mich mit Vorschriften und kritisierte meine Handlungen. Denn, und das begriff ich nun in aller Deutlichkeit: Veränderung war nicht gewollt. Man sah dafür keine Notwendigkeit. Man wollte, dass ich genau wie Tausende von Jobcentermitarbeitern einfach funktionierte wie ein Zahnrädchen in einer großen Maschine. Das Zahnrädchen hat keine Meinung, es hat keinen Überblick, wie das große Ganze funktioniert, es hat sich einfach nur reibungslos zu drehen. Es hatte keine Fragen zu stellen und schon gar keine eigene Meinung dazu zu haben, ob die Maschinerie, in der es wirkt, sinnvoll ist oder nicht.

Und das war es, was mich aus der Bahn geworfen hatte: Diese Verhinderungsmechanismen und der Zwang, das in meinen Augen Falsche und Unmenschliche tun zu müssen. Ich hatte geglaubt, damit umgehen zu können, hatte meine eigene Verdrängungsstrategie entwickelt und zum Ausgleich meinen Körper zu Höchstleistungen gebracht, um hier das Glücksgefühl zu erleben, das mir in meinem Beruf nicht vergönnt war. Doch Körper und Psyche hatten den Alarmknopf gedrückt und mir auf diese Weise klargemacht, dass es so nicht weitergehen konnte. Dass ich sonst zerbrechen würde, körperlich und seelisch.

Und so begriff ich, dass es für mich eigentlich nur eine Möglichkeit gab: Ich musste in die Offensive gehen und öffentlich machen, was mich und Millionen von Arbeitssuchenden bewegte. Den Menschen in Deutschland klarmachen, welch eine gefährliche gesellschaftliche Spaltung wir zulassen, und dass wir gleichzeitig auf die falschen Parameter unsere Hoffnungen setzen. Dass wir es alle, ob mit oder ohne Beschäftigung, hinnehmen, dass einige wenige in uns Angst schüren, wir könnten alles verlieren, was uns scheinbar ausmacht: unseren sozialen Status, unsere Arbeit und damit unsere Würde. Ich begriff, dass dies nur möglich ist, weil wir alle, einmal in diese Angst versetzt, in unseren Hamsterrädern immer schneller rennen und immer weniger Zeit und Kraft für die Einsicht haben, dass wir uns dagegen wehren müssten. Dazu braucht es Mut, denn die Strategie der Einschüchterung greift und ist hochwirksam – schließlich steht viel, wenn nicht alles auf dem Spiel.

Auf der anderen Seite erlebte ich selbst gerade, welch eine Kraft aus der Erkenntnis dieser Zusammenhänge erwachsen kann. Von dem Moment an, als ich begriffen hatte, dass es für mich gar keinen anderen Weg geben kann als den nach vorn in die Öffentlichkeit, verschwand jede Angst.

Welches persönliche Risiko erwartet uns in Deutschland im Jahr 2015, wenn wir uns entscheiden, für soziale Gerechtigkeit und politische Wahrhaftigkeit einzutreten? Wovor haben wir so große Angst?

Ich finde, Angst kann nur greifen, wenn man nicht genau weiß, woher die Bedrohung kommen könnte. Ich aber kannte meine Gegner. Und jetzt wusste ich auch, was ich zu tun hatte: Ich würde an meinen Arbeitsplatz zurückkehren und das Gespräch mit den Verantwortlichen suchen. Es brauchte Veränderungen, und ich war entschlossen, dafür zu kämpfen. Gleichzeitig aber wusste ich, dass ich die Missstände öffentlich machen musste, nur so konnte ich etwas erreichen. Ich kannte die Behörde und ahnte, welche Hürden sich vor mir auftürmen würden. Und nicht nur dort. Wie riskant dieser Weg sein würde, war mir durchaus bewusst. Die Geschichte von Thomas Kallay, die ich genau verfolgte, hatte mir gezeigt, dass die Gegner nicht nur auf der anderen Seite zu finden sind. Kallay erlebte nicht nur Schikanen von Seiten seines Jobcenters, sondern auch von den Mitbürgern in seiner Gemeinde. Seine gesamte Familie war von dieser Diffamierung und Ächtung betroffen, auch seine Frau und seine Kinder. Im Internet konnte ich mitverfolgen, wie er selbst von denen attackiert wurde, für die er kämpfte: von den anderen Erwerbslosen. Warum nur? Haben die Menschen Angst vor Veränderung? Sind sie durch das System in ihrer Wahrnehmung bereits derart verunsichert, dass sie nicht erkennen können, wer Freund und wer Feind ist? Ist es der blanke Neid, weil jemand den Mut hatte, etwas zu tun, wovor sie selbst zurückschreckten? Der Neid, weil jemand in den Medien erscheint, eine gewisse Berühmtheit erlangt? Der Hass geht so weit, dass Thomas Kallays Name in einem bestimmten Erwerbslosenforum sofort gepixelt wird, wenn er erscheint. All das kann ich bis heute nicht nachvollziehen. Jeder, der aktiv ist und positiv wirkt, sollte auf alle Fälle Unterstützung aus den eigenen Reihen finden.

Ich verfolgte also die Foren und lernte täglich dazu. Ich erfuhr, wo sich die sozialen Brennpunkte befinden, nämlich in Berlin, gleich gefolgt von Hamburg und Bremen, Duisburg und Leipzig. Ich lernte und begriff, dass ich mich für den Kampf, der vor mir lag, gut rüsten musste.

Wie ein Sportler vor einer Olympiade, so suchte auch ich die nötigen Trainingseinheiten, um mich auf das vorzubereiten, was nun vor mir lag. Zunächst einmal musste ich mich selbst besser kennenlernen, um herauszufinden, wo meine Stärken liegen und wo meine Schwächen. Dafür suchte ich den passenden «Trainer» und machte mich auf die Suche nach einer Verhaltenstherapeutin, hatte Glück und fand die richtige. An der Verhaltenstherapie gefällt mir, dass mit praktischen Übungen gearbeitet wird. Und als wir – nach der üblichen Wartezeit – mit den Sitzungen beginnen konnten, ging es zunächst um die Selbstreflexion. Dass ich einerseits unter einem «Helfersyndrom» leide und andererseits einen Hang zur Perfektion habe, war mir nicht ganz neu, und doch war es erhellend, mir mit Hilfe der Therapeutin den Spiegel vorzuhalten.

Zunächst ging es um die Frage: Was hat mir dieses Bedürfnis nach Perfektionismus eingebracht und was hat es mich gekostet? Die Antwort war ernüchternd: Es hatte mir überhaupt nichts eingebracht und fast meine Gesundheit ruiniert. Ich wollte meine Arbeit perfekt machen, und das hieß für mich, die Arbeitssuchenden zu vermitteln oder ihnen zumindest auf den Weg dazu zu verhelfen. Und wenn mir dies mit den Mitteln des Jobcenters nicht gelang, hatte ich ganz selbstverständlich ihre Belange mit in meine Freizeit genommen. Statt mich auszuruhen, hatte ich auch am Wochenende beispielsweise im Internet nach Arbeitsstellen, Therapieplätzen, Beratungsmöglichkeiten usw. gesucht und meistens auch gefunden. Ich hatte versucht, mit dem System Jobcenter klarzukommen und an ihm vorbei meine Arbeit besser zu machen, und zwar während meiner Arbeitszeit und auch außerhalb, trotz Rügen, trotz des schlechten Arbeitsklimas und der wachsenden Erkenntnis, wie sehr die Öffentlichkeit belogen wurde. Ich hatte geglaubt, wenn ich «meinen» Fällen helfe, ihre Stolpersteine aus dem Weg zu räumen, dann hätte ich meine Aufgabe erfüllt, und bemerkte nicht, wie mir mein Arbeitgeber und das Umfeld, in dem ich beschäftigt war, täglich meinerseits einen Stolperstein nach dem anderen in den Weg legten. Ich hatte versucht, über sie buchstäblich hinwegzusprinten, und war gesundheitlich auf die Nase gefallen.

Aber all das war notwendig gewesen, damit ich erkennen konnte, dass es nicht damit getan ist, bestenfalls einigen hundert Menschen zu einem erfüllteren Leben zu verhelfen, wenn Millionen andere dieses Glück nicht haben. Es musste sich grundlegend etwas in Deutschland ändern. In den Köpfen, in den Strukturen, in der Politik und den Medien. Und je mehr ich darüber nachdachte, umso umfassender wurden meine Forderungen.

Nun meldeten sich auch meine dem langjährigen Morbus Bechterew geschuldeten Gelenkabnutzungen, sodass operative Eingriffe nötig wurden. Die anschließenden Rehabilitationsmaßnahmen zwangen mich, zusätzlich innezuhalten und meinem Körper Zeit zu geben, um wieder zu heilen. Ich begriff, dass ich lernen musste, auf mich selbst zu achten, meine eigenen gesundheitlichen Einschränkungen nicht zu ignorieren, sondern Strategien zu entwickeln, wie ich mit ihnen bei Kräften bleiben kann. Und dabei einige existenzielle Fragen nicht aus den Augen zu verlieren: «Was tut mir gut? Was will ich wirklich? Was ist möglich?» Dies führte mich zu der ultimativen Frage, die ich mir bis heute bei allem, was ich tue, stelle und nicht eher beginne, ehe ich sie nicht klar beantwortet habe: «Für wen oder was mache ich etwas, und warum?»

Nachdem ich mir über diese Dinge klar geworden war, begann das eigentliche «Training»: Gemeinsam mit meiner Verhaltenstherapeutin bereitete ich mich auf das vor, von dem ich wusste, dass es auf mich zukommen würde, wenn ich die Missstände öffentlich machte. Das würden Rückschläge und Misserfolge sein. Wie würde sich das anfühlen? Wie konnte ich damit umgehen? Und wie mit Diffamierungen und Drohungen? Welche Strategien konnte ich schon jetzt entwickeln, um im Ernstfall gerüstet zu sein? Und was tue ich, wenn ich ans Ende meiner Kräfte gelange? Ich lernte, die Anzeichen eines Burnouts zu erkennen, und eignete mir Methoden an, um rechtzeitig gegenzusteuern zu können. Mit derselben Intensität, mit der ich alles tue, übte ich täglich Entspannungsübungen und das Arbeiten mit Affirmationen. Ich brauchte Monate, bis mir diese Methoden in Fleisch und Blut übergingen.

Parallel dazu begann ich mein Denkvermögen zu steigern. Ich übte mich beispielsweise im Blindschach. Dafür hatte ich ein Spiel mit Steinen, auf deren Unterseite die Figur aufgezeichnet war, von oben sahen sie alle gleich aus. Ich spielte gegen mich selbst mit dem Ziel, alle Figuren vor meinem geistigen Auge sehen zu können. Damit kann man sowohl das vernetzte Denken trainieren als auch die Merkfähigkeit. Schon als Kind hatte es mir Spaß gemacht, deutsche Autokennzeichen auswendig zu lernen, nach der Öffnung der Mauer hatte ich mir voller Begeisterung auch die neuen Städte und Landkreise eingeprägt. Auch dies frischte ich nun wieder auf.

Dies alles scheint verrückt zu klingen, und man mag sich fragen, was es nützen soll, Autokennzeichen auswendig zu lernen. Doch darum ging es mir nicht. Es ging darum, mein Gehirn zu fordern und zu Höchstleistungen zu trainieren. Ich wusste, ich musste schnell sein im Denken, schneller als andere, ich würde sehr komplexe Zusammenhänge in kurzer Zeit durchschauen müssen, es würde nötig sein, mich ständig über jede neueste Entwicklung und jede wichtige Äußerung zu diesem Thema von vielen Menschen zu informieren. Nach all den Jahren im Jobcenter hatte ich das Gefühl, dass mein Gehirn auf Sparflamme lief.

Schon 1992 hatte ich bei dem bekannten Pantomimen und Rhetoriklehrer Samy Molcho eine Ausbildung gemacht. Damals lernte ich, wie eng die Körpersprache mit dem, was wir ausdrücken, in Zusammenhang steht. Tatsächlich wirken Gestik, Mimik und Haltung sogar stärker als das, was wir tatsächlich sagen. Und ich hielt es für eine gute Idee, dieses Wissen aufzufrischen, ebenso wie das, was ich damals auch bei Vera F. Birkenbihl im Bereich Zeitmanagement gelernt hatte. Wie teile ich eine Rede ein? Wie gelingt es mir, die Aufmerksamkeit meiner Hörer zu halten? Ich ahnte, dass ich früher oder später öffentlich Reden halten müsste. Ich hatte davor keine Angst, ganz im Gegenteil. Aber ich wusste, auch hier musste ich so gut wie möglich sein.

Auf diese Weise nutzte ich die Zeit, um nur das zu tun, was ich wollte und was mir persönlich guttat. Dazu gehörte es auch, zu recherchieren. Mich interessierte beispielsweise, wie die Arbeitsmarktpolitik in anderen europäischen Staaten aussah, reiste nach London und Paris und nahm dort Kontakt zu den Äquivalenten zu unseren Jobcentern und Gewerkschaften auf. Ebenfalls aus Recherchegründen arbeitete ich eine Weile im Rahmen eines Minijobs in einem «Sunpoint»-Studio, denn ich wollte wissen, wie die Arbeitsbedingungen in einem solchen Niedriglohn-Laden waren. Schließlich begann ich wieder einige Stunden pro Woche als freie Dozentin bei demselben Bildungsträger wie früher im Bereich Professionalisierung und Bewerbungstraining zu unterrichten. Was mir die Arbeitsuchenden in diesen Kursen von ihren Erfahrungen mit dem

Jobcenter anvertrauten, bestärkte mich in meinem Entschluss, für sie aktiv zu werden.

Mein Ziel war es, die Strukturen der Bundesagentur für Arbeit von innen her zu verändern. Darum wollte ich gerne in mein altes Jobcenter zurückkehren und dort in Teilzeit arbeiten. Als ich mich jedoch damit konfrontiert sah, dass ich als Teilzeitkraft ebenso viele Klienten in Beratung haben sollte wie in Vollzeit und dies kritisierte, fand mein damaliger Teamleiter, ich passe nicht in sein Team. Auf diese Art und Weise verzögerte sich mein eigentlicher beantragter und zugesicherter Arbeitsbeginn um fünf Monate. Fünf weitere Monate, in denen ich als Dozentin sowie freie Journalistin arbeitete. Schließlich musste ja irgendwie Geld in die Haushaltskasse kommen. Die Personalabteilung Jobcenter team.arbeit.hamburg kam dann auf die glorreiche Idee, dass ich mich wie eine Externe auf freie Stellen bewerben sollte. Was völlig grotesk ist, wenn man bedenkt, dass ich eigentlich einen Arbeitsplatz hatte. Ich schaltete ver.di Hamburg ein, die sich für meinen Arbeitsplatzanspruch einsetzten und klarstellten, dass ich entsprechend behandelt werden musste. Nichtsdestotrotz bewarb ich mich offiziell. So wurde ich zu einem Gespräch in das Jobcenter Eimsbüttel eingeladen. Bei diesem Gespräch wurde mir klar, dass es bei der ausgeschriebenen Stelle ausschließlich um die Ausübung von Weisungen ging, ohne den Menschen dahinter zu sehen. Und darum war ich alles andere als traurig, als aus Eimsbüttel schließlich eine Absage kam. Ein «Zahlenchef» war wirklich das Letzte, was ich mir wünschte.

Im Oktober 2011 erhielt ich zu meiner Freude ein ganz anderes Angebot: Mein Arbeitgeber, die BASFI, entlieh mich dieses Mal an das Jobcenter St. Pauli im Bereich des Arbeitgeberservice HoGa, für den Hotel und Gaststättenbereich. Hier meldeten sich Arbeitgeber, wenn sie offene Stellen hatten. Meine Aufgabe als Neuling war es dann, arbeitssuchende Köche oder Küchenhilfen aus der Kartei zu verständigen und ihnen die Jobs anzubieten. Es gefiel mir sehr gut an meinem neuen Arbeitsplatz, denn sowohl das Team als auch die Leitung waren hochmotiviert, offen und flexibel und gingen mit Spaß und Freude an die Arbeit. Auch hier mussten auf Biegen und Brechen Zahlenvorgaben erfüllt werden, jedoch nahmen meine Kolleginnen und Kollegen alles etwas lockerer und waren auch bereit, sich auf die Menschen, die sich bewarben, einzustellen.

Über eines war ich allerdings geradezu schockiert: über die unglaublich niedrigen Löhne. Ein gelernter Koch verdiente in der Stunde zwischen 6,50 und 8,50 Euro brutto, und dies bei Schichtdienst. Dass diese Stellen oft von den Arbeitssuchenden abgelehnt wurden, konnte ich gut verstehen. Bewarben sie sich und bekamen die Stelle, wurden sie wieder einmal Aufstocker, denn von rund 1000 Euro brutto kann kein Mensch leben.

Im April 2012 tat ich übrigens etwas wie ich meinte sehr Unspektakuläres, etwas, das fast jeder in diesem Land macht: Ich richtete mir eine private Internetseite und ein ebenso privates Blog ein. Hier schrieb ich bunt gemischt über Themen, die mich interessierten: über Pädagogik, übers Joggen, auch mal über Geschichten aus meiner Arbeit – kurz, über dies und das. Damals ahnte ich nicht, dass gerade dieses Blog eine riesige Welle lostreten würde. Eine Welle, die mich dorthin bringen sollte, wo ich heute stehe.

11. «CONTROLLING, CONTROLLING» – ODER: DIE SCHAFFUNG EINER ZWEITEN REALITÄT

Mit Frank-Jürgen Weise hielt ein Controller als Vorstandsvorsitzender der Bundesagentur für Arbeit in die Behörde Einzug. In dieser Funktion hatte er sich in der freien Wirtschaft einen klingenden Namen gemacht. Zuvor allerdings durchlief Weise interessanterweise eine Karriere als Berufssoldat, studierte bei der Bundeswehr Betriebswirtschaft, wurde Offizier. Seinen Vorgänger Florian Gerster, der das Amt des Vorstandsvorsitzenden der Bundesagentur für Arbeit von Jagoda übernommen hatte, lernte Frank-Jürgen Weise übrigens während einer Wehrübung kennen. Er berief Weise 2002 als Verantwortlichen für Finanzen in den Vorstand der Bundesanstalt für Arbeit. Zwei Jahre später stolperte Gerster über einen Skandal und wurde entlassen. Weise rückte an die Spitze der Bundesagentur für Arbeit.

«Mit Basisdemokratie», so der Oberst der Reserve Weise in einem Interview mit der Wirtschaftswoche[20], «wird man keinen Erfolg haben.» Es verwundert also nicht, dass er einen eher hierarchischen Führungsstil vertritt.

In einem Brief an die Mitarbeiter in den Jobcentern und Arbeitsagenturen zum Thema Controlling in der Bundesagentur für Arbeit schreibt Weise: «Die Controller sorgen für Transparenz und Wirkung, Leistung und Kosten. Unter anderem mit Leistungsvergleichen zwischen den Agenturen und Jobcentern identifizieren sie regelmäßig bestehende Verbesserungspotenziale. Planung, Zielvereinbarungen, Berichts-

---

20 Interview mit Kristin Schmidt, Wirtschaftswoche 04.07.2013

wesen und Zielnachhaltigkeit sind die Kern-Handlungsfelder des Controllings.»[21]

Langjährige Mitarbeiter der BA erzählten mir, dass erfahrene und motivierte Kollegen im Rahmen der Umstrukturierung sukzessive an den Rand gedrängt wurden, sofern sie Kritik äußerten. Wertvolle Alternativen wurden selten beachtet und die Arbeitsbedingungen und Prozesse so gestaltet, dass Mitarbeiter zum «Spuren» erzogen wurden. Gleichzeitig wurde damit der Nährboden zu oberflächlichem und kurzfristigem Denken gefördert. Eine langjährige Mitarbeiterin, aus Mobbinggründen aus der BA ausgeschieden, schrieb einen Brief an alle Mitarbeiter der BA und appellierte an alle Vorgesetzten und Verantwortlichen, dass das, was sie selbst erleben musste, keiner anderen Kollegin und keinem anderen Kollegen widerfahren dürfe. Sie bat ihre Kollegen, aufeinander zu achten und beim leisesten Verdacht auf Ungerechtigkeiten zu reagieren.

Bis heute ist «Controlling» *das* Schlagwort in der Bundesagentur für Arbeit. Dieser Begriff, der aus dem Management stammt, umfasst ein System zur Steuerung von Planungs-, Koordinations- und Kontrollaufgaben, das ein komplexes Wirtschaftsunternehmen für die Unternehmensführung durchsichtig und steuerbar machen soll. Jede Abteilung und jede der Betriebsebenen muss dafür ständig die relevanten Informationen nach oben liefern.

In der Wirtschaft ist das Controlling unbestreitbar ein wichtiges Instrument. Nach den Erfahrungen des Vermittlungsskandals unter Jagoda war es absolut verständlich, dass diese riesige Bundesbehörde eine transparentere Struktur und Kommunikation benötigte.

Doch Controlling ist immer nur so gut wie die Menschen, die es umsetzen. In einem Wirtschaftsunternehmen geht es

---

21 Controlling in der Bundesagentur für Arbeit – Entwicklung, Anspruch und Zukunft (September 2012)

um Produktion und Absatz – also um Zahlen. In der Bundesagentur für Arbeit jedoch um Menschen. Menschen in ganz individuellen Umständen, denen geholfen werden muss. Der Versuch, soziale Arbeit in betriebswirtschaftliche Zahlen umzuwandeln, ist meiner Ansicht nach einer der fatalsten Fehler, die bei der Sozialreform gemacht wurden, und bis heute Ursache der gröbsten Missstände. Gerade die langjährigen Mitarbeiter, die die Umstrukturierung – also die Verwandlung einer Behörde für Menschen zur Zahlenbehörde im Controlling-Wahn – miterlebt haben, wissen, wovon ich spreche: Sie können am allerbesten bezeugen, dass es heute die Zahlen sind, die den Arbeitsalltag bestimmen, und wie sehr dabei die Menschlichkeit verlorengegangen ist.

Wie gesagt: Grundsätzlich halte ich ein Controlling-System durchaus für sinnvoll. Was ich allerdings kritisiere, ist die Aufteilung nach Quantität und Qualität der Vermittlungsarbeit im Verhältnis 75:25. Die Quantität berechnet die Anzahl der Vermittlungen, die Dauer der Arbeitslosigkeit und die Dauer der Beschäftigung. Sie legt ihren Fokus auf die Verringerung der Hilfsbedürftigkeit und der Gesamtausgaben in Form der Regelleistungen und Mietkosten. Die Qualität der Vermittlungsarbeit hingegen, das heißt, die tatsächliche Zufriedenheit sowohl der Mitarbeiter der Bundesagentur für Arbeit als auch der sogenannten Kunden und die wichtige und doch schwer messbare Betreuungsarbeit des Fallmanagements, findet im aktuellen Controlling-System kaum Berücksichtigung. Soziale Arbeit – und die Vermittlung und Beratung von Menschen und deren Begleitung auf der Suche nach einer Erwerbstätigkeit ist nichts anderes als soziale Arbeit – kann aber in meinen Augen niemals betriebswirtschaftlich erfasst und bemessen werden. Es kann nicht sein, dass der Mensch hier zur Betriebskennziffer degradiert wird. Dies wird weder dem arbeitssuchenden Menschen gerecht noch der Leistung des Mitarbeiters der Bundesagentur, der gezwungen ist, sein soziales Engagement auf Ziffern herunterzubrechen und quantitativ bemessen zu lassen. Stand vor der Reform der Mensch mit seinen Bedürfnissen nach einem bestimmten Arbeitsplatz und seiner passgenauen Qualifizierung im Fokus, so wurde auf einmal die Erfolgsquote an Vermittlungen in den Mittelpunkt gerückt. Die Arbeitslosenzahl musste nun auf Biegen und Brechen gesenkt werden. Das Fatale aber ist: nur auf dem Papier. Es «genügt», wenn die Zahlen stimmen. Und Papier ist bekanntlich geduldig.

Im Controlling der Bundesagentur für Arbeit ersetzen die Kennzahlen die gelebte Realität, diese Zahlen werden nach außen kommuniziert, nach ihnen wird die weitere Strategie ausgerichtet. Das Schicksal des Einzelnen ist dabei nicht relevant. Der Wunsch nach «guten Zahlen», in denen weniger Arbeitslose vorkommen, führte zu einer Reihe von sich steigernden Sinnlosmaßnahmen, die einzig und allein dem Zweck dienen sollten, die Erwerbslosen für die Statistik zu Beschäftigten zu machen. Dabei helfen Maßnahmen wie der Ein-Euro-Job, der Minijob und natürlich die Zeitarbeitsmaschinerie. Darauf werde ich später noch detaillierter eingehen.

Die Art und Weise, wie Controlling in der Bundesagentur für Arbeit umgesetzt wurde und noch immer wird, schafft eine Menge Druck auf die Mitarbeiter. Außerdem werden zu viele Abläufe reglementiert. Das Leben aber hält sich meistens nicht an Vorschriften und Fristen. Zum Beispiel müssen Anträge langfristig terminiert werden, was in der wirklichen Welt dazu führt, dass kurzfristige, eilige Angelegenheiten wie zum Beispiel die Genehmigung eines Umzugs nicht erfolgen kann. Das schafft mitunter groteske und tragische Situationen: Arbeitssuchende können eine Stelle in einer anderen Stadt nicht antreten, weil sie nicht rechtzeitig umziehen dürfen, da das Jobcenter die Genehmigung nicht rechtzeitig erteilt. In anderen Fällen können Menschen Vorstellungsgespräche in einer anderen Stadt nicht wahrnehmen, weil die Vorauszahlung für die Fahrkarte nicht bearbeitet wurde. Dabei sind die Erwerbslosen dazu verpflichtet, sich auch außerhalb der Heimatstadt zu bewerben. Nicht jeder Bewerber hat die Möglichkeit, sich von Freunden oder der Familie Geld für die Fahrt zu leihen. Und so kommt es vor, dass der Erwerbslose nicht zu einem Bewerbungsgespräch fahren kann, was wiederum Sanktionen nach sich ziehen kann mit der Begründung, der Bewerber habe sich geweigert.

Ein weiteres Problem stellt in vielen Fällen die lange Bearbeitungszeit von Zuschüssen zu Klassenfahrten dar. Viele Schulen verlangen das Geld im Voraus, um entsprechende Fahrtkosten und Unterkünfte buchen zu können. Da Klassenfahrten vom Jobcenter übernommen werden und nicht im Bildungs- und Teilhabepaket integriert sind, müssen die Eltern auf die Zusage des Jobcenters warten. Nicht selten geraten auf diese Weise die Kinder in schwierige Situationen und laufen Gefahr, von ihren Mitschülern gemobbt zu werden.

Aber auch viele Mitarbeiter der Bundesagentur für Arbeit befinden sich in einer schwierigen Situation. Sie wurden bei der ad-hoc-Einführung der Reform nicht «mitgenommen», für viele war sie mit großen Umbrüchen verbunden. Als 2005 die Jobcenter eingeführt wurden, wusste keiner, wie das wirklich vonstattengehen sollte. Arbeitsvermittler aus den ehemaligen Arbeitsämtern, Sozialamtsmitarbeiter und Quereinsteiger mussten sehen, wie sie mit den neuen Gegebenheiten und den Unmengen an neuen Weisungen und Gesetzesänderungen klarkamen und nebenbei auch noch ihren Job gut machten. Durch die Entlastung der ehemaligen Sozialämter entfielen dort viele Stellen, und die Mitarbeiter standen vor der Wahl, sich auf die neuen Zeiten einzustellen oder selbst arbeitslos zu werden. Ja, man kann sagen, dass 2005 ein regelrechtes Chaosjahr war, und nicht alle konnten diesen Zuständen mit Humor begegnen. Es war eine Zeit der großen Umbrüche, und niemand wusste genau, wie etwas funktioniert. Das neu erstellte Computerprogramm funktionierte nicht, sodass Mitarbeiter aus den verschiedensten Jobcentern nach Nürnberg eilten, um dort die IT-Abteilung zu unterstützen. Niemand verstand das Sozialgesetzbuch II, das auf einmal gelten sollte, und so baute sich ein immer größer werdender Frust auf beiden Schreibtischseiten auf.

Und es sollte nicht viel besser werden: Die ständigen Gesetzesänderungen, bis zu 900 schriftliche Hinweise pro Jahr und das tägliche «Füttern» des Controlling-Systems überfordert oder frustriert die Mitarbeiter bis heute und setzt sie unter Druck. Diese Masse an Lesematerial, das täglich auf den Schreibtischen landete, konnte kaum jemand aufnehmen und verarbeiten, geschweige denn sinnvoll umsetzen. So kann es schon mal passieren, dass die Fülle an Material im Papierkorb verschwindet oder komplett ignoriert wird. Unter diesen Umständen ist es eigentlich kein Wunder, dass viel zu viele mit der Zeit das Wesentliche ihrer Arbeit aus den Augen verloren: Dienstleister zu sein für Menschen auf der Suche nach einer sinnvollen und ausreichend entlohnten Beschäftigung.

Das wird übrigens auch treffend in dem Artikel: «ver.di – wir ... in der BA»[22] beschrieben. Mit Recht wird kritisiert, dass einige sogenannte Führungskräfte bei ihrer wirtschaftsorientierten Verklärung anscheinend vergessen haben, dass die Bundesagentur für Arbeit noch immer eine Sozialbehörde und kein auf Kennzahlen getrimmtes Unternehmen ist. «In dezentraler Verantwortungslosigkeit werden Kolleginnen und Kollegen, die einfach nur ihre Arbeit machen wollen, zu Handlungen gedrängt, die in keiner Weise zentral festgelegten Zielwerten entsprechen. Die Konsequenz dieser Fehleinschätzung ist ein Führen mit Angst.»

Ob es nun ernst gemeint ist oder eher ironisch: Der ver.di-Bundesfachgruppenvorstand Arbeitsverwaltung fordert den Vorstand der BA auf, seine «fehlgesteuerten» Führungskräfte

22 Quelle: ver.di – wir ... in der BA arbeitsverwaltung_info, Berlin, Oktober 2014

endlich auf Kurs zu bringen, und empfiehlt, bei Defiziten im Führungspotenzial geeignete Nachqualifizierungsmaßnahmen verpflichtend anzubieten. Die Autoren dieses Artikels zielen hier auf die anzustrebende Zielkennziffer Q1 ab: Q1 gibt einen Wert an, der das Erreichen eines bestimmten Zieles innerhalb einer vorgegebenen Zeit darstellt. Das kann man schön an dem Beispiel einer erfolgten Entscheidung über einen Leistungsbescheid beschreiben: Stellt ein Betroffener einen Antrag auf Arbeitslosengeld, so muss dieser innerhalb von 20 Arbeitstagen nach Anspruchsbeginn entschieden sein. Ein positiver Q1-Wert ist dann erreicht, wenn 75 Prozent solcher Anträge bearbeitet wurden. Bei Abgabe des Arbeitslosengeldantrags wird so zum Beispiel errechnet, dass der Antragsteller einen Anspruch auf Arbeitslosengeld des Folgemonats hat. Nun kann es durchaus vorkommen, dass noch fehlende Unterlagen, wie eine Arbeitgeberbescheinigung, nicht innerhalb der 20 Arbeitstage und somit nicht rechtzeitig eingereicht werden, was oft nicht an den Antragstellern liegt, sondern an ihren vorherigen Arbeitgebern. In diesem Fall ist der zu erreichende Q1-Wert nicht gegeben, wir nennen dies einen «kaputten Q1-Wert». Um die vorgegebene Quote dennoch zu erfüllen, werden nun andere Anträge vorgezogen, bei denen eine Entscheidung gefällt werden kann. Sogenannte «kaputte Q1-Werte» fallen nach hinten, und da dieser Antrag für die Quote ohnehin nichts mehr bringt, bleibt er oftmals auch noch länger liegen als nötig. Was durchaus dazu führen kann, dass Antragsteller vergebens auf ihr Geld warten.

Das alles erinnert an den Vermittlungsskandal von 2013, von dem später noch die Rede sein wird, in dem hauptsächlich die leicht in Arbeit zu Vermittelnden in den Fokus rückten. Auch hier ging es um die Integrationsquote zum einen und zum anderen um die Quote der «Dauer der Arbeitslosigkeit». Für die leitenden Mitarbeiter in den Behörden ist dieses Verfahren ein weiteres Druckmittel, um Teams gegeneinander auszuspielen.

Denn es ist gang und gäbe, dass Teams einander gegenüberge-stellt, die Quoten verglichen werden und entsprechend Druck aufgebaut wird. Jeder nicht erreichte Q1-Wert muss von den Mitarbeitern in Listen erfasst und begründet werden – ein zu-sätzlicher Arbeitsaufwand, der die eigentliche Arbeit ebenfalls nach hinten drückt. Zwar heißt es von Seiten der BA, dass der Q1-Wert kein Steuerungsinstrument sei, die Quotierung und der daraus resultierende Druck auf die Mitarbeiter spricht jedoch eine ganz andere Sprache. So haben die Autoren von ver.di recht, wenn sie diesen Missbrauch der Quotenziele im Sinne eines «Steuerns nach Zahlen» kritisieren, was definitiv nicht im Interesse der von den Agenturen betreuten Menschen sein kann, sondern nur noch dem Selbstzweck dient. Auf diese Weise sucht man bis heute nach Wegen, den Vorgaben ent-sprechen zu können – sprich: mit allen Mitteln die Zahlen zu erreichen, die gefordert sind. Dass es gar nicht so viele freie Ar-beitsstellen gibt, spielt dabei keine Rolle. Mir scheint, dass auf diese Weise nach und nach eine zweite, virtuelle Controlling-Realität neben der Alltags-Realität entstand. Nur so kann man erklären, dass in den Statistiken der Bundesagentur für Arbeit eine Drittel Million weniger Arbeitslose auftauchen als in der wirklichen Welt.

Wie kann man sich ein Bild darüber machen, was tatsächlich auf dem Arbeitsmarkt geschieht? Eigentlich ist es ganz einfach: Man muss nur die von der BA selbst in Einzelberichten ange-gebenen Zahlen betrachten und eins und eins zusammenzäh-len. Dann stellt man fest, dass die Wahrheit im Detail steckt. Um die offiziellen Arbeitslosenstatistiken zu verschönern, hat man die Menschen ohne Beschäftigung in feine Unter-gruppen unterteilt und einige davon als nicht «arbeitslos» de-finiert, sondern als «arbeitssuchend». Und diese sogenannten «Arbeitssuchenden» rechnet man aus der offiziellen Arbeits-losenzahl, die medial im In- und Ausland verkündet wird, einfach heraus. Auf diese Weise werden kranke Arbeitslose nicht in die Statistik aufgenommen, ebenso wenig jene, die an einer Weiterbildung teilnehmen, einen Ein-Euro-Job ausüben, einen Angehörigen pflegen oder älter als 58 Jahre sind. Außerdem Elternteile während der Erziehungszeit bis zum dritten Lebensjahr des Kindes, Menschen, die sich einer Reha-Maßnahme unterziehen müssen, Aufstocker, das heißt Menschen, die einen Mini- oder Midi-Job ausüben oder eine andere prekäre Beschäftigung, von deren Lohn sie nicht leben können. Seit Mai 2009 gibt es außerdem noch eine weitere Gruppe von Erwerbslosen, die aus der Statistik verschwand: nämlich diejenigen, die versuchen, über private Arbeitsvermittler eine Beschäftigung zu finden. In keiner Statistik erfasst werden fatalerweise auch jene nicht erwerbstätigen Bürger, die sich inzwischen resigniert vom Arbeitsmarkt zurückgezogen haben und sich gar nicht mehr arbeitslos melden. Diese Zahl ist kaum zu erfassen, da sich die Menschen aus Resignation, Scham oder auch dem Wissen, dass sie ohnehin kein Geld erhalten, nicht bei der Arbeitsagentur oder im Jobcenter melden.

Zudem gibt es die Zahl der sogenannten «stillen Reserve», die die Menschen umfasst, die zwar bei der Arbeitsagentur oder dem Jobcenter gemeldet sind, jedoch als sogenannte Nichtleistungsempfänger, aus Gründen einer aktuellen Arbeitsunfähigkeit oder Nichterhalt von Arbeitslosengeld, als solche deklariert werden. Die Zahl dieser «stillen Reserve» wurde beispielsweise für Mai 2014 auf 603 000 geschätzt[23]. Und doch taucht sie in den offiziellen Statistiken nicht auf.

Wie kann so etwas sein? Die Regierungen unserer europäischen Partner blicken mit scharfen Augen nach Berlin, seit sich Angela Merkel als Vorbild in der Finanzpolitik aufspielt. Führt der Wunsch nach positiven Zahlen, die die deutsche Wirtschaftspolitik vor dem europäischen Ausland gut dastehen lassen, etwa dazu, dass wir erneut vor einer Art Vermittlungs-

---

23 Quelle: Die Linke – Tatsächliche Arbeitslosigkeit

skandal stehen? Die Ziffern in den Statistiken stimmen jedenfalls mit den tatsächlichen Zahlen nicht überein – trotz oder gerade dank Weises ausgeklügeltem Controlling-System[24].

Es gibt vielerlei Wege, Statistiken so aussehen zu lassen, wie man es gerne haben möchte. Auf den von der BA veröffentlichten Tabellen, die von der Regierung übernommen werden, sieht es so aus, als seien nach der Umsetzung der Sozialreform und vor allem nach der Einführung des Controlling-Systems durch Weise die Arbeitslosenzahlen gesunken. Tatsächlich aber ergab sich die Differenz mit Hilfe dieser raffinierten Aufsplitterung der Beschäftigungslosen in «Arbeitslose» und «Arbeitsuchende». Während bis 2006 die gesamte Gruppe unter der Arbeitslosenzahl zusammengefasst war, wurde nun die Zahl der sogenannten «Arbeitssuchenden» herausgerechnet.

Man muss der Tatsache ins Auge sehen: Es ist eine Illusion zu glauben, Zahlen seien objektive Fakten. Mit ihnen kann man genauso manipulativ umgehen wie ein Bewerber, der mit Photoshop sein Bewerbungsbild verschönert. Genauso hat die BA die Möglichkeit, diese Zahlen öffentlich so darzustellen, wie sie in ihr Bild passen. Gibt es beispielsweise Änderungen in der Erfassung und werden die Arbeitsuchenden aus der Gesamtzahl der Arbeitslosen herausgerechnet, so wird auch die Interpretation angepasst. Gerne wird auch der Wetterlage die «Schuld» für erhöhte Arbeitslosenzahlen zugeschrieben. Steigen sie im Winter an, so wird der Wert mit dem des Vorjahresmonat verglichen, weil er in diesem Vergleich vielleicht nicht so schlecht aussieht wie gegenüber dem Vormonat. Sinken die Zahlen wieder, so vergleicht man sie lieber mit dem Vormonat, weil man so besser dasteht.

Diese Form der Darstellung ist jedem vertraut, der Zahlen

24 Auch der Sozialwissenschaftler Stefan Sell widmet dieser Frage einen Artikel mit dem Titel «Vermittlungsskandal 2.0 bei der Bundesagentur für Arbeit?» http://aktuelle-sozialpolitik.blogspot.de/ 2013/06/28.html.

vorstellt. Und schließlich ist die BA dazu ja verpflichtet. Soll sie Monat für Monat schlechte Zahlen vorweisen? Wo es doch viel angenehmer ist, etwas Positives zu präsentieren. Juristisch ist das völlig unbedenklich, man kann ja die entsprechenden Gesetzesänderungen oder Verordnungsänderungen beschließen. Dass arbeitslose Teilnehmer in eine Maßnahme nicht einberechnet werden – dafür gibt es zum Beispiel eine Verordnung, die das fest definiert. Und so kann niemand behaupten, es würde nicht richtig gezählt werden – auch wenn die Statistiken nicht den realen Tatsachen entsprechen.

Auf diese Weise gaukelt man der Öffentlichkeit im In- und Ausland eine scheinbare Reduzierung der Arbeitslosigkeit von rund einer Million vor, ohne zu erklären, wie es zu der rechnerischen Differenz kam. Im Gegenteil. Es wurde und wird bis heute postuliert, dass die Hartz-Reform die Arbeitslosigkeit gemindert habe. Eine Behauptung, die nicht richtig ist. Es handelt sich hier um nichts anderes als um eine grobe und bewusste Täuschung der Öffentlichkeit.

So kommt es, dass auch Arbeitslose, die zwar weiterhin eine ihrer Ausbildung und ihren persönlichen Wünschen entsprechende Arbeitsstelle suchen, sich aber dazu überreden lassen, in der Zwischenzeit eine sogenannte «geringfügige Beschäftigung» aufzunehmen, nicht mehr in der Arbeitslosenstatistik erscheinen. In einer Broschüre der BA wird diese Möglichkeit den verzweifelten Arbeitslosen mit folgenden Worten «schmackhaft» gemacht: «Prüfen Sie, ob für Sie eine geringfügige Beschäftigung (Minijob) in Betracht kommt. Nutzen Sie die Möglichkeit, Berufserfahrungen zu sammeln und neue Kenntnisse und Fähigkeiten zu erwerben. Diese Beschäftigungszeiten können Sie in Ihren Bewerbungen ausweisen, um so Ihre Chancen auf eine sozialversicherungspflichtige Beschäftigung zu erhöhen.»[25]

---

25 Arbeitssuchende und Arbeitslose ohne Bezug von Arbeitslosengeld, Broschüre der BA, Nürnberg, Juni 2014

Hier wird so getan, als würde eine solche geringfügige Beschäftigung die Chancen auf einen «richtigen» Arbeitsplatz erhöhen. Die Fakten sprechen eine andere Sprache: Wer einmal in einer solchen prekären Beschäftigung gelandet ist, findet in der Regel keine sozialversicherungspflichtige Arbeitsstelle mehr. Denn in der Statistik des Jobcentermitarbeiters ist dieser Mensch damit nicht mehr als arbeitslos erfasst. Warum also sollte er sich noch weiter um diesen Fall bemühen?

Noch bedenklicher ist die Situation allerdings, wenn sich ein Arbeitsloser dazu entschließt, «vorübergehend» für eine Zeitarbeitsfirma zu arbeiten, denn dann gilt er sogar als vermittelt. Und wie wir bereits an mehreren Beispielen sahen, ist auch dieser Weg eine Sackgasse und bildet oftmals keine Brücke in eine spätere reguläre Festanstellung.

Diese Missstände und die Möglichkeit zu einer derartigen Verzerrung der Wirklichkeit sind das Resultat einer falsch angewandten und umgesetzten Controlling-Idee. «Führen durch Ziele» heißt das Motto. Die Ziele werden regelmäßig in Zahlen klar definiert, und die Führungskräfte und die Mitarbeiter müssen sehen, wie sie die erreichen. Geschieht das nicht, gerät der Einzelne unter Druck. Arbeitslose zu Arbeitssuchenden umzudeklarieren und sie in den prekären Arbeitsmarkt zu drängen, sind dabei leider effiziente Mittel, um den vorgesteckten Zielen gerecht zu werden. Den Menschen allerdings und der sozialen Aufgabe wird man damit nicht gerecht.

Und doch wurde offenbar auch «ganz oben» erkannt, dass Zahlen nicht das Leben abbilden und mit gefälschten Statistiken Deutschland nicht zu retten ist. Zu Beginn eines jeden Jahres wird zwischen dem Bundesministerium für Arbeit und Soziales und der Bundesagentur für Arbeit eine «Zielvereinbarung zur Erreichung der Ziele der Grundsicherung für Arbeitsuchende» festgelegt. Hier heißt es interessanterweise in der Prognose: «Die Zahl der Arbeitslosen wird jedoch im Jahresdurchschnitt 2014 voraussichtlich nur leicht sinken. Dies wird sich dabei nur gering auf den Bestand der erwerbsfähigen Leistungsberechtigten auswirken. Darüber hinaus sind vermehrt strukturelle Schwierigkeiten zu erkennen: Die Grundsicherung für Arbeitssuchende wird zunehmend durch eine verfestigte Langzeitarbeitslosigkeit bzw. einen verfestigten Langzeitleistungsbezug geprägt. Für diese Betroffenen ist der Markt nur begrenzt aufnahmefähig. Deren nachhaltige Integration in Erwerbstätigkeit erfordert dementsprechend eine spezifische, ganzheitliche und nachhaltige Vorgehensweise, um die Ziele der Zielvereinbarung zu erreichen».

Eine spezifische, ganzheitliche und nachhaltige Vorgehensweise. Auch Heinrich Alt, seit Beginn der Reform Mitglied im Vorstand der Bundesagentur für Arbeit, erwähnt die Tatsache, dass es gar nicht genügend Stellen gibt, um alle arbeitslosen Deutschen zu beschäftigen, immer wieder. Dennoch wird immer noch – sogar in denselben Zielvereinbarungen in einem anderen Absatz – so getan, als müssten die Erwerbslosen nur endlich «Eigenverantwortung» übernehmen, und schon sei das Problem gelöst. Nach wie vor wird die Schuld auf diejenigen geschoben, die statt Vorwürfen Unterstützung und Hilfe brauchen. In dem mit «Grundsätze» überschriebenen Absatz der Zielvereinbarung für 2014 heißt es wörtlich: «Die Eigenverantwortung der erwerbsfähigen Leistungsberechtigten und der mit ihnen in einer Bedarfsgemeinschaft lebenden Personen sind dabei die entscheidende Voraussetzung für eine erfolgreiche Unterstützung der Integration und die Überwindung der Hilfsbedürftigkeit durch die Leistungsträger».

Auf diese Weise wird Druck ausgeübt, vor allem auf die Arbeitslosen, doch auch auf die Mitarbeiter der Bundesagentur für Arbeit: Die sollen vermitteln, vermitteln und noch mal vermitteln, egal welche Tätigkeit, ob zumutbar oder nicht. Quantität wird gefordert. Im Vorstandsbrief für die Planung 2015 heißt es entsprechend: «Wir wollen unsere Kundinnen und Kunden noch schneller und nachhaltiger in Beschäftigung vermitteln, damit sie noch stärker als bislang vom Zuwachs an Beschäftigung profitieren. Im Ergebnis leisten wir so einen zentralen Beitrag für gute Erwerbsbiographien.»

Und doch wird erkannt, dass «spezifische, ganzheitliche und nachhaltige Vorgehensweisen» nötig sind, um dieser sogenannten «Verfestigung» der Langzeitarbeitslosigkeit entgegenzuwirken. Ein bisschen schizophren wirkt das schon.

Auch in der Zielvereinbarung für 2015 stellt die Regierung fest, dass die Kundinnen und Kunden vom Beschäftigungsaufbau der letzten Jahre leider nicht in gewünschtem Umfang profitieren und sich die Langzeitarbeitslosigkeit und der Langzeitleistungsbezug in den letzten Jahren tendenziell weiter verfestigt hat. Für das Jahr 2015 richten sich die bundesweiten Hauptziele im Bereich des SGB II auf die Verringerung der Hilfebedürftigkeit, die Verbesserung der Integration in Erwerbstätigkeit und die Vermeidung von langfristigem Leistungsbezug. Das Arbeitsministerium sieht seinen Schwerpunkt auf der Förderung und Integration von Alleinerziehenden, den Themen Erstausbildung junger Erwachsener und der besonderen Unterstützung von Menschen mit Behinderung. Erneut geht die BA, wie bereits 2014, von einer geringen Reduzierung der Arbeitslosigkeit aus. Sie erwartet eine Senkung um 20 000 auf 2,89 Millionen Arbeitslose.

Als ich mir die Mühe machte und bundesweit bei verschiedenen Teamleitern von Jobcentern nachfragte, was sie von diesen Feststellungen halten, erfuhr ich zu meiner Überraschung, dass diese überhaupt nicht wussten, wovon ich sprach.

«Diese Zielvereinbarung liegt mir gar nicht vor», bekam ich zu hören. «Könnten Sie mir diese zusenden? Ich wüsste gerne, was darin steht.»

Na wunderbar. Offenbar bleiben diese wichtigen Unterlagen bei der Geschäftsführung der jeweiligen Jobcenter «stecken». Kann es sein, dass sich in den vergangenen Jahren ein elitärer, interner Kreis von Führungskräften herausgebildet hat, denen die Zielvereinbarungen bekannt sind, während diejenigen, die diese Ziele umsetzen müssten, im Dunklen stochern? Hier fehlt es an Transparenz. Es fehlt ein sinnvoller Umgang mit dem Informationsfluss, damit die Mitarbeiter nicht an einer Flut an Weisungen scheitern und dabei das wirklich wichtige überhaupt nicht erfahren. Dabei gibt es bereits im Frühherbst eines jeden Jahres sogenannte Schätzwerte für das kommende Haushaltsjahr, welche durch das Arbeitsministerium und mit dem Beschluss des Bundestages schließlich zur Verfügung stehen. Für 2015 ist ein geschätztes Gesamtbudget in Höhe von 5,6 Millionen Euro geplant. Für die Eingliederung von Erwerbslosen stehen insgesamt ca. 3,5 Millionen Euro zur Verfügung. Dem stehen knapp 4 Millionen Euro für die veranschlagten Verwaltungskosten gegenüber.

Dass hier mehrere Schieflagen entstanden sind, ist durchaus an die Spitze der Bundesagentur vorgedrungen. 2008 wurde deswegen ein Projekt initiiert, das den schönen Namen «Public Value – Gemeinwohlbeitrag der BA» erhielt. Der Begriff «Public Value» geht auf den Verwaltungswissenschaftler Mark H. Moore zurück und meint den Wertbeitrag und Nutzen, den eine Organisation für die Gesellschaft bringt, in der sie wirkt. Dass man sich dieser Frage stellt, kann man durchaus als Selbstkritik der BA an ihrer bisherigen Strategie interpretieren, die Strukturen dieser öffentlichen Verwaltung nach privatwirtschaftlichen Effizienzkriterien zu gestalten. Erfreulicherweise wurde zur Kenntnis genommen, dass neben den nackten Zahlen, ob nun geschönt oder nicht, noch weitere Faktoren für die Gesellschaft von Relevanz sind. Diese Faktoren, die im Kontext der BA den abstrakten Begriff «Wert» konkretisieren könnten, sollte nun ermittelt werden. Dafür wurden Mitarbeiter aus den verschiedensten Bereichen der BA eingeladen: Neben den allgemeinen Arbeitsvermittlern Vertreter der Geschäftsbereiche Personal, Controlling, Marketing und aus der Vorstandsetage. Gemeinsam mit Vertretern der Universität

Bern wurden folgende – vermeintlichen – Qualitäten der BA herausgearbeitet:

«Die BA ist ...

- Kümmerer» am Arbeitsmarkt – neutral und offen für alle
- sichert den sozialen Frieden in Deutschland und trägt zum positiven Staatsverständnis bei
- begleitet aktiv den Strukturwandel in Deutschland
- ist Motor gesellschaftlicher Integration
- ist erster Dienstleister in der Berufsberatung
- leistet mit Arbeitsmarktberichterstattung und Arbeitsmarktforschung wesentliche Beiträge zur Markttransparenz und Wissenschaftsdiskussion.»[26]

In meinen Augen sind die meisten dieser sogenannten «Werte» nichts anderes als fromme Wünsche. Denn diesem hehren Anspruch stehen die Forderungen nach Erfüllung der Vermittlungsquote unvermindert und unüberbrückbar entgegen. Durch das Übergewicht an reinen Verwaltungsstrukturen und die Betonung der betriebswirtschaftlichen Kennziffern rückt der Mensch mit seinen Bedürfnissen automatisch in den Hintergrund. Von «Kümmern» kann da wahrlich nicht gesprochen werden – und zahlreiche Fallmanager in den einzelnen Jobcentern erleben täglich, dass ihr «Kümmern» von ihren Vorgesetzten nicht gewürdigt wird. Die restriktive Umsetzung der Zielvereinbarungen sichert außerdem keineswegs den sozialen Frieden in Deutschland, ganz im Gegenteil. Die Sozialreform hat in unserer Gesellschaft einen Spaltungsprozess in Gang gesetzt, der noch lange nicht abgeschlossen ist und nach der Prognose vieler Sozialwissenschaftler Deutschland in eine schwere interne Krise treiben wird. Der Unmut steigt, und zwar auf

---

26 Frank-J. Weise und Roland Deinzer: Den sozialen Auftrag fest im Blick. Die gesellschaftliche Wertschöpfung der Bundesagentur für Arbeit, in: OrganisationsEntwicklung, Zeitschrift für Unternehmensentwicklung und Change Management, Nr. 4/2013

beiden Seiten des Schreibtischs. Unter dem steten Druck von oben haben viele Mitarbeiter ihre anfängliche Motivation völlig verloren, als sie erleben mussten, dass die Qualität ihrer Arbeit, eben das «Sich-Kümmern», von ihren Vorgesetzten überhaupt nicht geschätzt und gewürdigt wurde und auch keinen Niederschlag in dem System des Controllings findet. Auf den «Dienst nach Vorschrift», zu dem viele inzwischen übergegangen sind, und die mangelnden Qualifikationen vieler Jobcentermitarbeiter reagieren die «Kunden» wiederum verständlicherweise immer häufiger mit Verbitterung und Empörung. Nicht selten interpretieren sie die ständigen Änderungen in den Vorschriften als Schikane und Willkür ihres Sachbearbeiters und reagieren vermehrt aggressiv. Es gibt Jobcenter, in denen sogar Alarmknöpfe eingebaut wurden, mit denen die Mitarbeiter im Falle eines Übergriffs von Seiten ihrer «Kunden» Hilfe rufen können. Was allein schon eine solche Maßnahme an Angst und Vorurteilen oder gelinde gesagt an negativen Erwartungshaltungen schafft, kann sich jeder selbst vorstellen.

Mit «sozialem Frieden» hat das alles nichts gemein. Das Gegenteil ist der Fall: Bevölkerungsgruppen werden vorsätzlich gegeneinander aufgehetzt. Und darum bin ich nicht die Einzige, die die «Public Value»-Anstrengungen vor nun bald sieben Jahren als gescheitert betrachtet.

2008 wurde auch damit begonnen, unter den BA-Mitarbeitern freiwillige Umfragen zu machen, und bis heute werden diese durchgeführt. Nach vielen Gesprächen hat sich meine Vermutung bestärkt, dass diese Umfragen auf keinen Fall als repräsentativ betrachtet werden können, denn die Teilnahme ist mit 50 Prozent äußerst gering. Sie gibt zumeist die Meinung derjenigen Mitarbeiter wieder, die der BA «treu» sind oder sich einen Karrieresprung durch positive Rückmeldungen erhoffen. Immer wieder wird mir versichert, dass die Mitarbeiter, die das Interesse an ihrem Arbeitgeber BA verloren haben, diese Umfragen ignorieren. Zum einen fühlen sie sich ohnehin schon überlastet und ersparen sich diesen zusätzlichen Aufwand. Viele sehen außerdem keinen Sinn darin, ihre Meinung zu äußern, weil sie die Erfahrung gemacht haben, dass ihre Vorschläge und kritischen Bemerkungen ungehört verhallen. Außerdem befürchten viele Mitarbeiter Repressalien, wenn sie sich negativ äußern. Zwar sind die Fragebögen anonymisiert, enthalten aber eine Kennziffer pro Formular. Und da die Bögen fast immer über E-Mail zurückgeschickt werden müssen, ist es natürlich ein Leichtes, Kennziffer und E-Mail-Adresse zu eruieren und in Zusammenhang zu bringen. Groteskerweise kursiert die Furcht unter den Jobcentermitarbeitern, sie könnten ihrerseits «sanktioniert» werden, wenn sie sich negativ über ihre Arbeitsumstände und Strukturen äußern. Ich finde, diese wahrscheinlich sogar berechtigte Haltung, betrachtet man meinen Fall, zeigt, welche negativen Rückwirkungen ein System mit sich bringt, das auf Schuldzuweisung, Drohung und Bestrafung baut.

Kein Wunder fallen die Benotungen der Umfragen bis heute ziemlich gut aus, sie bewegen sich zwischen der Schulnote 2,0 und 3,5 – ein Ergebnis, das man durchaus in der Öffentlichkeit präsentieren kann, auch wenn es nicht der Realität entspricht.

Dagegen sprechen die Erfahrungen der komba Fachgewerkschaft des dbb Beamtenbundes und für Beschäftigte im Kommunal- und Landesdienst. In ihrer Jobcenter-Info aus dem Jahr 2014 kritisieren sie die Arbeitsmenge und organisatorischen Bedingungen, die Einschränkung des Handlungsspielraums der Jobcenter und fehlende Identifikation der Kolleginnen und Kollegen mit ihrer Organisation «Jobcenter». Sie fordern, die Zielvereinbarungen dringend zu überarbeiten und realistisch zu gestalten.

Public Value versucht, betriebs- und volkswirtschaftliche Aspekte miteinander zu verbinden. Dabei sollen individuelle und gesellschaftliche Sichtweisen vernetzt werden, um so auf

Spannungsfelder innerhalb eines Unternehmens aufmerksam zu machen und Leistungspotenziale aufzuzeigen. Richtig angewendet kann es durchaus auch die weichen Faktoren, die Qualität der sozialen Arbeit, unterstützen, wenn dies von der Führungsebene gewünscht ist. Es ist allerdings die Tendenz zu erkennen, dass meist nur ein bestimmter Menschenschlag in die Führungsebene der BA und deren Exekutiven aufsteigt. Es wird bei Beförderung zur Führungskraft durchaus darauf geachtet, ob der Mensch dienstergeben ist und ergebnisorientiert agiert, ob er die Zahlen und Quoten fest im Blick hat und einen bestimmten autoritären Führungsstil pflegt. Es ist allgemein bekannt, dass Frank-Jürgen Weise sehr gerne Führungskräfte aus der Bundeswehr rekrutiert und auch nicht den geringsten Hehl daraus macht, warum. Denn diese Menschen kommen nicht auf den Gedanken, dass Basisdemokratie erfolgreich sein könnte. Im Gegenteil teilen die durch die Strukturen der Bundeswehr geprägten Führungsmitarbeiter Weises Ansicht, dass man sich zwar Informationen einholen sollte, um ein «Lagebild» zu bekommen, wichtige Entscheidungen aber allein zu treffen hat und sich da «nicht reinquatschen» lässt. Kein Wunder, dass bei engagierten und kritischen Mitarbeitern der BA das Interesse klein ist, sich einzubringen und ein schlechtes Betriebsklima oder Schlimmeres zu riskieren, wenn sie das Gefühl vermittelt bekommen, dass man «dort oben» so oder so einsame Entscheidungen treffen wird. In diesem Zusammenhang ist es auch nicht verwunderlich, wenn eine Führungskraft mir gegenüber äußert: «Wir alle, von den Teamleitern angefangen bis hin zu den Mitarbeitern der BA, sind nichts anderes als Zahlen-Kräfte in bester alter Gutsherrenmanier.».

Solange man zu 75 Prozent nur die Quantität, das rein Faktische und in Zahlen Messbare, im Blick behält, kann ein Vernetzen im Sinne von «Public Value» nicht gelingen. Die positiven Ansätze verlieren sich im Tagesgeschäft. Da nützt es auch nichts, wenn sich einzelne Jobcenter mit anderen Sozialbehörden oder Beratungsstellen lokal vernetzen. Solange sich an der Grundhaltung nichts ändert, bleibt es immer ein Schein nach außen ohne ein Sein nach innen.

Doch wie sieht es mit der Zufriedenheit der Menschen auf der anderen Seite des Schreibtischs aus, mit den «Kunden»? Auch diese Gruppe hat man im Zusammenhang des Projekts telefonisch befragt. Häufig wurde mir von den Angerufenen allerdings berichtet, dass die Befragung abrupt beendet wurde, sobald die «Kunden» etwas Negatives äußern wollten. Die BA veröffentlicht auch dazu Zahlen[27], und wie erwartet fallen auch diese Noten überdurchschnittlich gut aus: Laut einer Tabelle «Zufriedene Kunden» in der genannten Broschüre bewegt sich die Bewertung zwischen 2,2 und 2,9. Jeder, der einmal in einem Jobcenter gearbeitet hat, weiß, dass diese Noten die Wirklichkeit sicherlich nicht abbilden.

Vier Jahre nach Einführung des Public-Value-Projekts formuliert Eberhard Einsiedler, Vorsitzender des Hauptpersonalrats der BA, seine Kritik 2012 noch immer folgendermaßen: «Wir spielen Unternehmen, und das mit erheblichem Aufwand. Aber wir sind weder die Deutsche Bank, noch Porsche, noch Aldi. Es ist an der Zeit, die Diskussion wieder aufzunehmen, wer wir sind, wohin wir wollen und welche Ziele wir mit unserer Arbeit verfolgen.» Und zusammengefasst in seinen Forderungen liest sich das so: «Wir wollen weg von einer Erfolgsbetrachtung, die vor allem Zahlen im Blick hat. Wir wollen uns stärker an Qualität und am nachhaltigen Kundennutzen orientieren»[28].

Bereits 2009 schrieb Einsiedler einen persönlichen Brief an Frank-Jürgen Weise. Darin heißt es: «Es muss Schluss sein mit

27 Broschüre «Entwicklung, Anspruch, Zukunft» hg. von der Bundesagentur für Arbeit, Zentrale, September 2012
28 Eberhard Einsiedler: Perspektive Qualität, Diskussionspapier, Nürnberg, Oktober 2012

diesem Zahlenfetischismus! Ich bitte Sie dringend, pfeifen Sie Ihre Zahlenknechte zurück.» Und: «Solch einen Schwachsinn braucht man nicht zu steuern – der steuert sich selbst, nämlich gegen die Wand!» Und an einer anderen Stelle: «‹Wir spielen Unternehmen›, titelte Der Spiegel im Juli 2013, als erst der Bundesrechnungshof und anschließend die Innenrevision der BA ein mieses Zeugnis ausstellte.»

Der «Spiegel» verglich die BA übrigens mit VW, beschreibt die hohe Fehlerquote innerhalb der Behörde und stellt schlussendlich fest, dass der Volkswagen-Chef Martin Winterkorn gefeuert worden wäre, wenn seine Bilanz ebenso fehlerhaft aussehen würde – und das auch noch beabsichtigt. Der Bericht schildert die Beschönigungen der Arbeitslosenstatistik, die mangelhafte Betreuung bei den Stellengesuchen der Bewerber und die Verweigerung von Hilfen an schwervermittelbare Bewerber. «Die Führung der BA scheint sich von ihren eigentlichen Aufgaben entfremdet zu haben. Das Klima in der Behörde scheint vergiftet, die Kluft zwischen der Zentrale und den Agenturen kaum noch überwindbar», so der «Spiegel». Aufgezählt werden Versäumnisse und die Ignoranz der BA auf sämtliche Kritik und nachgewiesene Mängel.[29]

In den Jobcentern und Arbeitsagenturen erhielten die Führungskräfte den Auftrag, den «Spiegel»-Artikel herunterzuspielen und den Mitarbeitern weiszumachen, dass das ja alles gar nicht stimme. Weise selbst sprach von Zuspitzungen einzelner kleinerer Missstände in der BA. Ebenso wenig wollte er es hinnehmen, dass sich Mitarbeiter von der Presse anonym zitieren lassen. Seiner Meinung nach müsste es möglich sein, innerhalb der Organisation der BA Probleme offen zu besprechen und nicht anonym an die Medien zu geben. Dass gerade die Offenheit innerhalb der BA nicht funktioniert, zeigen mir die vielen bundesweiten Mails und Nachrichten über die

---

29 Der Spiegel, http://www.spiegel.de/spiegel/print/d-102241631.html

sozialen Netzwerke von Mitarbeitern aus den Jobcentern und Arbeitsagenturen, wo sie genau die fehlende Transparenz, den Druck und die Angst vor der Öffentlichkeit kritisieren.

Nicht viel anders sieht es beim Projekt «INGA»[30] aus. Als ein interner zusätzlicher Beratungsdienst, angepasst an die individuellen Bedürfnisse der Jobsuchenden, soll «INGA» mit einem niedrigeren Betreuungsschlüssel Jobsuchende in Arbeit bringen. Ausgestattet mit ausreichend Zeit und der Möglichkeit, auf die persönlichen Bedürfnisse und Fähigkeiten der Arbeitssuchenden einzugehen, sollen ihre Potenziale genutzt und ausgebaut werden. Mitarbeiter aus den «INGA»-Teams wundern sich über die positiven Medienberichte und bezeichnen das Projekt als eine weitere PR-Aktion der BA. Wird der Betreuungsschlüssel offiziell mit 1:65 angegeben, so sieht die Realität anders aus. Offiziell gezählt werden nämlich nur die reinen Arbeitslosen, das heißt, die Menschen, die weder in ci ner Maßnahme noch krankgeschrieben sind. Ebenso befinden sich in diesem Projekt Menschen, die als sogenannte Nichtleistungsempfänger gelten, Menschen, die keinen Anspruch auf Arbeitslosengeld haben, sich jedoch freiwillig arbeitssuchend gemeldet haben und somit nicht unter den Betreuungsschlüssel fallen. Natürlich ist der ursprüngliche Grundgedanke des Konzepts positiv zu sehen, stünden nicht auch hier die Mitarbeiter unter dem Druck, bei der Vermittlung in eine Tätigkeit Quoten zu erfüllen. Das aber könnte nur funktionieren, wenn die Arbeitssuchenden mit Vermittlungsvorschlägen geradezu bombardiert werden würden. Auch interessiert es keinen, ob diese Stellenangebote aus der schnell zu vermittelnden Zeit- und Leiharbeit kommen, ob es sich um Minijobs oder berufsfremde Tätigkeiten handelt. Außerdem kommt nun auch noch eine weitere zu erreichende Quote hinzu: die Verringerung der «Dauer der Arbeitslosigkeit von Leistungsempfänger und

30 Interne ganzheitliche Integrationsberatung im SGB III

Nichtleistungsempfänger». Intern spricht man hier vom sogenannten «Kapitalwert». Der Mensch selbst mutiert zu diesem Wert, der gegen null geht, wenn er nichts einbringt.

Mitarbeiter äußerten mir gegenüber die Ansicht, dass das Controlling-System auf diese Weise statt zu steuern, «zersteuert» und falsche Anreize setzt. Sinnentfremdet eingesetzt führt es in die falsche Richtung. Es führt außerdem dazu, dass die Teams erneut gegeneinander ausgespielt werden. Es gilt das Motto: «Gute Quoten, gutes Team». So scheint es, dass die BA aus der starken Kritik an ihrem Controlling-System nichts gelernt hat und munter weitermacht wie bisher.

Der Bundesrechnungshof hat immer wieder mit der BA seine liebe Not und rügte im April 2013 die Berücksichtigung von Einkommen aus nichtselbständiger Arbeit und deren Berechnung in den Jobcentern. Er stellte unter anderem fest, dass für die Einkommensberechnung und die damit verbundene ergänzende Auszahlung des Arbeitslosengeldes II die Nachweise nicht angefordert oder vorliegende Nachweise nicht berücksichtigt wurden. Beides führt zu fehlerhaften Berechnungen und auch zu Fällen, in denen es zu teils gravierenden sogenannten Bedarfsunterdeckungen für die Leistungsberechtigten kommt. Das heißt nichts anderes, als dass den Menschen Geld vorenthalten werde, welches sie zum Leben dringend benötigen.

Besonders kritisiert wurde die Vorgehensweise, ein hochgerechnetes Durchschnittseinkommen anzunehmen. Keines der geprüften Jobcenter hat das tatsächliche Einkommen der Betroffenen den Berechnungen zugrunde gelegt, ja, sie setzten willkürlich eine viel zu hohe Summe fest. Der Bundesrechnungshof stellt fest, dass die Berechnungsverfahren bei weitem zu kompliziert sind, die Mitarbeiter nicht ausreichend geschult wurden und die Personaldecke zu niedrig ist. Er fordert eine Vereinfachung der gesetzlichen Regelung sowie eine Korrektur innerhalb der Jobcenter. Den Personalmangel begründete er auch mit der viel zu niedrigen Vergütung innerhalb der Jobcenter, sodass qualifizierte Beschäftigte in andere, besser bezahlte Einsatzbereiche abwandern. Die BA reagiert mit einem Schreiben an den BRH, in dem sie vorschlägt, bei Bedarf aktuelle interne schriftliche Arbeitshilfen zu stellen, an denen sich die Mitarbeiter orientieren können. Die Erwerbslosen verweist die BA auf das Merkblatt Arbeitslosengeld II/Sozialgeld. Es ist schon erstaunlich, wie beratungsresistent die BA ist, eine Behörde, an der jede Kritik abprallt. Statt sich zu bewegen, verweist sie gebetsmühlenhaft auf das interne Intranet. Wenn nur alle Beteiligten sich hier entsprechend informieren würden, so die BA, könnten alle Fehler vermieden werden. Dass die Verfahren allerdings hochkompliziert sind und es nicht sein müssten – dazu äußerte sich die Chefetage der BA nie.

Was über all dem immer mehr vergessen wird, das, was Einsiedler den «Kundennutzen» nennt, was ja das eigentliche Ziel ist und weshalb es die BA überhaupt gibt: Menschen in Arbeit zu bringen, und zwar in eine Beschäftigung, die ihnen und ihren Fähigkeiten entspricht und bei der sie ausreichend verdienen, sodass sie ein menschenwürdiges Leben führen können, ohne weiterhin «aufstocken» zu müssen und damit stigmatisiert zu werden. Dann stimmen auch die Zahlen. Dann stimmt Public Value. Und dann stimmt der soziale Frieden. Herumzurechnen und Statistiken zu manipulieren, bis sie eine Wirklichkeit abbilden, die es nicht gibt, sollte unter unser aller Würde sein.

Ein Jobcentermitarbeiter, der anonym bleiben möchte, spricht von «Messbarkeitswahn» und erklärt weiter: «Somit ist die erfolgreichste Führungskraft die, die möglichst viele grüne Balken produziert. Grüne Balken im Bereich der Erfüllung von Quoten. Dementsprechend besteht die Führung auch fast ausschließlich aus betriebswirtschaftlich orientierten Menschen, die vielleicht mal einen unserer sogenannten ‹Kunden› aus der Entfernung gesehen haben. Jenseits dieser Steuerung über grüne und rote Balken besteht nur Hilflosigkeit.»

Ein anderer schreibt, «dass das größte Problem in den Jobcentern die extrem dünne Personaldecke ist, besonders im Leistungsbereich, plus das aberwitzige Controlling der BA, welches zu einer vollkommenen Überbürokratisierung geführt hat, von wegen Datenqualität».

Umso mehr wundert es die Mitarbeiter, wenn sie in der internen Mitarbeiterzeitschrift «Dialog» von Herr Weise lesen: «Niemand in der BA arbeitet ‹für Zahlen›. Wir arbeiten für Menschen.»

12. DER MAULKORB – ODER: MEINE ERSTEN ZWEIFEL AM SYSTEM

Im Herbst 2011 gab es einen Wechsel an der Spitze des Jobcenters team.arbeit.hamburg. Und es sollte nur wenige Wochen dauern, bis ich persönlich von dem neuen Geschäftsführer Friedhelm Siepe hörte.

Eines Morgens, als ich zur Arbeit kam, winkte mich mein damaliger Teamleiter beim Jobcenter Sankt Pauli zu sich. Er wirkte sichtlich verlegen.

«Herr Siepe lässt Ihnen ausrichten», begann er, «Sie möchten bitte aufhören, im Internet über das Jobcenter, über Hartz IV, die Bundesagentur und über Hamburger Unternehmen zu schreiben, und dies schriftlich bestätigen.»

Ich betrachtete ihn erstaunt. Diesen Mann habe ich immer als fair erlebt und wir verstanden uns gut. Jetzt vermied er es, mir direkt in die Augen zu blicken.

«Aha», sagte ich und nickte. Damit war die kurze Unterredung beendet.

Dieses ungeheuerliche Ansinnen musste ich erst einmal verdauen. Man hatte hinter mir her spioniert und meine Homepage und auch meinen ersten Blog gefunden. Ich hatte mich noch nicht einmal kritisch geäußert, und doch wollte mir Siepe einen Maulkorb umhängen. Ganz so, als lebten wir nicht in einem Staat, in dem die freie Meinungsäußerung zu den Grundrechten gehört.

Es versteht sich von selbst, dass ich keine schriftliche Erklärung zu diesem Blödsinn abgab. Stattdessen machte ich einfach weiter.

Wenige Wochen nach diesem Zwischenfall wurde die Abteilung, in der ich für den Hotel- und Gaststättenbereich Köche und Küchenhilfen zu rekrutieren versuchte, aufgelöst, und ich wurde ins Jobcenter Altona versetzt.

Hier kümmerte ich mich um meine Lieblings-«Kunden», die sogenannten U25, also Jugendliche und Erwachsene bis zum Alter von 25 Jahren. Darunter waren wie gewohnt schwierige Fälle, aber insgesamt waren es lauter tolle junge Menschen. Ich finde, es kommt immer darauf an, wie man auf jemanden zugeht, welches Bild man von einem Menschen hat. Erwarte ich jemandem zum Termin, den ich für schwierig halte, werde ich einen schwierigen Besucher bekommen. Für mich stellte es sich so dar: Diese Menschen unter 25 Jahren hatten eine eigene Meinung. Betrachte ich das als Problem? Ich sage eher: «Klasse! So jung und kennt schon seine Rechte. Ich hätte gerne lauter solche ‹Kunden›, dann muss ich nicht dauernd alles erklären.»

Sehe ich es als schwierig an, dass jemand alleinerziehend ist? Für mich ist ein Kind kein Vermittlungshemmnis. Für die Unternehmer schon, die sehen hier nichts als Probleme – leider. Nun ist es an mir, den zumeist jungen Frauen zu helfen, wie sie dieses Problem lösen können, sei es mit Hilfe des Jugendamts, mit einem Kitaplatz, mit einer Qualifikation, je nach Fall. Ich persönlich sehe die sogenannten Vermittlungshemmnisse als Herausforderung an und versuche immer, den Betroffenen eine ähnliche Sicht auf ihre Situation zu vermitteln. Und oftmals braucht es einfach auch persönliche Schlüsselerlebnisse, bis so ein junger Mensch begreift, worauf es im Leben ankommt.

Da war zum Beispiel ein freundlicher junger Mann, nennen wir ihn Peter Z., der sein Leben so richtig genoss und nicht einsah, warum er arbeiten sollte. Die Kollegin, von dem ich ihn übernahm, sagte zu mir: «Der verweigert einfach alles. Er ist frech und unpünktlich.» Natürlich war er schon mehrfach sanktioniert worden – ohne Erfolg.

Zu mir kam er immer pünktlich, und frech erlebte ich ihn kein einziges Mal, im Gegenteil. Ich machte ihm Vorschläge für verschiedene Ausbildungen, versuchte ihn über die besseren finanziellen Chancen und langfristigen Perspektiven zu ködern, doch umsonst. Es war immer sehr nett, wenn er kam, wir konnten uns gut unterhalten, doch mir war klar, dass Peter Z. jemand war, der das Leben auch mit wenig Geld genoss, gerne U-Bahn fuhr und sich die Leute ansah oder zum Strand ging. Und das tat er lieber, als zu arbeiten.

Bis kurz darauf seine Freundin unerwartet schwanger wurde. Da kam er zu mir ins Jobcenter und sagte: «Ab jetzt muss ich Verantwortung übernehmen.» Ich konnte es kaum glauben, er war wie ausgewechselt. Bei ihm war so etwas wie ein Schalter umgelegt, und auf einmal hörte ich nur noch Sätze wie: «Ich muss für meine Freundin und das Kind sorgen.»

Noch immer wollte er keine Ausbildung in Angriff nehmen. «Am liebsten», sagte er, «möchte ich in einem Abrissunternehmen arbeiten. Mich so richtig auspowern. Das ist es, was ich möchte.»

«Alles klar», antwortete ich, suchte gemeinsam mit ihm verschiedene Abrissunternehmen heraus und unterstützte ihn bei seinen Bewerbungen. Peter Z. fand eine Stelle, und seitdem hörte ich monatelang nichts mehr von ihm. Bis er mich eines Tages mit einem Baby auf dem Arm und einer jungen Frau im Schlepptau besuchen kam.

Eine völlig andere Geschichte war es mit Jennifer W. Meine Kollegin, die mir ihre Akte übertrug, sagte zu mir: «Und sieh zu, dass diese Frau endlich bereit ist, einen ordentlichen Beruf zu ergreifen und zu arbeiten.»

«Hat sie denn keine Ausbildung?», fragte ich.

Die Kollegin sah mich mit einem vielsagenden Blick an: «Doch. Sie ist Schauspielerin.»

Und dabei betonte sie das letzte Wort und zog es in die Länge.

«Wow», dachte ich, «für mich IST Schauspielerin ein Beruf.»

In meiner Familie gab es eine junge Frau, die diesen Weg eingeschlagen hatte, und daher kannte ich die Schwierigkeiten, die sich einem da auftun. Und doch war mir klar: Wenn sich Jennifer W. von einer Arbeitsvermittlerin dazu bringen ließe, einen anderen Beruf zu lernen, dann wäre sie für die Bühne wahrlich nicht die Richtige. Außerdem wusste ich: Entgegen landläufigen Meinungen ist die Schauspielerei nichts, was man «nebenher» machen kann. Meine Verwandte wird immer wieder gefragt: «Und was machen Sie tagsüber?» Die meisten Menschen haben keine Vorstellung davon, wie intensiv diese Art der künstlerischen Arbeit ist. Dass es viel Zeit, Mühe und vor allem Talent braucht, um die Rollen auswendig zu lernen. Dass vor Premieren täglich viele Stunden lang geprobt wird, dass es dazugehört, sich körperlich fit zu halten, und man neben der Schauspielkunst auch noch vieles andere lernen und trainieren muss wie Gesang, Tanz, Fechten, mitunter sogar Reiten – je nachdem, was die nächste Rolle verlangt.

Ich war also gespannt auf meinen ersten Termin mit Jennifer W. Zur Tür herein kam eine wunderschöne junge Frau mit viel Entschlossenheit im Blick. Alles an ihr war Abwehr. Ich hatte gerade mal die Chance, «Hallo» zu sagen, da fing sie auch schon an, mir aufzuzählen, was sie in letzter Zeit unternommen hatte, an welchen Castings sie teilgenommen hatte, für welche Rollen und für welche Musicals. Noch ehe ich ein Wort gesprochen hatte, war sie schon auf der Rechtfertigungs-Schiene. Ich hörte mir alles aufmerksam an. Schließlich beendete sie ihren Monolog mit dem Statement: «Und denken Sie ja nicht daran, mir irgendeinen dieser Aushilfsjobs aufzudrücken.»

Ich musste ein Grinsen unterdrücken.

«Sind Sie jetzt fertig?», fragte ich vorsichtshalber.

Jennifer W. holte tief Atem. Doch offenbar fiel ihr nichts mehr ein, was sie vorbringen konnte.

«Darf ich auch etwas sagen?», setzte ich grinsend nach.

«Ähm ... ja», antwortete Jennifer W. misstrauisch.

«Na», sagte ich, «das war vielleicht ein Statement. Also ich finde: Sie gehören auf die Bühne!»

Da war sie sprachlos, schaute mich verblüfft an und wusste offensichtlich nicht so genau, was sie von mir halten sollte.

«Wissen Sie», fuhr ich fort, «ich bin dafür, dass man versuchen sollte, seine Träume zu verwirklichen. Ich weiß, wie schwierig es ist, als Berufsanfängerin ein Engagement zu bekommen. Aber wenigstens wissen Sie genau, was Sie wollen. Und dann werde ich versuchen, Sie dabei zu unterstützen.»

Ich erkundigte mich nach der Form ihrer Bewerbungen, ließ mir ihre Homepage zeigen. Es gab auch ein paar Demo-Videos von ihr auf YouTube, wo sie als Musicaldarstellerin auftrat, tanzte und sang. Es war ganz deutlich zu sehen, dass sie großes Talent hatte.

«Ich werde Sie nicht in irgendeinen Helfer-Job vermitteln», versicherte ich ihr schließlich. «Das wäre totaler Blödsinn. Viel besser ist es, wenn wir gemeinsam schauen, wie Sie so viel Castings wie möglich bekommen. Lassen Sie uns eine Liste machen, was Sie dafür alles brauchen ...»

Und schon waren wir intensiv dabei, gemeinsam ihre Bewerbungsanstrengungen zu optimieren. Und nun mal ehrlich: Sind wir Arbeitsvermittler nicht genau dazu da? Welchen Sinn sollte es machen, eine Vollblutschauspielerin in ein Callcenter zu vermitteln, wo sie unglücklich würde, depressiv und wahrscheinlich über kurz oder lang krank? Jeder musste einmal ganz vorn anfangen, auch die größten Berühmtheiten. Und darum unterstützte ich Jennifer dabei, ein professionelles Demo-Band zu erstellen, Sedcards zu drucken und zu verschicken, jede passende Künstleragentur der Republik anzuschreiben und möglichst viele Vorsprechtermine zu bekommen. Wir übten am Telefon die sogenannte «Kalt-Akquise», das heißt, wenn man bei jemandem anruft und etwas erreichen möchte, der einen nicht kennt, denn die ersten Sekunden eines solchen Gesprächs sind entscheidend. Auf diese Weise opferte ich für Jennifer W. wie für viele andere meiner «Kunden» auch einiges von meiner freien Zeit, denn ich hatte das sichere Gefühl, dass es sich lohnt. Und mein Gefühl sollte mich auch dieses Mal nicht trügen.

Eines Tages kam Jennifer W. zu mir und wollte meinen Rat hören. Sie hatte eine Zusage für das Ensemble auf einem der Aida-Kreuzfahrtschiffe, wo Abend für Abend Musicalvorstellungen gegeben werden.

«Was halten Sie davon?», fragte sie mich, ein wenig unsicher.

Doch ich antwortete mit einer Gegenfrage.

«Stellen Sie sich vor, Sie leben für sechs Monate auf einem Schiff und schippern über die Weltmeere. Trauen Sie sich das zu? Jeden Abend eine Vorstellung, egal bei welchem Seegang?»

«Ja», sagte sie mit leuchtenden Augen, «das krieg ich hin.»

«Versetzen Sie sich richtig in die Situation», schlug ich vor, «wie fühlt sich das an, dort aufzutreten?»

«Toll», war ihre Antwort.

«Na dann», sagte ich, «nichts wie hin!»

Alles in allem war Jennifer W. zwei Monate meine «Kundin» gewesen, dann startete sie ihre Karriere. Ich sah sie nie wieder, und doch verfolgte ich immer ein bisschen ihre Wege. Und jedes Mal, wenn ich sehe, wo sie wieder einmal ein Engagement hat, freue ich mich. Dankbarkeit erwarte ich nicht. Schließlich habe ich nichts anderes gemacht als meinen Job. Meine «Kunden» zu vermitteln, damit sie glücklich und zufrieden sind und morgens ohne Bauchschmerzen aufstehen und zu ihrer Arbeit marschieren können. Dass Jennifer ihren Weg gehen konnte, zeigt, wie entschlossen sie war. Damals gab es eine Statistik, die auswies, dass nur 4 Prozent aller Schauspieler überhaupt von ihrem Beruf leben können, ohne Arbeitsamt und Jobcenter oder mit Nebenjobs. Was die meisten nicht wissen: Selbst die Schauspieler, die wir täglich im TV sehen, sind oft abhängig von Hartz IV. Nach wie vor sinken die Tagesgagen immer weiter ab. Kein Schauspieler, der etwas auf sich hält, würde das zugeben. Und doch ist es nur ein sehr geringer Anteil der Schauspieler, die nicht mitten im Prekariat leben müssen. Wenn ich daran denke, wie meine Kollegin meinte, dass Jennifer W. «endlich einen ordentlichen Beruf ausüben sollte», dann erschreckt mich immer noch diese Abwertung, die darin enthalten war. Kein Wunder, das Jennifer so voller Abwehr war, als sie bei mir zum ersten Mal auftauchte. Es ist doch klar, dass ein Schauspieler, der seine Hoffnung auf eine Karriere nicht schon völlig aufgegeben hat, keinen Helferjob ausüben kann, «bis er vielleicht mal ein Engagement findet». Denn wer es ernst meint, muss jederzeit bereit für ein Vorsprechen sein. Das ist doch keinem Arbeitgeber zu vermitteln: «Sorry, Chef, ich muss mal eben ans andere Ende der Republik fahren, weil dort ein Casting ist.» Ganz im Gegenteil muss man so jemanden den Rücken freihalten, alles andere ist unnötige, demotivierende Energieverschwendung.

Damals wie heute vertrete ich den Standpunkt, dass es unmöglich ist, unter Druck erfolgreich zu vermitteln. Sicherlich, ich kann Menschen in die Zeitarbeit pressen, wenn ich das will. Dann habe ich eine schöne Quote, einen «Kunden» weniger und kann damit intern hausieren gehen. Was mit dem Betroffenen ist, ob ich seinen Lebenstraum zerstöre, ihn bis an sein Lebensende ins Prekariat vermittelt habe, Altersarmut inbegriffen, daran darf ich dann nicht denken. Dass ich damit ein ungerechtes System unterstütze, bei dem sich die Falschen auf Kosten der Allgemeinheit bereichern, muss ich auch ignorieren. Außerdem ist diese Strategie einfach kurzsichtig, denn drei Monate später sitzen sie wieder an meinem Schreibtisch. Das Verhältnis zwischen Arbeitsvermittler und «Kunde» wird sich nicht bessern. Der erste Satz, der fällt, lautet: «Ich hab's Ihnen ja gleich gesagt. Das ist nichts Langfristiges.» Der Arbeitssuchende fühlt sich nicht ernst genommen, denn niemand möchte alle paar Wochen irgendwo neu anfangen. Auf diese Weise kann es passieren, dass ein und derselbe «Kunde» drei bis vier Mal in einem Kalenderjahr offiziell in Arbeit gebracht wird – tatsächlich aber immer wieder an eine Zeitarbeitsfirma, Rückticket ans Jobcenter inbegriffen.

Da war noch etwas, was mir schwerfiel, zu ignorieren: Es gab Kollegen, die im internen System einen Vermerk hinterließen, dass sie den jungen Menschen mitteilten, dass das Jobcenter nicht für die Vermittlung und Beratung in Ausbildung zuständig sei. Stattdessen sollten sich die U25 bei der Berufsberatung melden. «Ja, wer soll denn für junge Menschen zwischen 15 bis 25 Jahren zuständig sein, wenn nicht wir?», fragte ich mich. Die Berufsberatung sollte natürlich zusätzlich beraten, wie ihr Namen schon sagt. Aber das Vermitteln ist doch unsere Aufgabe. Was bewegte meine Kollegen dazu, so zu handeln? Meiner Meinung nach ist es auch hier der Druck, der dazu führt, dass in Jobcentern nicht mehr der Mensch zählt, sondern die schnelle Vermittlung und somit die Zahlen.

Auch wie Menschen mit Migrationshintergrund in Jobcentern häufig behandelt werden, finde ich skandalös. Auch hier, ähnlich wie bei dem Beruf Schauspielerin, können sich offenbar wenige von ihren vorgefassten Meinungen oder Erwartungen befreien. Dies zeigte beispielsweise die Geschichte von Gül.

Damals, als ich ihre Akte bekam, war Gül 17 Jahre alt, Tochter aus einer Familie mit Migrationshintergrund in zweiter Generation. Gül ist in Deutschland geboren, intelligent, integriert. Während ihre Mutter Fatima nie wirklich Deutsch gelernt hat, besuchte Gül erfolgreich das Gymnasium. Vater Ahmed geht einer Vollzeitbeschäftigung nach, Fatima arbeitet bei einer Zeitarbeitsfirma als Putzkraft. Da die Zeitarbeitsfirma Fatima nicht immer voll beschäftigt, bezieht sie gelegentlich eine geringe Aufstockung vom Jobcenter.

Man muss Folgendes wissen, um den sich nun entwickelnden Konflikt nachvollziehen zu können: Erhält ein Familienmitglied auch nur einen Euro Aufstockung, so werden alle anderen der Familie, auch Kinder über fünfzehn Jahren, beim Jobcenter erfasst. Und so kam es, dass ich Gül, obwohl sie die

12. Klasse ihres Gymnasiums besuchte und sich auf ihr Abitur vorbereitete, zur Berufsberatung und Arbeitsvermittlung in ein Jobcenter bitten musste.

In der Akte sah ich, dass Fatima sanktioniert worden war, weil ihre Tochter einen Termin bei meinem Kollegen versäumt hatte. Als Gül das erste Mal mit ihrer Mutter und zwei ihrer Brüder bei mir erschien, war die Aufregung groß: Der versäumte Termin, so erfahre ich, kollidierte mit einer wichtigen Klausur. Fatima beteuerte, ihre Tochter telefonisch entschuldigt zu haben, doch wahrscheinlich konnte sie sich mit ihren schlechten Deutschkenntnissen nicht wirklich verständlich machen. Nachdem ich die Situation überblickte, versuchte ich, die Sanktion gegen Fatima rückgängig zu machen.

Doch da machte mein Vorgesetzter Schwierigkeiten. Er forderte mich dazu auf, die Familie weiterhin zu sanktionieren. Als Grund führte er an, dass Gül die aktuelle Schulbescheinigung noch nicht abgegeben hatte. Dabei lagen mir Güls gute Zeugnisse und eine Schulbescheinigung vom vergangenen Jahr vor, und ich hatte keinen Anlass daran zu zweifeln, dass Gül noch immer ihre Schule besuchte. Die Sanktionierung fand ich nicht verhältnismäßig. Ist es nicht besser, das Mädchen kümmert sich darum, ein gutes Abitur zu machen? Gül hatte klare Vorstellungen von ihrer Zukunft, sie möchte später studieren. Was also sollte sie da bei mir im Jobcenter? Warum sollte ich meine und ihre Zeit verschwenden? Und warum in aller Welt sollte ich ihre Mutter bestrafen und ihre geringe Aufstockung kürzen?

Fragen über Fragen, auf die es keine vernünftigen Antworten gab. Statt sich zu freuen, dass ein Mädchen aus einer türkischen Immigrantenfamilie das Zeug und den Willen dazu hat, eine höhere Bildung anzustreben und sie außerdem von ihrer Familie dabei unterstützt wird, was ja alles andere als selbstverständlich ist, warf man der Schülerin Knüppel zwischen die Beine.

Es wird häufig geäußert, dass viele Migranten nur deshalb nach Deutschland kommen, um von unseren Sozialleistungen zu profitieren. Ich persönlich kann dies nicht bestätigen, meine Erfahrungen mit diesen «Kunden» waren durchweg positiv. Tatsächlich hatte ich während meiner achtjährigen Vermittlungszeit mehr Deutsche, die sich auf den Sozialleistungen ausruhten, als Migranten. Im Gegenteil hatte ich immer den Eindruck, dass diese wirklich Arbeit wollten und sich für nichts zu schade waren. Es waren in der Mehrzahl fleißige, rechtschaffene Menschen, die für ihren Lohn etwas leisten wollten.

Erst kürzlich in Deutschland angekommene Arbeitssuchende waren oftmals von den Erfahrungen vor ihrer Ausreise oder Flucht traumatisiert. Hier war die Sprachbarriere ein Problem, und ich vermisste schmerzlich Flyer in den einschlägigen Sprachen, damit ich eine echte Beratung durchführen konnte. Als erste Maßnahme bekamen sie alle einen Deutschkurs «verordnet», was sinnvoll war. Ich zeichnete dann eine Schule auf ein Blatt Papier, druckte ihnen alle nötigen Informationen aus, damit sie auch zur Sprachenschule hinfanden. Immer war ich erleichtert, wenn mein Gegenüber Englisch oder Französisch verstand. Auch begrüßte ich es, wenn ein Familienmitglied mitkam, das unsere Sprache besser beherrschte und übersetzte. Ich hatte auch nichts dagegen einzuwenden, dass häufig die ganze Familie erschien mit der Bitte, während der Beratung dabei sein zu dürfen. Dann holte ich noch zwei weitere Stühle aus dem Besprechungszimmer, der Rest musste leider stehen, weil es nicht mehr Stühle gab. Für mich war es eine Selbstverständlichkeit, dass ich die Kultur dieser Menschen respektierte und bei Muslimen vor einer Vermittlung die Fragen des Freitagsgebets und der familiären Gepflogenheiten des Ramadans ansprach und weiterkommunizierte, damit ein Arbeitsverhältnis nicht womöglich an kulturellen Missverständnissen scheiterte.

So versuchte ich für jeden meiner «Kunden», das Bestmögliche zu erreichen, und das mit gutem Erfolg. Die Leute, die ich vermittelte, kamen meist nicht wieder, und etwas Besseres kann unserer Gemeinschaft schließlich nicht passieren. Und doch spürte ich täglich, dass man mit mir nicht zufrieden war. Zwar hatte ich eine ausgesprochen kompetente und empathische Teamleiterin, doch es blieb mir nicht verborgen, dass sie gerade wegen ihres aufrechten und menschlichen Charakters zwischen der Geschäftsführung und unserem Team immer mehr zerrieben wurde. Im Gegensatz zu vielen meiner Kollegen wurde mir spätestens in diesen Jahren 2011 und 2012 immer deutlicher, dass es nicht unsere «Kunden» sind, die Hartz-IV-Empfänger und Aufstocker, die sich schamlos an dem System bereichern und unsere Steuergelder verschwenden, sondern dass es ganz andere Kräfte gibt, die unser Sozialsystem unterhöhlen, von Gier getrieben und von der neoliberalen Politik unterstützt.

13. DIE NUTZNIESSER DES SYSTEMS – SUBVENTIONEN FÜR UNTERNEHMEN AUF KOSTEN DER ERWERBSLOSEN

Die Architekten der Hartz-IV-Reform hatten nicht nur den Umbau der damaligen Bundesbehörde für Arbeit im Sinn, sondern wollten noch tiefer greifen und nahmen sich vor, den deutschen Arbeitsmarkt zu erneuern. Sie hielten die alten Strukturen nicht mehr für zeitgemäß und begannen, wie ich an früherer Stelle bereits beschrieben habe, Sozialgesetze zu verändern und damit den Schutz der Angestellten allmählich immer mehr zu untergraben. Dies geschah mit dem Argument, den Arbeitsmarkt flexibler gestalten zu wollen und den Unternehmen die Möglichkeit zu geben, Stellen zu besetzen, ohne die Konsequenzen einer sozialen Verantwortung als Arbeitgeber zu tragen. Dies hatte nicht nur die beschriebenen katastrophalen Folgen für die betroffenen Beschäftigten, sondern auch für den gesamten Arbeitsmarkt und nicht zuletzt für den Steuerzahler.

Die strukturellen Veränderungen und ihre Folgen für die Arbeitnehmer lassen sich am besten an einem Beispiel aufzeigen, und zwar am Schicksal einer 27-jährigen Hartz-IV-Empfängerin:

Nicole B. lebt bei ihrer Großmutter, eine eigene Wohnung kann sie sich nicht leisten. Und doch war sie noch vor rund zehn Jahren voller Hoffnung. Nach einem Einser-Hauptschulabschluss holte sie mit gutem Ergebnis die mittlere Reife nach und absolvierte auf Anraten des Jobcenters eine höhere Handelsschule im gesundheitspflegerischen Bereich. Die junge Frau hatte eine Begabung und ein Faible für Fremdsprachen, und als sie die Ausschreibung für eine Ausbildung zur Fremdsprachenkorrespondentin sah, bewarb sie sich für diese private Fachschule. Ihre Großmutter bestärkte sie in ihrem Vorhaben und verwendete ihre gesamten Ersparnisse für die Schulgebühr. Hartz IV oder Bafög bekam Nicole B. damals nicht. Auch diese Ausbildung beendete die junge Frau mit einem sehr guten Abschluss und fand auch gleich einen Praktikumsplatz in einem Medien-Unternehmen, das ihr eine Festanstellung in Aussicht stellte. Nicole B. war überglücklich, arbeitete sich schnell und gut ein und sah sich bereits in ihrem Traumjob.

Durch die Finanzkrise 2009 musste das Unternehmen allerdings schließen. Nicole B. landete wie alle anderen Angestellten des Betriebs auf der Straße. Sie versäumte keine Zeit und schrieb nun unermüdlich Bewerbungen: Sie bewarb sich als Fremdsprachenkorrespondentin, doch es gab nicht viele Betriebe, die in diesen schwierigen Jahren der Finanzkrise neue Mitarbeiter einstellten, und wenn, dann konnten sie statt Berufsanfänger erfahrene Kräfte bekommen. Ihr Praktikum half Nicole B. zu ihrer Enttäuschung leider nicht weiter. Doch sie gab nicht auf: Nicole B., damals Anfang zwanzig, bewarb sich sowohl für verschiedene weiterführende oder auch ganz neue Ausbildungsplätze als auch für Voll- und Teilzeitjobs. Mit ihren Qualifikationen war sie guten Mutes, den Einstieg ins Berufsleben zu schaffen. Sie war hochmotiviert und konnte sich auch vorstellen, zunächst einmal als Aushilfe oder Schwangerschaftsvertretung zu arbeiten. Als sie merkte, dass sie als Auslandskorrespondentin keine Stelle finden würde, weitete sie ihre Bewerbungen aus: Wo immer sie von einer freien Arbeitsstelle hörte, bewarb sie sich. Doch ohne Erfolg.

Schließlich fand sie eine Zeitarbeitsfirma, die ihr befristete Arbeitsstellen in Aussicht stellte. In ihrer Verzweiflung nahm Nicole das Angebot an. So kam es zu vielen, leider immer nur kurzzeitigen Beschäftigungen: Sie fuhr Essen auf Rädern aus, arbeitete als Zimmermädchen in einem Fünf-Sterne-Hotel, nahm eine Stelle in einem Tierheim an und als Küchenhilfe in einer Gaststätte. Sie bewarb sich sowohl bei Taxiunternehmen als auch bei Callcentern und erteilte nebenbei Nachhilfeunterricht. In ihrer Not absolvierte sie ein Praktikum in einem Zahntechniklabor und in einer Tierarztpraxis. Keine dieser Bemühungen führte zu einer längerfristigen Anstellung.

Schließlich stellte sich Nicole B. erneut beim Berufsberater in der Arbeitsagentur vor. Parallel dazu meldete sie sich bei ihrem zuständigen Jobcenter, um Hartz IV zu beantragen. Sie bemühte sich, eine Wohnung zu finden, die dem Hartz-IV-Satz entsprach, doch auch hier hatte sie bislang kein Glück: Die Wohnungssuche wurde zur Enttäuschung und zum Spießrutenlauf. Erfahren die potenziellen Vermieter, dass sie Hartz IV bezieht, erfolgt regelmäßig die Absage. So kommt es, dass Nicole B. noch immer bei ihrer Großmutter lebt.

«Außer meiner Oma habe ich niemanden mehr», sagt Nicole B. resigniert. «Mein Vater ist mit 52 Jahren verstorben. Und meine Mutter schämt sich meinetwegen. Sie möchte mit Hartz IV nichts zu tun haben. Als ich mich beim Jobcenter gemeldet habe, brach sie den Kontakt zu mir ab.»

Nicole B. bleibt nichts anderes übrig, als weiter für Zeitarbeitsfirmen zu arbeiten.

Wie kann es sein, fragen Sie sich vielleicht, dass eine hochmotivierte junge Frau mit guten bis sehr guten Noten und einer soliden Ausbildung keine feste Anstellung finden kann? Ihre Bewerbungen füllen inzwischen Ordner. Ihr Problem war, dass sie keine Berufserfahrung als Fremdsprachenkorrespondentin sammeln konnte. Ihr zuständiges Jobcenter hat sie inzwischen als Ungelernte registriert mit der Begründung, sie sei zu lange aus ihrem Beruf heraus. So bleibt Nicole B. nichts anderes übrig, als von einem kurzfristigen Job zum nächsten zu springen – immer über die Vermittlung von Zeitarbeitsfirmen. Mit ihren 27 Jahren fühlt sie sich einsam, nicht gebraucht und fragt sich, wo ihre Zukunft liegt. Eine Familienplanung hat sie aufgegeben.

In diesem Fall liegt das Problem nicht beim Jobcenter, sondern im derzeitigen Arbeitsmarktsystem. Nicole B. sucht einen sozialversicherungspflichtigen Vollzeitjob, von dem sie unabhängig leben kann. Eine Tätigkeit, die sie auch in sechs Monaten noch ausüben wird. «Es ist unendlich zermürbend», sagt sie, «alle paar Wochen wieder auf Jobsuche zu gehen. Für eine längerfristige Anstellung würde ich jede Art von Tätigkeit annehmen. Unabhängig von meiner Ausbildung. Und zu jedem Gehalt.»

Wie schlecht muss es einer jungen Frau gehen, die einmal gute schulische Noten hatte und voller Hoffnung auf eine selbstbestimmte Zukunft war, bevor sie so etwas äußert! Vor der Agenda 2010 hätte jemand wie Nicole B. mit Sicherheit eine feste Anstellung gefunden. Heute wird sie wie eine Ware von Arbeitsplatz zu Arbeitsplatz geschoben. Daran verdienen tun andere. Und der Steuerzahler begleicht die Rechnung.

Diese Rechnung wollen wir uns einmal genauer ansehen:

Nicole B. gilt trotz ihrer Qualifikationen heute als Ungelernte. In einer Zeitarbeitsfirma wird sie deshalb als sogenannte «Helferin» geführt und vermittelt. Mit «Helfer» werden seit der Arbeitsmarktreform diejenigen bezeichnet, die früher «Hilfsarbeiter» hießen. Sie verdienen meist so wenig, dass sie vom Jobcenter die Differenz zum Hartz-IV-Regelsatz aufstocken lassen müssen.

Die Alltagsrealität hält auch hier für die Betroffenen fatale Situationen bereit, denn die Berechnung des zu erwartenden Einkommens bei Abschluss eines Zeitarbeitsvertrags ist eigentlich gar nicht korrekt möglich. Der Zeitarbeitnehmer weiß ja im Voraus noch nicht, wohin er vermittelt und wie hoch sein Stundensatz ausfallen wird. Also muss dieser Lohn geschätzt werden, und es kommt häufig vor, dass er zu hoch eingestuft wird und der Betroffene am Ende zu wenig Geld erhält. Diese Berechnung gilt auch noch dann, wenn der Zeitarbeitnehmer überhaupt nicht vermittelt wird und folglich gar keinen Lohn hat. Außerdem ergibt sich ein Problem aus der unterschiedlichen Auszahlungspraxis zwischen Jobcenter und Zeitarbeitsfirma: Während das Arbeitslosengeld II am Monatsanfang im Voraus ausgezahlt wird, erfolgen die Lohnabrechnungen durch die Zeitarbeitsfirmen frühestens zur Monatsmitte oder gar zur Mitte des Folgemonats. So kommt es häufig vor, dass der Leiharbeitnehmer zu Beginn eben dieses Folgemonats ohne Lohn und ohne Aufstockung dasteht.

Betrachten wir das an einem Beispiel: Ein Mitarbeiter nimmt am Ersten eines Monats seine Tätigkeit für ein Zeitarbeitsunternehmen auf und erhält erst sechs Wochen später, zur Mitte des Folgemonats, seinen ersten Lohn. Er ist verpflichtet, seine Tätigkeit vor dem ersten Arbeitstag beim Jobcenter zu melden. Daraufhin wird das Arbeitslosengeld II einbehalten, das ja im Voraus bezahlt wird. Nun erhält der Arbeitnehmer jedoch seinen ersten Lohn nicht am Ende des Monats, sondern erst Mitte des Folgemonats. Somit steht er sechs Wochen lang ohne Einkommen da und hat doch zu Beginn des neuen Monats Abbuchungen wie zum Beispiel Mietkosten. Wovon soll er die bezahlen?

Oftmals gewähren die Jobcenter dann ein Darlehen. Der Arbeitnehmer startet so jedoch mit Schulden in sein neues Arbeitsverhältnis. Das ist sozialpolitisch alles andere als sinnvoll, und eine Arbeitsaufnahme erscheint so wenig attraktiv. Nach den neuen angedachten Gesetzesänderungen im Bereich Hartz IV stehen nun Überlegungen an, den ersten Verdienst nicht im Arbeitslosengeld-II-Bezug anzurechnen.

Groteske Situationen zum Nachteil der Arbeitnehmer entstehen auch durch zu späte und zusammengefasste Auszahlungen von Überstunden durch die Zeitarbeitsfirmen, die dem sogenannten «Zuflussprinzip» buchstäblich zum Opfer fallen. Der Fall von Franz M. zeigt, wie ruinös sich diese blind angewandte Praxis auswirken kann:

Franz M. arbeitet seit Jahren als Zeitarbeitnehmer, und davon war er ein Jahr lang bei der Firma Randstad. In dieser Zeit sammelte er insgesamt 150 Überstunden an, was in dieser Branche offenbar ganz normal ist. Er hatte mit dem Disponenten vereinbart, dass dieser zusätzliche Betrag zu seinem Lohn auf die letzten drei Beschäftigungsmonate verteilt ausbezahlt werden sollte. Doch daran hielt man sich nicht, sondern bezahlte den gesamten Betrag auf die letzten zehn Urlaubstage, die Franz M. noch zustanden, aus. So kam es, dass das Jobcenter diesen Überstundenausgleich als Einmalzahlung wertete und den erhöhten Betrag auf die folgenden Monate verteilt mit seinem Anspruch auf Arbeitslosengeld II verrechnete. Auf diese Weise erhielt Franz M. entsprechend weniger Leistung.

Bei einer späteren Beschäftigung durch die Zeitarbeitsfirma endete das Arbeitsverhältnis direkt vor Weihnachten, was es mit sich brachte, dass Franz M., angeblich bedingt durch die Feiertage und Urlaube in den Personalabteilungen des Beschäftigungsbetrieb wie auch der Zeitarbeitsfirma, seine kompletten Unterlagen erst drei Monate später erhielt. So lange bekam er auch kein Arbeitslosengeld, weder I noch II. Zum Glück ist Franz M. ein äußerst sparsamer und vorausblickender Mensch und hatte das Kunststück fertiggebracht, selbst bei seinem geringen Lohn und reduzierter Aufstockung noch ein wenig Geld auf die hohe Kante zu legen – ansonsten hätte diese einkommenslose Phase von einem Vierteljahr diesen Menschen in den Ruin treiben können. Ohne seinen Dispokredit, sagt Franz M., käme er allerdings nicht über die Runden. Auf diese Weise treiben Zeitarbeitgeber in ihrem unverantwortlichen Umgang mit Personalunterlagen gemeinsam mit Jobcentermitarbeitern, die keine Möglichkeit für eine Ausnahmeregelung sehen, in die Schuldenfalle.

Ohne seine Sparsamkeit hätte Franz M. diese Situation kaum überlebt, und ohne sein finanzielles Polster wäre ihm nur übriggeblieben, Freunde oder Verwandte um Geld anzubetteln – was bitter für einen hart arbeitenden Menschen wie Franz M. wäre, einmal davon abgesehen, dass nicht jeder vermögende Menschen in seinem Umfeld hat. Ein engagierter Arbeitsvermittler hätte in diesem Fall durchaus die Möglichkeit gehabt, mit entsprechender Sturheit und Durchsetzungsvermögen gepaart mit Überzeugungskraft zumindest ein Darlehen für Franz M. zu erkämpfen. Vermutlich hätte er sich bei seinen Kollegen in der Leistungsabteilung damit nicht gerade beliebt gemacht. In meinen Augen ist das in solchen Härtefällen völlig irrelevant, da wir in den Jobcentern und Arbeitsagenturen ja bekanntlich für Menschen arbeiten. Stattdessen wurde stillschweigend zugeschaut, ob Franz M. durchkommt oder eben nicht.

Und noch einmal «schlug» das System bei Franz M. ungerecht zu: Als er endlich die rückwirkenden Zahlungen des Arbeitslosengelds I im März erhielt, befand das Jobcenter, das für die notwendige Aufstockung zuständig war, diese rückwirkenden Zahlungen, die Franz M. ja bereits seit Anfang des Jahres zugestanden hatten und nun seinen überzogenen Dispokredit ausgleichen sollten, erneut als Einmalzahlung und reduzierte seine Aufstockung entsprechend.

«Meine Reserven waren alle, also hab ich meine Ausgaben unter die 520 Euro, die mir nun zur Verfügung standen, gebracht. Essen, Trinken und alles andere wurden auf das absolut Notwendige reduziert.»

Franz M. sollte in der Folge immer wieder durch die Verschleppungen von ihm zustehenden Zahlungen durch diese «Einmalzahlungs»-Keule ungerechterweise getroffen werden – so lange, bis er schließlich einen Anwalt aufsuchte, um sein Recht zu erlangen. «Mittlerweile», so schließt Franz M. seinen Bericht, «muss ich dran glauben, dass das Ganze mit System gemacht wird.»

Wer kann ihm dies verdenken? Auf diese Weise werden hart arbeitende Menschen systematisch in die Armut getrieben. Es ist auch kein Wunder, wenn nach und nach der Glaube daran verloren geht, dass es überhaupt sinnvoll ist, zu arbeiten, um von den Sozialleistungen wegzukommen, wenn einem permanent Knüppel zwischen die Beine geworfen werden.

Doch aus der Reform ergaben sich noch weit mehr Ungereimtheiten. Man hat nämlich zusätzlich eine Maßnahme entwickelt, um Unternehmen die Entscheidung zu erleichtern, Arbeitnehmer einzustellen, von denen angenommen wird, dass sie eine erhöhte Einarbeitung benötigen. Menschen wie Nicole B. zum Beispiel, deren Qualifikation einige Jahre zurückliegt. Um dies den Unternehmen schmackhaft zu machen, wurde der sogenannte «Eingliederungszuschuss», kurz EGZ genannt, eingeführt. Das heißt nichts anderes, als dass die Unternehmen dafür bezahlt werden, wenn sie Arbeitnehmer einstellen, die «persönliche oder fachliche Defizite» aufweisen, wie es in einer Bereichsverfügung des operativen Geschäftsführers für den Bereich Hamburg heißt. Je nach Fall kann dieser Zuschuss 30 bis 50 Prozent der Lohnkosten für einen festgelegten Zeitraum betragen: Für Arbeitnehmer unter 50 Jahren deckt dieser Förderzeitraum in der Regel sechs, für die über 50 Jahre zwölf Monate ab.

Zusätzlich gibt es auch noch die Möglichkeit, den Arbeitnehmer für die entsprechenden Anfordernisse der Stelle zu schulen. Auch diese Kosten für eine passgenaue Qualifikation kann die Bundesagentur für Arbeit bzw. das zuständige Jobcenter übernehmen.

Der zunächst als positiv zu bewertende Grundgedanke ist natürlich, auf diese Weise Menschen mit Vermittlungshemmnissen, die in ihrer Qualifikation begründet liegen, in Arbeit zu bringen. Dagegen ist nichts einzuwenden, wenn das Arbeitsverhältnis auch nach Ablauf der Zuschussphase weiter besteht und in ein unbefristetes umgewandelt wird. Doch leider kommt dies eher selten vor. Vielmehr nutzen die Unternehmen die Zuzahlung zum Lohn gerne aus, um sich nach Ablauf der Nachbeschäftigungsfrist, die das Arbeitsverhältnis um die Dauer der Förderung verlängert, wieder von dem Arbeitnehmer zu trennen. Um dann erneut von den «Geschenken» des Staats zu profitieren und den nächsten Arbeitnehmer mit «Defiziten» einzustellen! Denn qualifiziert wird dieser ja häufig ebenfalls auf Kosten der Steuerzahler. Da nimmt der Arbeitgeber die Nachteile einer oft wechselnden Besetzung der Stelle mit den Einarbeitungszeiten gerne in Kauf. Schließlich spart er 30 bis 50 Prozent der Lohnkosten, ein starkes Argument, sich von dem geförderten Mitarbeiter zu trennen, auch wenn er gute Arbeit leistet und durchaus im Team verbleiben könnte.

Das ist natürlich alles andere als im Sinne des Gemeinwohls. Auf diese Weise subventioniert der Staat gesunde Unternehmen in einem beträchtlichen Maße und fördert außerdem den Niedriglohnsektor. Diejenigen, denen der Eingliederungszuschuss eigentlich helfen sollte, werden dagegen zu Spielbällen einer Art Unternehmens-Ping-Pong – rein und raus aus einem Arbeitsverhältnis, und das immer wieder.

Doch es kommt noch schlimmer. Denn längst haben die Zeitarbeitsfirmen den Eingliederungszuschuss als zusätzliche Einnahmequelle erkannt und sich zunutze gemacht. Viele von ihnen haben sich darauf spezialisiert, gerade jene Arbeitssuchenden unter Vertrag zu nehmen, die von den Eingliederungszuschüssen durch das Jobcenter gefördert werden. Hauptpersonalrat Eberhard Einsiedler spricht in seinem Diskussionspapier von Ende 2012 von einer Steigerung der Vermittlungsvorschläge in Leiharbeit von 276 Prozent und in der Anzahl erfolgreicher Stellenbesetzungen von 242 Prozent. Einzelne Agenturen erwirtschaften bis zu 70 Prozent ihrer Besetzungserfolge über Leiharbeit. Mehr als die Hälfte der Arbeitsverhältnisse endeten 2010 bereits nach weniger als drei Monaten.

Tatsächlich gibt es einen Kooperationsvertrag zwischen den Zeitarbeitsfirmen und der Bundesagentur für Arbeit mit dem

Ziel, das Zusammenführen von Bewerbern mit Arbeitgebern der Zeitarbeitsbranche zu optimieren. Zeitarbeitsunternehmen werden wie alle anderen Unternehmen behandelt. Nach der bundesweit gültigen Vereinbarung «Service-Level-Agreements» verpflichtet sich die BA sogar, auf die speziellen Bedürfnisse der Zeitarbeitsbranche einzugehen. Eine Vermittlung erfolgt demnach passgenau und beim Erstkontakt mit einem Bewerber innerhalb von 48 Stunden. Zuvor erfolgt selbstverständlich die Interessen- und Eignungsprüfung des Bewerbers neben Informationen zu Förderleistungen. Die Rund-um-die-Uhr-Nutzung der internen Job-Börse der BA inklusive einer Abfragefunktion im sogenannten «Matchingverfahren» auf der Basis von Fähigkeiten und Kompetenzen der Bewerber sind inklusive. Statt des Unternehmens, bei dem der Geförderte Arbeitnehmer tatsächlich seine Arbeit einbringt, kassieren die Zeitarbeitsfirmen die Zuschüsse von 30 bis 50 Prozent vom Bruttolohn des Arbeitnehmers. Und so kassieren diese Zeitarbeitsunternehmen doppelt ab: Zum einen vermitteln sie die Arbeitnehmer ja weiter und verdienen an der Differenz zwischen dem Stundenlohn, den die Unternehmen bezahlen, und dem Betrag, den sie tatsächlich an die Zeitarbeitnehmer weitergeben. Und zusätzlich erhalten sie vom Staat den Eingliederungszuschuss.

Zeitarbeitsfirmen sprechen ihrerseits von einem «Fördergelder-Umsatz», der intern angestrebt wird. Ihre Partner bei den Jobcentern können mit dieser Vorgehensweise eine schnelle Vermittlungsquote erreichen, auf die ja innerhalb der Jobcenter und Arbeitsagenturen so gedrängt wird. Die Führungskräfte wollen die Zielvorgaben erreichen, zusätzlich geht es ihnen natürlich auch um die Leistungsprämien, die damit verbunden sind. Besonders große Zeitarbeitsfirmen bedienen sich dieses Werkzeugs und haben keine moralischen Probleme damit, mal eben künstlich Vermittlungshemmnisse zu kreieren. Dies geschieht längst mit Hilfe vorgefertigter Textbausteine und völlig unabhängig vom Bewerber. Ein fehlender Führerschein bei einer Kassiererin gilt somit nicht selten als ein «Vermittlungshemmnis» und wird offizieller Grund fürs Einkassieren der Förderung.

Nehmen wir ein Fallbeispiel aus dem Umfeld von Hamburg: Angenommen, das Airbus-Unternehmen erhält einen neuen Großauftrag und benötigt für die Zeit von einem halben Jahr eine Anzahl zusätzlicher Schweißer. Dafür wendet es sich an eine Zeitarbeitsfirma, die ihrerseits beim Jobcenter nachfragt, welche Arbeitssuchenden nach ihrer Qualifikation in Frage kommen. Die Schweißer werden von der Zeitarbeitsfirma für sechs Monate unter Vertrag genommen. Da die Qualifikation der Arbeitssuchenden nicht genau den spezialisierten Anforderungen bei Airbus entspricht, wird ein Eingliederungszuschuss vereinbart, einschließlich eines entsprechenden mehrwöchigen Schweißerkurses bei einem Bildungsträger, um die Arbeitnehmer für die neue Aufgabe flottzumachen.

Das Jobcenter bezahlt nun die Qualifikation durch den Bildungsträger, eine Summe, die zwischen 1000 und 2500 Euro im Monat variieren kann und vom Bildungsträger und der Art des Schweißerscheins abhängig ist. Zusätzlich übernimmt der Staat für die ersten drei Monate 30 Prozent der Lohnkosten. Nehmen wir an, der Schweißer erhält von seinem Arbeitgeber, dem Zeitarbeitsunternehmen, als Facharbeiter 1666 Euro brutto im Monat, was umgerechnet 10,68 Euro brutto pro Stunde wären, dann erhält das Zeitarbeitsunternehmen einen Eingliederungszuschuss von insgesamt 1499 Euro für diese geförderten drei Monate. Das Airbus-Unternehmen bezahlt für den Schweißer aber 24 Euro in der Stunde, macht einen zusätzlichen Verdienst des Zeitarbeitsunternehmens von 13,32 Euro pro Arbeitsstunde. Das heißt, das Zeitarbeitsunternehmen verdient pro Stunde mehr als der Arbeiter selbst. In sechs Monaten beträgt der Gewinn 12 467,52 Euro plus die 1499 Euro Eingliederungszuschuss. Der Arbeitnehmer selbst verdient in diesen sechs Monaten 9996 Euro brutto. Den Staat kostet diese auf ein halbes Jahr befristete Beschäftigung 1499 Euro plus die Summe für die Qualifizierung durch den Bildungsträger.

Ein lukratives Geschäft für die Zeitarbeitsfirmen und ein teurer Spaß für die Allgemeinheit. Bei Licht betrachtet fördert der Staat auf diese Weise Unternehmen, die nichts zur Wertschöpfung beitragen, sondern im Gegenteil den Arbeitsmarkt immer weiter aushöhlen und dauerhafte Festanstellungen torpedieren. So gut der ursprüngliche Gedanke hinter der Maßnahme Eingliederungszuschuss sein mochte, er öffnete dem Missbrauch Tor und Tür. Die Folge ist eine fortschreitende Skelettierung des Arbeitsmarkts.

Seit einigen Jahren werden auch immer öfter Arbeitsverträge eingereicht, in denen das Ende der Probezeit mit dem Ende des Arbeitsverhältnisses zusammenfällt. Auch in diesen Fällen wird der Eingliederungszuschuss ausbezahlt. Unverständlich ist es in meinen Augen, dass der Arbeitgeber auf diesen offensichtlichen Missbrauch der Förderung überhaupt nicht angesprochen wird, sondern einem solchen Vertrag durch den operativen Service ohne weiteres zugestimmt wird. Eine Probezeit dauert nach den gesetzlichen Regelungen maximal sechs Monate. In diesen Fällen werden also drei Monate lang Steuergelder verschwendet, da ja bereits im Voraus per Vertrag bekannt ist, dass der Arbeitnehmer die «Probezeit» nicht überstehen kann und dann erneut im Jobcenter landen wird. Von der ganzen Sache hat der Arbeitnehmer nichts, außer dass er weiß, in sechs Monaten ist er erneut erwerbslos und Bittsteller. Es profitieren die Zeitarbeitsunternehmen, das Unternehmen selbst sowie die Arbeitslosenstatistik und somit die BA und die Regierung, der ja viel daran gelegen ist, die Zahlen klein zu halten. Wie sehr einige Arbeitgeber diese Fördergelder als ganz klar ihr Eigentum betrachten, auf das sie ein Anrecht haben, wird in gar nicht seltenen Fällen deutlich, wenn sie im Falle einer Ablehnung ungehalten reagieren. Dann drohen manche schon mal mit Entlassung oder Verweigerung der Einstellung des Arbeitnehmers.

Zu welch einem wichtigen Faktor die Zeit- und Leiharbeit in der Arbeitsvermittlung inzwischen geworden sind, zeigt der Anstieg der offenen Stellen in diesem Bereich beim Arbeitgeberservice in den Arbeitsagenturen und Jobcentern von knapp 10 Prozent im Jahr 2000 auf 38 Prozent im Jahr 2011. Tatsächlich wurden in den Arbeitsagenturen und Jobcentern dafür eigene Teams mit dem Namen «Zeitarbeit» eingerichtet.

Vor der Sozialreform und der Umsetzung der vielgepriesenen Agenda 2010 hätte eine junge Frau wie Nicole B. mit Sicherheit einen festen Arbeitsplatz in der Industrie gefunden. Ein Personalchef hätte ihre Potenziale erkannt und ihr eine Chance gegeben, sich in der Firma zu bewähren. Durch die Möglichkeit der befristeten Beschäftigung rücken aber leider mehr und mehr Unternehmen davon ab und gehen das «Risiko» einer Festanstellung immer seltener ein. Der Schuss ging also sozusagen «nach hinten» los. Was als Mittel zur langfristigen Beschäftigung von Arbeitslosen gedacht gewesen war, zerstörte Festanstellungen und korrumpierte das Verständnis von einer sozialen Verantwortung innerhalb vieler Unternehmen.

Doch die Gier, einmal geweckt, geht in einzelnen Fällen sogar noch weiter. Wie mir aus sicheren Insider-Quellen von Zeitarbeitsfirmen berichtet wird, gibt es bei manchen dieser Unternehmen Unregelmäßigkeiten – um es einmal vorsichtig auszudrücken – in den Lohnabrechnungen, vor allem bei Beschäftigten mit Migrationshintergrund. In diesen verbürgten Fällen arbeiteten die Leiharbeiter die volle Zeit und sahen sich am Ende des Monats doch mit einem Lohnabzug von in der Regel einem Tagessatz konfrontiert. In der Personalakte war zu lesen: «XY fehlte entschuldigt». Dem Unternehmen, bei dem der Betroffene beschäftigt war, wurde allerdings der vollständige

Lohn in Rechnung gestellt, denn der Leiharbeiter hatte tatsächlich gar keinen Tag gefehlt. Den ohnehin schon geringen Lohn des Arbeiters für diesen einen Tag steckte sich die Zeitarbeitsfirma selbst in die Kasse – so geschehen bei 50 Mitarbeitern pro Monat in einem einzigen Unternehmen. Die Betroffenen wagen meist nicht, diese Differenz in ihrem Lohn gegenüber der Personalabteilung der Zeitarbeitsfirma anzusprechen, sei es aus Angst oder aus Unsicherheit im Umgang mit der deutschen Sprache. Und wenn sie doch nachfragen, werden sie nicht selten mit einem Wortschwall und in aggressiver Körpersprache eingeschüchtert. Es ist nicht einfach, solche Betrugspraktiken aufzudecken, weder für den Betroffenen noch für seriöse Zeitarbeitsfirmen. Die ausgeliehenen Mitarbeiter sind hier völlig auf sich gestellt, und die seriösen Zeitarbeitsfirmen haben kaum einen Ansprechpartner in der BA, der diesen schwarzen Schafen nachgehen könnte. Während also den Erwerbslosen beim kleinsten Vergehen Sanktionen drohen, können sich die Skrupellosen unter den Zeitarbeitsunternehmen ungestraft bedienen: Es gibt schlicht und einfach zu wenige Kontrolleure in diesem Bereich.

Und so befürchte ich, dass es hier eine Dunkelziffer gibt, die teils zu Lasten der Arbeitnehmer, teils der Allgemeinheit gehen.

Auch die Problematik der sogenannten Aufstockung von Niedriglöhnen hat sich als ein zweifelhaftes Mittel zur Förderung des Arbeitsmarktes erwiesen. Hatte man gehofft, mit der Reform mehr ordentlich bezahlte Stellen zu schaffen? Ich vermute, dass dies gar nicht die Absicht war. Denn die Praxis, Menschen mit einem Einkommen, das zu niedrig ist, um davon leben zu können, die Differenz zum Hartz-IV-Satz zuzuzahlen, verschärfte die Situation auf dem prekären Arbeitsmarkt in gefährlichem Umfang. Ein Beispiel aus den «Nürnberger Nachrichten» zeigt eindrücklich, wie sehr diese staatliche Maßnahme die Moral der Unternehmen unterhöhlt hat. Berichtet wird von Eberhard Sasse, dem Eigentümer eines Gebäudereinigungsbetriebs mit 5000 Mitarbeitern und seinen Verhandlungen mit Mercedes um den Preis für die Reinigung der Fertigungshallen:

«Der Premiumautohersteller ließ durchblicken, ein Wettbewerber habe ein günstigeres Putzangebot vorgelegt, er zahle den Mitarbeitern weniger.» Sasse: «Ein so niedriger Lohn reicht in Stuttgart nicht zum Leben.» Mercedes: «Dann müssten die Mitarbeiter eben aufstocken, die Kommune zahlt zum Existenzminimum drauf.» Sasse: «Die S-Klasse aus Ihrem Haus kostet 100 000 Euro. Und dann wollen Sie unsere Dienste unter Wert einkaufen? Und Sie wollen, dass die Aldi-Verkäuferin über ihre Steuern Ihre Putzkolonne mitbezahlt?» Nein, das wollte der Einkaufsmanager des Autoherstellers so dann doch nicht. Sasse schließt seinen Exkurs: «Wir haben den Auftrag bekommen.» Oft läuft es anders, jeder weiß das. Der Billigheimer macht das Rennen. Und dann? Die Billiglohnfirma verdrängt die anständig bezahlende Konkurrenz und bleibt selbst am Markt.»[31]

Man könnte hinzufügen: Die Billiglohnfirma verdrängt mit Hilfe der Hartz-IV-Reform die anständig bezahlende Konkurrenz. Der Staat subventioniert indirekt die Unternehmen und legitimiert damit deren Lohndumping-Politik. Und dies nicht nur in den unteren Etagen des Arbeitsmarkts. «Das Instrumentarium wird auch dazu genutzt, um klassische Arbeitsverhältnisse in den oberen Etagen unseres Arbeitsmarktes aufzulockern, in vielen Fällen sogar aufzubrechen», schreibt der Volkswirtschaftler Stefan Sell, der einen Lehrstuhl in Sozialwissenschaften und -Politik an der Hochschule Koblenz innehat. «Auch und gerade in der sogenannten ‹Kreativwirtschaft› spielt die Nutzung von Werk- oder Dienstverträgen

31 Nürnberger Nachrichten 25.04.2012

eine wichtige Rolle, hier dominiert zudem die sozialpolitisch hochproblematische Solo-Selbständigkeit als in vielen Fällen prekäre Existenz.»[32] Schon bald, so prognostiziert Sell, wird es die herkömmlichen Formen des Arbeitsverhältnisses, in denen ein Unternehmen auch soziale Verantwortung für die Beschäftigten übernimmt, nicht mehr geben. Mit Hilfe der Möglichkeiten, die die Hartz-Reform eröffnet, erwartet uns ein radikaler Umbau des deutschen Arbeitsmarkts. Die Aussicht, für seine Arbeit so viel Geld zu erhalten, dass man davon leben kann, wird immer weniger selbstverständlich werden. Im Jahr 2012 subventionierte der Staat Niedriglöhne mit 8,7 Millionen Euro.

Das Abrutschen breiter Bevölkerungsschichten ins Prekariat – und wohlgemerkt nicht nur nicht oder schlecht qualifizierte Menschen – scheint von den Reformmachern durchaus beabsichtigt zu sein. Zumindest haben sie es in Kauf genommen.

Was uns erwartet, wenn es uns nicht gelingt, das Ruder herumzureißen, ist eine neue Form der Armut in Deutschland, von der wir heute noch keine Vorstellung haben. Das öffentliche Bild wird uns weiterhin Fortschritt und Wohlstand vorgaukeln mit Hilfe von verfälschten Statistiken und schöngerechnete Zahlen. Doch die Wirklichkeit werden viele Menschen in voller Härte am eigenen Leib erfahren und ähnlich wie Stefan und Karin S. in Kapitel 7 die Welt nicht mehr verstehen.

Das Problem ist, dass sich diese Menschen zumeist aus Scham verstecken und sich keineswegs in ihrer neuen Armut outen wollen. Zu stark wirken das Trauma und das Gefühl, versagt zu haben, während es doch alle anderen zu «schaffen» scheinen. Auf diese Weise bleiben sie Opfer eines heimlichen Gesellschaftswandels, den die meisten in Deutschland, die noch auf der «sicheren Seite» stehen, einfach nicht wahrhaben

32 Stefan Sell, Lohndumping durch Werk- und Dienstverträge? Problemanalyse und Lösungsansätze, Remagener Beiträge zur Sozialpolitik, 13-2013

wollen. Indem sie einsam ihre Wunden lecken, helfen sie nicht mit, den Lügenschleier, den unsere Regierung über die wahren Tatsachen wirft, zu zerreißen. Sie bleiben in ihrem Elend verbittert allein, statt sich mit anderen, denen es ähnlich ergeht, zusammenzutun und zu begreifen, dass nicht sie allein die ganze Schuld an ihrem Desaster tragen, sondern dass sie, wie viele andere auch, die Zeichen nicht rechtzeitig erkannt haben und nicht mitgeholfen haben, hier gegenzusteuern.

14. DIE ANDERE SEITE DES REICHTUMS – ODER: WIE ARM IST DEUTSCHLAND WIRKLICH?

Wenn Menschen in Deutschland von Armut betroffen werden, dann kostet es sie meist große Überwindung, ihre Notlage vor Freunden, Verwandten und Nachbarn zu offenbaren. Die Schamgrenze ist so hoch, dass viele lieber Hunger in Kauf nehmen und sich nicht selten selbst einreden, dass sie ja sowieso schon lange eine «Diät» machen wollten. Sie verschanzen sich in ihren eigenen vier Wänden, so sie solche noch bewohnen können, und verschulden sich, bis der Dispokredit ausgeschöpft ist. Und dann?

«Es gab Wochen», vertraute mir Andrea L. an, alleinerziehende Mutter von drei Kindern, die nach ihrer Scheidung verzweifelt versuchte, im Berufsleben wieder Fuß zu fassen, was nach dreifacher Mutterschaft keine Kleinigkeit ist, «da hatte ich schlichtweg nicht das Geld, um für meine Kinder und mich Essen zu kaufen. Mein Exmann bezahlte den Unterhalt nicht, mein Rechtsbeistand von Pro Familia war überlastet, und das Jobcenter sprang nicht ein, weil angeblich immer irgendwelche Unterlagen fehlten. Zweimal kam meine beste Freundin, die 500 Kilometer entfernt lebt, mit dem Auto und füllte uns den Kühlschrank auf. Einmal übernahm sie sogar eine Monatsmiete, sonst wäre ich am Ende mit den Kindern auf der Straße gelandet.»

Das Jobcenter wollte, dass sie umzieht, die Wohnung, die sie früher gemeinsam mit ihrem Mann bewohnt hatte, entsprach nicht dem Regelsatz. Tatsächlich fand sie nach langem Suchen nicht nur eine passende Wohnung in einer anderen Stadt, sondern auch eine Ausbildungsstelle. Andrea L. atmete auf. Endlich, so hoffte sie, wäre sie der Armutsspirale entkommen. Doch das Jobcenter schaffte es einfach nicht, ihr rechtzeitig den Umzug zu genehmigen und die Kosten zu übernehmen. Als Andrea L. nach drei Monaten endlich einen positiven Bescheid bekam, waren sowohl die Wohnung als auch die Ausbildungsstelle längst anderweitig vergeben. Inzwischen hatte sich auch ihr geschiedener Mann arbeitslos gemeldet, den Anspruch auf Unterhalt für die drei Kinder konnte sie vergessen. Einen Ausweg aus der Armut sah die junge Frau vorläufig nicht. Andrea L.'s Geschichte ist eine von tausenden. Gerade alleinerziehende Mütter trifft es meist besonders hart.

Mir sind viele solcher Fälle bekannt. Darum war ich mehr als überrascht, als im März des Wahljahres 2013 die Regierung unter Angela Merkel den vierten «Armuts- und Reichtumsbericht» herausgab. Ich rieb mir die Augen, denn was ich las, konnte eigentlich nicht möglich sein. Die Armut sei gestoppt, heißt es in dem Bericht, und die Schere bei den Einkommen schließe sich sogar wieder.

Die Autoren müssen sich viel Mühe gegeben haben, um die Statistiken so lange zu drehen und zu wenden, bis am Ende der Eindruck vorgetäuscht werden konnte, dass alles bestens sei.

Tatsächlich aber ist die Armutsquote in Deutschland auf einem Rekordhoch – da mag man hin oder her rechnen, wie man möchte. Und was uns zu denken geben müsste: Deutschland ist innerhalb der gesamten Euro-Zone das Land mit der höchsten finanziellen Ungleichheit: Zehn Prozent der Deutschen verfügen über ein durchschnittliches Vermögen von 1,15 Millionen Euro, während die ärmsten zwanzig Prozent unserer Bevölkerung im Durchschnitt 4600 Euro Schulden haben. Anders dargestellt: 73 Prozent der deutschen Haushalte haben ein unterdurchschnittliches Nettovermögen. Von diesen Haushalten besitzen 25 Prozent kein Vermögen, und 7 Prozent davon sind überschuldet. Dabei finde ich besonders alarmierend, dass sich im Zeitraum zwischen 2004 und 2013 die Zahl der überschuldeten Personen unter 20 Jahren mehr als verdreifacht hat.

Es gibt in der Statistik eine international anerkannte Größeneinheit zur Messung der Vermögensungleichheit, den sogenannten Gini-Koeffizienten oder auch Gini-Index, der die Komplexität der Vermögensverteilung auf eine einzige Zahl reduziert. Er bezeichnet einen Wert zwischen null und eins, wobei null eine Gleichverteilung der Vermögenspositionen darstellt, dagegen die Eins Ausdruck einer extremsten Form der Ungleichheit ist. Im Jahr 2012 betrug der Gini-Koeffizient für Deutschland 0,78 und stellte unser Land damit an die Spitze der Länder der Eurozone mit der größten Ungleichheit die Vermögensverhältnisse betreffend. Der Paritätische Gesamtverband geht davon aus, dass die tatsächliche Zahl noch viel höher sein müsste, «da die Stichprobe keine Interviewdaten extrem vermögender Personen enthält. Andere Schätzungen gehen deshalb von einem wesentlich größeren Vermögen aus»[33]. Der Gini-Index von 0,78 geht von einem deutschen Gesamtvermögensbetrag von 6,3 Billionen Euro aus, die korrektere Zahl nähert sich laut anderen Schätzungen 10 Billionen Euro an. Sollte dies korrekt sein, dann würde sich die Ungleichheit der Vermögensverhältnisse in Deutschland noch drastisch höher darstellen, wo wir doch so schon die höchste gesellschaftliche Ungleichheit der Eurozone haben.

Die Quellen, auf die ich mich stütze, sind seriös und öffentlich zugänglich. Der Paritätische Gesamtverband veröffentlicht seinerseits äußerst differenzierte Jahresgutachten, man möchte fast sagen: zum Glück. Denn auf diese Weise können wir uns ein Bild davon machen, wie die deutsche Wirklichkeit tatsächlich aussieht, jenseits vom imagefördernden Hochglanz-Wunschdenken unserer Regierung.

---

[33] «Das Soziale in der Krise», Jahresgutachten des Paritätischen Gesamtverbands 2014, S. 24

Doch was bedeutet Armut eigentlich? Arm beziehungsweise reich zu sein scheint relativ, und nicht selten wird die Problematik heruntergespielt, zum Beispiel wenn ein Abgeordneter der Unionsfraktion sagt: «Die ganze Debatte wird ohnehin zu sehr mit Blick auf lediglich materielle Faktoren geführt.»[34] Man kann leicht vom «inneren Reichtum» sprechen, wenn man auf der sicheren Seite unserer gespaltenen Gesellschaft steht. Andrea L. und ihren drei Kindern ist mit solchen Reden nicht geholfen.

«Arm ist», definiert der Paritätische Gesamtverband, «wer nicht über das notwendige Einkommen verfügt, um das notwendige soziokulturelle Existenzminimum abdecken zu können. (...) In der Armutsforschung hat sich deshalb ein relativer Armutsbegriff etabliert. Arm ist danach, wessen Einkommen die Armutsrisikogrenze von 60 Prozent des Durchschnittseinkommens unterschreitet.»[35]

Die Fakten sind erschütternd. Zu Beginn der 70er Jahre betrug das Eigentum der reichsten Bundesdeutschen (damals nur Westdeutschland) 44 Prozent des Gesamtvermögens. 2011 war es exakt ein Drittel mehr, also 66 Prozent. Heute machen die Lohn-, Umsatz- und Verbrauchssteuern 80 Prozent der gesamten Steuereinnahmen des Staates aus, während die Gewinn- und Unternehmenssteuern lediglich 12 Prozent zum Steuervolumen beitragen. Das heißt nichts anderes, als dass die Hauptsteuerlast von der breiten Masse getragen wird, von denen, die faktisch langsam, aber sicher immer ärmer werden.

2012 hatten 15,2 Prozent der deutschen Bevölkerung ein Einkommen unterhalb der Armutsgrenze. Nur ein Jahr später, also 2013, war schon jeder sechste Deutsche von Armut bedroht, so das Statistische Bundesamt im Herbst 2014. Damit

---

34 Zitiert nach: Armutszeugnis für Deutschland, eine Kolumne von Jakob Augstein, Spiegel-Online 11. März 2013
35 «Das Soziale in der Krise», Jahresgutachten des Paritätischen Gesamtverbands 2014, S. 15

ist die Armut in unserem doch so reichen Land in den vergangenen Jahren keineswegs gesunken, wie uns der Bericht der Regierung vorgaukeln möchte, sondern tatsächlich kontinuierlich sowohl in den alten als auch den neuen Bundesländern gestiegen. Und das trotz angeblich positiver wirtschaftlicher Entwicklungen. «Ganz offenbar ist eine wachsende Zahl von Menschen von der Wohlstandsentwicklung abgekoppelt.»[36]

Als ehemalige Jobcentermitarbeiterin wundert es mich nicht, dass es gerade die Erwerbslosen sind, die am stärksten von Armut bedroht sind: 2013 lebten fast 60 Prozent von ihnen unterhalb der Armutsgrenze. Im Vergleich zu den Zahlen vor der Hartz-Reform hat sich der Anteil der von Armut bedrohten Erwerbslosen übrigens um fast 10 Prozent erhöht. Tatsächlich ist der Regelsatz von Hartz IV immer wieder in der Diskussion. Unabhängige Wissenschaftler zweifeln an, dass die Bemessung des Hartz-IV-Geldes verfassungskonform ist. Bereits 2010 stellte das Bundesverfassungsgericht aufgrund der Klage von Thomas Kallay und zweier anderer Familien klar, dass jeder Mensch laut Verfassung ein subjektives Recht auf das Existenzminimum hat, das sowohl seine physische Existenz sichern muss, also Nahrung, Kleidung, Hausrat, Unterkunft, Heizung, Hygiene und Gesundheit, als auch die Möglichkeit zur Pflege zwischenmenschlicher Beziehungen und zur sozialen Teilhabe am gesellschaftlichen, kulturellen und politischen Leben. Ob dies mit dem jetzigen Regelsatz tatsächlich gewährleistet ist, darüber sind momentan mehrere Verfahren vor dem Bundesverfassungsgericht anhängig.

«Sozialhilfebezug», ist im Jahresbericht des Paritätischen Gesamtverbands zu lesen, «schützt nicht vor Armut». Seit 2005 bis heute war und ist im Schnitt ein Zehntel der deutschen Bevölkerung auf Leistungen der Grundsicherung angewiesen.

---

36 «Das Soziale in der Krise», Jahresgutachten des Paritätischen Gesamtverbands 2014, S. 16

Auch Alleinerziehende wie Andrea L. sind mit 44 Prozent stark von Armut betroffen, ebenso die Generation der Rentner. Hier stieg der prozentuale Armutsanteil von 10,7 im Jahr 2005 auf 14,3 im Jahr 2012. Das Risiko für ältere Menschen, von Armut betroffen zu werden, stieg demzufolge innerhalb von nur sechs Jahren um 40 Prozent an. Im Juli 2014 waren es 829 000 Menschen über 65 Jahre, die einen Minijob haben, um ihre Rente aufzubessern.

Die Zahl der Menschen, die zwar Arbeit haben, von ihrem Lohn aber nicht leben können und deshalb von den Jobcentern eine sogenannte Aufstockung zum Hartz-IV-Satz erhalten, steigt kontinuierlich an. 2007 waren es rund 23 Prozent, 2009 dagegen schon 27 Prozent und im Jahr 2011 30,4 Prozent der Bezieher von Arbeitslosengeld II – mit steigender Tendenz. Wenn wir diese wachsende Zahl der Menschen also betrachten, die, statt einer sozialversicherungspflichtigen, durchgängigen Beschäftigung nachzugehen, auf dem prekären Arbeitsmarkt arbeiten müssen, und dies auch immer wieder, bedingt durch Zeitarbeitsverhältnisse, mit großen Lücken, so frage ich mich, wie die Armutsquote von Rentnern in zehn, 15 und 20 Jahren aussehen wird. In diesem Zusammenhang ist es absolut alarmierend, dass sich die Zahl der verschuldeten Rentner über 70 Jahre im Zeitraum zwischen 2004 und 2011 um über 40 Prozent erhöhte. Wie wird unsere Gesellschaft mit der wachsenden Zahl an alten Menschen umgehen, die von Armut betroffen sein werden und sowohl während ihres Arbeitslebens als auch in ihrem Ruhestand von der Allgemeinheit unterstützt werden müssen? Ich finde es immer wieder unglaublich, wie kurzsichtig unsere Politik doch agiert. Die Perspektive geht maximal bis zu den nächsten Wahlen. Schon jetzt hält es unsere Regierung für notwendig, die Wirklichkeit zu verfälschen, statt rechtzeitig das Ruder herumzureißen.

Man kann Armut als individuelles Schicksal betrachten oder in ihrem regionalen Kontext. In den Medien erfuhr man in den vergangenen Jahren immer wieder von Städten und Kommunen in der Pleite. Ist eine Kommune «arm», fehlen bedeutsame Mittel, die das Abrutschen in die Armut ihrer Bürger abfedern oder verhindern könnten. Am ehesten wird dann immer an den sozial Schwachen, an der Erziehung und Bildung, an Schulen, Kitas, Sporteinrichtungen und anderen Freizeitangeboten gespart. Entsprechende Bilder kennen wir alle: heruntergekommene Schulen mit jahrelangem Renovierungsstau, Stadtviertel, aus denen all jene, die es sich noch leisten können, wegziehen, Infrastrukturen, für die kein Geld mehr vorhanden ist. Strukturschwache Gebiete trifft es als Erstes und am stärksten. Fehlt dort die nötige Infrastruktur, betrifft es vor allem die Familien mit geringem Einkommen. Ist die Wirtschaftsleistung in einer Region schwach, so steht dies in direktem Zusammenhang mit der Armut der Bevölkerung. Auf diese Weise geraten ganze Landstriche in eine beängstigende Armutsspirale. Fachkräfte ziehen mit ihren Familien in andere Regionen, wo sie Arbeit finden, Investitionen werden anderswo getätigt, zurück bleiben diejenigen, die an dieser Entwicklung alleine nichts ändern können.

Es ist also nicht verwunderlich, dass die Kluft zwischen wohlhabenden und armen deutschen Regionen immer größer wird. Man braucht nur das Bruttoinlandsprodukt pro Einwohner in den verschiedenen Bundesländern vergleichen, um zu erkennen, wie gravierend die Unterschiede in deren wirtschaftlicher Leistungsfähigkeit sind. Betrug das Bruttoinlandsprodukt pro Kopf 2012 in Bayern 36 865 Euro, so stehen dieser Zahl für das Bundesland Mecklenburg-Vorpommern 22 620 Euro gegenüber. Das heißt, dass in Bayern mehr als eineinhalb Mal so viel als in Mecklenburg-Vorpommern umgerechnet auf einen Einwohner erwirtschaftet wurde. Auch hier geht der Trend stetig auseinander: die reichen Bundesländer Baden-Württemberg (mit 11,1 Prozent Armutsquote) und Bayern (11,2 Prozent) werden immer reicher, während die armen wie Mecklenburg-Vorpommern (22,9 Prozent), Bremen (23,1 Prozent) oder Sachsen-Anhalt (21,2 Prozent) immer ärmer werden. Während also in Baden-Württemberg und Bayern jeder Zehnte von Armut betroffen ist, so ist es in den am schlimmsten betroffenen Bundesländern ungefähr jeder Fünfte.

Gleichzeitig ging statistisch gesehen die Arbeitslosigkeit um ein Weniges zurück. Wenn man allerdings die Fakten genauer betrachtet, so fällt auf, dass dies nicht etwa eine Lösung des Armutsproblems darstellt, sondern sogar noch eine Verschärfung. Denn ein großer Teil der Menschen, die aus der Arbeitslosenstatistik verschwanden, wechselten in geringfügige Beschäftigungsverhältnisse, ins Prekariat. Sie müssen ihre Arbeitskraft für einen Lohn leisten, der für ihre Bedürfnisse nicht ausreicht. Auf diese Weise bleiben sie, trotz Arbeit, weiterhin arm und sind auf die Unterstützung durch die Allgemeinheit angewiesen.

Es lohnt sich, die Entwicklung der Arbeitslosenzahlen in ihrem Kontext genauer unter die Lupe zu nehmen. Man stellt dann beispielsweise fest, dass die relative Arbeitslosigkeit heute doppelt so hoch ist wie zu Beginn der 80er Jahre. Geht man allerdings von der Arbeitslosenquote zum Zeitpunkt der Einführung von Hartz IV zum 1. Januar 2005 aus, die auch aufgrund statistischer Effekte sehr hoch war, wirkt die Entwicklung der Arbeitslosigkeit deutlich günstiger. «Mit der Arbeitsmarktreform zum 1. Januar 2005 wurde Arbeitslosigkeit weiter erfasst, sodass mehr Menschen als vorher als arbeitslos geführt wurden. Zum Teil kam es dabei auch zu einer Übererfassung, die dazu führte, dass ein Teil des Rückgangs der Arbeitslosigkeit in den folgenden Jahren auf statistische Effekte – eine Bereinigung der übererfassten Fälle – zurückging.»[37]

---

37 «Das Soziale in der Krise», Jahresgutachten des Paritätischen Gesamtverbands 2014, S. 11

Der vorsichtige Aufwärtstrend in der Arbeitslosenpolitik ist also teuer erkauft. Der Anteil an prekären, also ungenügend bezahlten Arbeitsstellen wächst. Die einstmals geltende Regel, dass, wer arbeitet, sein Auskommen selbst verdienen kann, gilt nicht mehr. Statt wachsender Arbeitslosenzahlen haben wir es mit einer wachsenden Armutsschicht zu tun. Die Folgen und der Schaden dieser verfehlten Sozialpolitik für die Volkswirtschaft sind heute noch nicht abzusehen.

Häufig wird an deutschen Stammtischen über die sogenannten «Schmarotzer» des Systems und die «faulen Hartzer» hergezogen. Dieses Bild, das von den Medien, wie ich behaupte, bewusst erzeugt und gesteuert wird, ist ein weiteres Mittel, um unsere Gesellschaft zu spalten. Die Wirklichkeit sieht auch hier ganz anders aus: Tatsächlich kommen nach Berechnungen der Armutsforscherin Irene Becker aus dem Jahr 2013 auf jeden Grundsicherungsempfänger zwei Berechtigte, die die ihnen zustehenden Leistungen nicht in Anspruch nehmen. Irene Becker stützt sich auf die Daten des SOEP, des Sozio-oekonomischen Panels, einer repräsentativen Wiederholungsbefragung von über 12 000 Privathaushalten in Deutschland, aus dem Jahr 2013, und errechnete eine Quote der Nichtinanspruchnahme von berechtigten Leistungen von 68 Prozent! Die Menschen, denen es so richtig schlechtgeht, machen offenbar tatsächlich, wie ich eingangs erwähnte, lieber Schulden, als sich dem Stigma auszusetzen, als «Sozialschmarotzer» zu gelten, wenn sie sich beim Jobcenter oder Grundsicherungsamt melden. Die drastisch wachsende Zahl der verschuldeten Haushalte scheint dies zu bestätigen.

Es gibt aber immer solche, die von der Armut auch profitieren. Wie sehr sich einige deutsche Wirtschaftsunternehmen die verdeckten Subventionen der Aufstockungen, Eingliederungszuschüssen und anderen Maßnahmen zunutze machen, haben wir schon gesehen. Doch es gibt noch einige andere Gruppierungen, die ihre Existenzberechtigung verlieren würden, gäbe es keine Armut mehr. Dazu gehören beispielsweise die Arbeiterwohlfahrt, kirchliche Vereine wie die Caritas, die Diakonie, der Bundesverband Deutsche Tafel e.V. und manche mehr. Ich wurde ziemlich hellhörig, als Ulrich Schneider vom Paritätischen Wohlfahrtsverband erklärte, wir bräuchten Hartz IV, und meinte, es sei richtig, Sanktionen zu erteilen. Sie seien nur «ein bisschen ungerecht». Trotzdem sieht er die Sanktionen als durchaus notwendig an, um einen sogenannten Anreiz zu schaffen. Nach dem Motto: Wenn man Sozialleistungen bezieht, hat man der Gesellschaft etwas zurückzugeben. Und wenn dú das nicht tust, dann gibt es die Erziehungskeule. Ulrich Schneider kritisiert zwar die Willkür bei den Sanktionen, er kritisiert auch die zu niedrigen Hartz-IV-Sätze, doch das System an sich kritisiert er nicht. Seine deutliche Haltung hat er unter anderem in der Sendung Maischberger «Das neue Hartz IV: Härter, aber fairer?» vom 13. Mai 2014 zum Ausdruck gebracht, als er erklärte: «... aber im Grundsatz sagen wir: Ganz abschaffen können wir die Sanktionen nicht, weil sonst das System Hartz IV nicht mehr akzeptiert würde von denen, die es finanzieren (sic!). Das ist so. Das ist unsere Haltung dazu.»

Natürlich ist es unter den gegebenen Umständen gut, dass wir diese sozialen Verbände und Vereine haben, weil unsere Gesellschaft und vor allem die von Armut Betroffenen sie bedauerlicherweise brauchen. Noch besser aber wäre es, die Umstände wären so, dass wir sie nicht nötig hätten. Und darum müssen wir dringend an das System heran, es verändern, damit diese Nutznießer der Armut überflüssig werden.

Viele dieser Einrichtungen arbeiten beispielsweise mit Ein-Euro-Jobs und nutzen somit das System für sich ebenfalls aus. Gerade mal vier Prozent dieser Ein-Euro-Jobber waren Ende 2013 nach dem Ein-Euro-Job für mindestens sechs Monate in einer sozialversicherungspflichtigen Beschäftigung. Es sind soziale Einrichtungen mit einer rein betriebswirtschaftlichen

Gewinnorientierung, wozu ich ebenfalls den Bundesverband Deutsche Tafel e. V. zähle. Auch 2013 zeigte deren Bilanz nach der Gewinn- und Verlustrechnung einen Jahresüberschuss auf.[38] Sie beschäftigen Arbeitslose als Ehrenamtliche mit dem Argument, dass sie dadurch eine geregelte Tagesstruktur bekämen, was ihnen guttäte. Ich allerdings bin der Meinung, dass gerade solche Einrichtungen, die es sich auf die Fahne geschrieben haben, sozial zu wirken, als Beispiel vorangehen sollten und solche Löhne bezahlen, von denen die Menschen auch tatsächlich leben könnten und damit von Hartz IV unabhängig würden.

Statt also die Ursachen für wachsende Armut und die Ungleichheitsschere, die sich – entgegen den Behauptungen der Regierung – immer weiter öffnet, zu kritisieren, laborieren die Sozialverbände an den Symptomen einer ungerechten Gesellschaft herum. Und das wahrscheinlich aus gutem Grund: Armut und Ungleichheit rechtfertigen ihre Existenz.

38 Quelle: http://www.tafel.de/fileadmin/pdf/Publikationen/Taf_JB13_Gesamt_140521.pdf

15. BESPITZELT, BEDROHT, BELEIDIGT – ODER: DER BRANDBRIEF

Nach dem Versuch im Herbst 2011, mir einen Maulkorb zu verpassen, hörte ich rund ein Jahr lang nichts mehr aus der Führungsebene des Jobcenters team.arbeit.hamburg zu diesem Thema. Weil ich ganz im Gegensatz zu Herrn Siepe der Ansicht war, dass die Öffentlichkeit mehr von den Zuständen im Zusammenhang mit Hartz IV erfahren muss, richtete ich im April 2012 ein zusätzliches Blog mit dem Ziel ein, die Missstände öffentlich zu machen. www.altonabloggt.com wurde bald zu einem Forum für Betroffene und interessierte Bürger. Zunächst berichtete ich von eher harmlosen Dingen, doch mit der Zeit steigerte sich die Kritik. Und heute noch ist die Seite eine Informationsquelle für Erwerbslose, aber nicht zuletzt auch für Jobcentermitarbeiter selbst, die von ihren Vorgesetzten oft nicht das erfahren, was sie wissen müssten. Außerdem äußerte ich mich vermehrt auf verschiedenen Erwerbslosenforen zum Thema Hartz IV und die leidige Sanktionspraxis, teils unter Pseudonym und teils unter meinem Namen. Unter anderem gab ich rechtliche Hinweise und Tipps, wie man sich am besten gegenüber seinem Jobcenter verhält.

In dieser Zeit erfuhr ich von einer neuen Sache, die von der BA eingeführt wurde: die Jugendberufsagenturen, kurz JBA. Spontan bewarb ich mich dort als Teamleiterin. Dies sind Behörden, die nach und nach in ganz Deutschland eingeführt werden, und wieder einmal war Hamburg Vorreiter. Von der Grundidee fand ich damals diesen Ansatz gut: Schüler oder Schulabgänger wie Gül zum Beispiel sollten nicht im allgemeinen Jobcenter gemeinsam mit Langzeitarbeitslosen und Empfängern von Grundsicherung betreut werden. Tatsächlich brauchen junge Leute eine andere Ansprache und auch eine andere Atmosphäre. Ich konnte gut mit jungen Leuten umgehen und hatte klare Vorstellungen davon, wie man die Sache anpacken sollte. Deshalb fand ich, dass ich die idealen Voraussetzungen für diese Teamleiterposition mitbrachte.

Im Vorstellungsgespräch wurde ich gebeten, den Aufbau des JBA am Flipchart darzustellen samt dessen Verbindungen und Zielen. Ich hatte mir das im Profil im Netz genau angeschaut und gab es eins zu eins wieder, ebenso die Erläuterungen dazu. Das Gespräch lief gut, doch fand ich es auffallend, dass meine Gesprächspartner immer wieder auf dieselbe Frage zu sprechen kamen:

«Wie sehen Sie persönlich die Wertigkeit des JBA?»

Ich erläuterte, wie wichtig ich es fand, dass man die jungen Menschen dort abholt, wo sie gerade stehen.

«Das ist ein sehr sensibler Übergang bei diesen jungen Menschen», erklärte ich, «von der Schule und Ausbildung ins Berufsleben. Dafür ist es sehr wichtig, dass wir ein gutes Netzwerk zu Behörden oder Verbänden außerhalb des Jobcenters aufbauen. Diese jungen Menschen brauchen eine ganzheitliche Beratung – und was sie auf keinen Fall brauchen, ist Druck.»

War ich überrascht, als ich eine Absage via Formschreiben erhielt? Wenn ich mich recht erinnere, machte ich mir damals kaum Gedanken über die möglichen Gründe. Im Rückblick erkenne ich jedoch heute, dass meine Äußerungen nicht gerade dem gewünschten Umgang im Jobcenter entsprachen, wo man auf Sanktionsandrohungen, Termineinhaltungen und Ausbildungsdruck setzt. Fazit: Ich war in deren Augen für diesen Job zu menschlich.

Damals aber dachte ich mir nichts dabei und beobachtete diesen Ansatz, Jugendamt, Schulbehörde und den Jugendbereich des Jobcenters zusammenzuführen, nach dem Motto: «Keiner geht verloren». Auf diese Weise werden alle zukünftigen Schulabgänger von der Behörde erfasst, auch solche, die überhaupt nichts mit Hartz IV zu tun haben, weder von ihrem Elternhaus her noch von ihrer eigenen Schulkarriere und ihren weiteren Ausbildungsplänen. Alle Eltern erhalten direkt von der Jugendberufsagentur ein Schreiben mit der Bitte um eine aktuelle Schulbescheinigung, und jene Eltern, die Hartz IV beziehen, mit der Androhung von Sanktionen, sollte diese nicht abgegeben werden. Im Schreiben wird bereits erwähnt, dass für das Kind eine Kundennummer angelegt wird. Und somit ist es im System registriert.

Wozu soll das gut sein? Für die Betroffenen bringt das keine Vorteile, eher im Gegenteil. Und darum kritisiere ich diese Praxis, einfach flächendeckend alle Schüler zu erfassen, vehement. Diese jungen Leben haben in den Statistiken der BA nichts verloren. Hiermit wird auf skandalöse Weise wieder einmal die Integrationsquote verfälscht: Denn jeder Schüler, der aus eigener Initiative einen Ausbildungsplatz findet und dessen Eltern nicht Hartz IV beziehen, wird in dieser Jugendberufsagentur erfasst und als «erfolgreich vermittelt» abgespeichert – obwohl die Behörde für den Jugendlichen überhaupt nichts getan hat. Meiner Meinung nach sollte die Bundesagentur für Arbeit die Finger von Kindern und Jugendlichen lassen, deren Familien nichts mit Hartz IV zu tun haben. Und am besten von den Kindern der «Hartzer» ebenfalls. Kinder gehören weder in eine Statistik noch in ein System. Denn welche «Verurteilung» es ist, wenn jemand in diesem System einmal erst erfasst ist, davon kann ich ein Lied singen.

Nachdem die Geschäftsführung bereits durch meine harmlosen Veröffentlichungen auf meinem ersten Blog aufgeschreckt worden war und mich zum Schweigen bringen wollte, war ich gespannt, was nun folgen würde. Mir war klar, dass man mich beobachtete und meine Seite «altonabloggt» regelmäßig las, und als mich eines schönen Tages im Oktober 2012 eine Kollegin aus der Zentrale privat anrief, war ich nicht weiter überrascht: Sie informierte mich darüber, dass ich Thema in einer Sitzung gewesen sei. Meine Aktivitäten im Netz wurden schon seit längerem verfolgt, sowohl auf meinen Blogs als auch in den Erwerbslosenforen. Sie meinte, dass meine «Schreibaktivitäten im Internet in der Zentrale schwer unter Kritik stehen».

Ich dachte in aller Ruhe darüber nach, wie ich nun am besten vorgehen sollte. Schließlich sprach ich meine Teamleiterin an und fragte sie, was sie darüber wisse. Ihre erste Reaktion war: «Darüber darf ich nicht sprechen.» Und damit war ja auch eigentlich genug gesagt.

Diese Frau, die wirklich versuchte, fair zu sein und einen guten Job zu machen, ohne abzustumpfen und zu verhärten wie viele andere, zeigte mir dann doch aber einige Texte, Ausdrucke aus dem Netz.

«Bist du das?», fragte sie mich.

Es handelte sich um einen Forenbeitrag in einem Erwerbslosenforum, den ich unter Pseudonym geschrieben hatte. Es war mir zuwider, diese Frau anzulügen, und ich bejahte ihre Frage. Da stand ihr deutlich der Druck, der auf ihr lastete, und der Konflikt mit ihrem eigenen Gewissen, der in ihr tobte, ins Gesicht geschrieben. Sie wusste ja, dass alles, was ich geschrieben hatte, der Wahrheit entsprach. Ebenso war ihr klar, dass man mir nicht das Recht abstreiten konnte, mich in der Öffentlichkeit zu äußern. Auf der anderen Seite hatte man sie mundtot gemacht, und unter all diesen Umständen rechne ich es ihr bis heute hoch an, dass sie diesen Schritt gewagt hat und mir die Ausdrucke zeigte. Denn damit war ich gewissermaßen gewarnt.

Als Nächstes trafen mich zwei anonyme Anrufe von Kollegen aus anderen Jobcentern – das konnte ich anhand der Telefonnummern eruieren. Beide beschimpften mich, ohne ihre Namen zu nennen. Sie bedrohten mich: «Sie machen wir fertig. Und Ihre Familie auch.» Eine stellvertretende Teamleiterin sagte über mich: «Frau Hannemann sollte man vergasen.»

Ich hatte damit gerechnet, dass früher oder später solche Diffamierungen und Beleidigungen kommen würden, bereits damals während meines Burnouts/Boreouts hatte ich das ganz deutlich vor mir gesehen. Deswegen konnte ich nun ganz ruhig bleiben und diesen für mich komplett unverständlichen Hass an mir abperlen lassen wie einen Regenguss. Und doch ließ ich das nicht einfach so stehen, sondern ging in die Offensive.

Ich suchte das Gespräch mit der Geschäftsführung. Wenn Herrn Siepe so sehr daran gelegen war, dass ich aufhörte, im Netz zu schreiben, dann könnte er mir das ja auch persönlich sagen. Doch viel interessanter hätte ich es gefunden, wenn wir uns an einen Tisch gesetzt und miteinander über die Missstände in den Jobcentern hätten sprechen können. Wenn man eh schon alles las, was ich schrieb, so wusste man ja auch, wo ich Handlungsbedarf sah. Auch wenn mir klar war, dass der Führungsstil der BA gemäß dem Vorstandsvorsitzenden ein eher autoritärer und hierarchischer war und man eine eigene Meinung an der Basis nur bedingt beachtenswert fand, wollte ich doch nichts ungenutzt lassen, um mit denen ins Gespräch zu kommen, die die Möglichkeit hatten, etwas zu verändern. Tatsächlich erhielt ich einen Termin, allerdings nicht bei Herrn Siepe, sondern bei seinem Stellvertreter Oliver Weiße. Zu dem Termin bat ich die Gleichstellungsbeauftragte Sylvia Landrath als Beistand hinzu, denn eines war mir klar: Ohne Zeugen sollte diese Begegnung nicht stattfinden. Wie gesagt: Ich hatte mich lange genug strategisch auf den Kampf, der nun vor mir lag, vorbereitet.

Das Gespräch lief so, wie ich es erwartet hatte. Oliver Weiße gab unumwunden zu, dass man hinter mir herrecherchierte und jeden meiner Schritte im Netz verfolgte. Er zeigte mir die Ausdrucke meiner gesamten Artikel, so ganz, als würde mich das einschüchtern. Das tat es nicht, ganz im Gegenteil. Das Gespräch war kurz, und einmal sagte Oliver Weiße: «Für eine

Behinderte sind Sie ganz schön fit im Denken.» Da blieb mir fast die Spucke weg. Mehr braucht es eigentlich nicht, dachte ich, um zu sehen, wes Geistes Kind dieser Mensch ist, der derart diffamierend über Behinderung spricht.

Kurz und gut, es kam wie erwartet nichts heraus bei diesem Gespräch. Mir war klar, ich brauchte einen Anwalt, und zwar einen guten. Als ich bei dem meiner Wahl im Büro saß und ihm meine Geschichte schilderte, dachte er lange nach. Dann sagte er: «Alles klar. Kommen Sie wieder, wenn es ernst wird.»

In den folgenden Wochen wurde mir bewusst, dass in meiner Abwesenheit mein Schreibtisch durchsucht wurde, und dies immer wieder. An meiner Pinnwand hatte ich immer die ersten neunzehn Artikel unseres Grundgesetzes hängen, einmal fand ich diese abgehängt und auf meinem Schreibtisch liegen. Selbstverständlich hängte ich sie wieder auf. Wenn ich telefonierte, hörte ich das verräterische Klicken – meine Telefongespräche wurden mitgehört und außerdem meine sämtlichen Bewegungen im Netz verfolgt. Ich gab meinen Überwachern keine Chance, etwas gegen mich zu finden: Meine Telefonate waren alle sachlich und beruflicher Natur. Außerdem war ich ohnehin nie während meiner Arbeitszeit im Internet. So hatte ich es immer gehalten. Für wie blöd halten die mich eigentlich, fragte ich mich oft.

Aufgrund meiner Rheumaerkrankung muss ich mindestens alle vier Jahre einen Reha-Aufenthalt durchführen. Im Januar 2013 war es wieder so weit. In dieser Zeit erkrankte ich schwer an einer Grippe und musste die Reha abbrechen. Ich hatte im Anschluss an die Reha noch einige Urlaubstage aus dem Vorjahr angemeldet, und während dieses Urlaubs kam ich zu Hause langsam wieder zu Kräften. Und dann, am 19. Februar 2013, wachte ich morgens um fünf Uhr auf und wusste, was ich tun musste. Ich stand auf, setzte mich an meinen Computer und schrieb:

«Sehr geehrte Bundesagentur für Arbeit,
wie viele Tote, Geschädigte und geschändete Hartz-IV-Bezieher wollen Sie noch auf Ihr Konto laden? Wie viele dauerkranke, frustrierte und von subtiler Gehirnwäsche geprägte Mitarbeiter wollen Sie in Ihrem Konstrukt ‹Jobcentermaschine› durchschleusen?

Fragen, die mich als Jobcentermitarbeiterin bewegen. Fragen, auf die ich keine Antwort erhalte. Und Fragen, die öffentlich diskutiert werden sollten. Das Internet quillt über von Meldungen über verhungerte, selbstmörderische und schwerst gekränkte ‹Hartzer›. Nicht geringer sind anonyme Aussagen und Berichte über Jobcentermitarbeiter, welche dem Druck, die gewollte Unmenschlichkeit gegenüber den Leistungsberechtigten auszuüben – und der Erfüllung von Quotenkolonnen – nicht mehr gewachsen sind. Anonym, aus Angst vor Repressalien und Kündigung durch die Zentralen der Jobcenter oder ‹Ihrer› Behörde. Sind doch gerade einzelne Projekte mehrheitlich mit befristeten Arbeitsgehilfen besetzt. Ein Umstand, der jedem Befristeten eine eigene Unsicherheit beschert. Und diese trägt er oder sie eben nach außen. Wie soll ein selbst Befristeter innere Sicherheit vermitteln? Und wie soll ein Befristeter mit der ständigen Unsicherheit umgehen, der nächste Tag könne der letzte sein? So agieren die meisten stets linientreu, kopf- und statistikgesteuert – immer mit der Hoffnung, noch am letzten Tag ihrer Befristung eine begnadete Verlängerung zu erhalten.

Dies könnte natürlich auch Kalkül sein! Frischfleisch, – ohne die Chance zu erhalten, das System zu durchschauen – und die Angst vor der eigenen Arbeitslosigkeit lässt Menschen agieren ohne Sinn und Verstand. Ein bundesweites Marionettenspiel für mehr als sechs Millionen Erwerbslose. Nur komisch, dass kaum einer

– außer den ‹Reglern› selbst – klatscht. Auch Zugaben werden nicht gefordert.

Sie starten Kampagnen wie ‹Ich-bin-gut›, Gelder aus Berlin für Weiterbildungen oder sonstige Maßnahmen werden verteilt, Erwerbslose erhalten in Berlin einen persönlichen Coach, ‹lauffaule› Hartzer in Brandenburg bekommen einen Schrittzähler, Bendorf verlost Langzeitarbeitslose auf dem Weihnachtsmarkt und Nienburg droht mit Leistungskürzungen bei Verweigerung von Nichtraucherkursen.

Absurditäten, die keine Beschreibung benötigen. So werden Gelder verschwendet für Kuriositäten, die unmenschlicher und entwürdigender nicht sein können. Ebenso bekannt und nicht ausgesprochen, werden Fördergelder, wie der Eingliederungszuschuss (EGZ), für Arbeitgeber zur Verfügung gestellt, die eine kurzfristige Beschäftigung gewährleisten. Aber ebenso, nach dem Auslaufen dieser Bezuschussung, wird oftmals erneute Arbeitslosigkeit finanziert. Allerdings spottet genau dieser Eingliederungszuschuss jeglicher Vernunft, wenn Niedriglohnausbeuter wie Zeitarbeitsfirmen diesen erhalten. Es ist eine, durch die Autorisierung unserer Regierung, geldliche Unterstützung für laufende Armut und Beibehaltung von Sklavenarbeit. Gewollte, geknechtete, erniedrigte und kontinuierliche Bittsteller in den Jobcentern. Subventioniert durch ‹Ihre› Behörde – und die Bundesregierung.

Selbstverständlich gibt es immer wieder erfolgreiche Vermittlungen in unbefristete Jobs, von denen ein Mensch auch leben kann. Dies möchte ich nicht unerwähnt lassen. Auffällig ist nur, dass die Dauer der Langzeitarbeitslosigkeit nach dem Sozialgesetzbuch II (SGB II) stetig steigt. Demnach waren über die Hälfte der Betroffenen über 50 Jahre im Jahr 2011 länger als

12 Monate im Bezug von Arbeitslosengeld II. Ein kaum geringerer Anteil betrifft die Erwerbslosen unter 50 Jahren. Die Anzahl derer, die nach kurzfristiger Beschäftigung, weil ja zumeist nur noch befristet beschäftigt wird, erneut sich arbeitssuchend melden, stieg im Jahr 2011 ebenso stetig an. So sind über 2/3 der Bezieher von Arbeitslosengeld, Bezieher der Transferleistungen nach Hartz IV. Eine Zahl, die sich seit der Einführung von Hartz IV (2005) nicht zum Positiven gewandelt hat. Waren es zu Beginn rund 60 Prozent, sind es nun über 70 Prozent. Von einer Reduzierung der Arbeitslosigkeit im Bereich des SGB II kann nach meiner Berechnung nicht gesprochen werden.

Gesucht werden die Gründe für gewollte Willkür, für menschenverachtende Aussagen durch die Jobcentermitarbeiter, für ein System, welches es zulässt, dass Erwerbslose genau dadurch immer kränker werden. Dass die Schuld jedoch beim Erwerbslosen gesucht wird, ohne an die eigene Kappe zu fassen, zeigt eine gewisse Mentalität der Ignoranz. Menschenunwürdiges und gedankenloses Handeln, wie es tagtäglich in den Jobcentern geschieht, macht krank. Bedrohungen, Angst vor Sanktionen und die Behandlung als Mensch zweiter, dritter, vierter Klasse durch die Jobcenter führen nicht in Arbeit, sondern in die totale Verweigerung, in ständige Arbeitsunfähigkeitsbescheinigungen, in die Resignation, in die Wut bis zum Suizid.

Mir ist bewusst, dass ich mich mit diesen Fragen und dem Artikel weiteren Repressalien durch Ihre Behörde aussetze, vielleicht sogar meinen Arbeitsplatz riskiere. Mir ist aber auch bewusst, dass Menschlichkeit nur entstehen kann, wenn aufgerüttelt wird, wenn sich kritische Stimmen, auch aus den eigenen Reihen, erheben.

Und ebenso, als freie, anerkannte Journalistin, nehme

ich mir das Recht der vierten Staatsgewalt heraus und mache auf Missstände aufmerksam. So will ich nichts anderes als Veränderung in Ihren Köpfen für mehr Menschsein und Beachtung der Menschenwürde nach dem Grundgesetz. Nicht Verwalten ist das Ziel, sondern humanitäres Handeln.

Oder sind wir schon so weit, dass jedes Erklimmen einer beruflich höheren Stufe menschliches Denken und Handeln außer Kraft setzt?»

Diesen Brandbrief, wie ich das Schreiben nannte, hatte ich fast in einem Zug heruntergeschrieben. All das war mir so lange auf dem Herzen gelegen, und ich hatte das Versteckspielen mit der Jobcenter-Zentrale so satt. Ich las den Brief noch einmal durch, machte hier und dort ein paar Korrekturen. Dann stellte ich ihn auf mein Blog «altonabloggt».

So, dachte ich. Da sie mich ja ohnehin überwachen, brauche ich mir nicht die Mühe machen, ihn noch an anderer Stelle zu veröffentlichen. Es war sechs Uhr in der Früh. Ich zog meine Joggingsachen an und ging erst einmal hinaus ins Freie, um meinen täglichen Sport zu machen.

16. FREIGESTELLT – ODER: FRAU HANNEMANN MUSS DIE SCHLÜSSEL ABGEBEN

Von da an ging alles ganz schnell. Knapp eine Woche später, noch während meines Urlaubs, sprach ich vor der Bürgerinitiative Grundeinkommen in Berlin. Die Initiatoren nahmen meine Rede auf und stellten den Filmbeitrag auf die Internetplattform YouTube. Ob es letztendlich mein Brandbrief war, der die kommenden Ereignisse auslöste, oder dieser Vortrag, kann ich nicht sagen. Auf alle Fälle war klar, dass sich etwas zusammenbraute.

Während meiner Reha hatte unsere Teamleitung gewechselt, und die Neue lernte ich nach meiner Rückkehr aus Reha und anschließendem Urlaub am 4. März 2013 als kühle und distanzierte Zahlenfrau kennen. Unsere erste Begegnung war denkwürdig und richtungweisend: Mitten in einem sogenannten «Kundengespräch» mit einem jungen erwerbslosen Mann trat die Teamleiterin in mein Büro. Sie hatte ihre Stellvertreterin als Zeugin im Schlepptau, der die Sache sichtlich unangenehm war, und überreichte mir eine Einladung zu einer Anhörung am 8. März bei meinem offiziellen Arbeitgeber, der Behörde für Soziales, Familie und Integration, der BASFI. Diese distanzlose Art, mich während meiner Arbeit einfach so zu überfallen, schien den jungen Mann mehr aufzuregen als mich selbst. Er kannte allerdings meine Aktivitäten und war daher nicht sonderlich überrascht.

«Aha», meinte er nur, «mit Mitarbeitern geht man also genauso um wie mit uns Erwerbslosen. Kritik wird nicht geduldet.»

Am folgenden Tag wurde mir klar, dass man nun gezielt nach Fehlern in meiner Arbeit Ausschau hielt. Zum Beispiel erhielt ich eine E-Mail, in der man mich fragte, warum ich die Einträge von meinen Kunden am Tag zuvor nicht gemacht hätte. Dabei fehlte nur ein einziger Eintrag. Es war keine Seltenheit, dass man am Morgen den letzten Fall des Vortages ins System eintrug, das war eigentlich gang und gäbe und kein Grund für eine Rüge. Zudem kam ich ja nach langer Abwesenheit in mein Büro zurück und musste unzählige Wiedervorlagen, Mails und Briefe abarbeiten. Zu allem Überfluss war außerdem eine Mitarbeiterin krank geworden, und ich musste ihre Vertretung übernehmen.

Dass man mich dennoch rügte, konnte nur bedeuten, dass ich unter genauester Beobachtung stand. Ich beendete diesen Arbeitstag so, als ob alles ganz normal wäre. Doch es war nichts mehr «normal». Aus vielen kleinen Anzeichen konnte ich schließen, dass sich etwas zusammenbraute. Darum meldete ich mich am nächsten Tag krank – etwas, was ich sonst nur in äußersten Notfällen tat. Doch dies war eine Art «Notfall», und ich sagte mir: «Wenn ich nicht arbeite, kann ich auch keine Fehler machen.» Denn es war klar: Wer entschlossen ist, Fehler zu finden, der wird auch fündig werden.

In den sozialen Netzwerken gab ich bekannt, dass ich am 8. März um 10 Uhr einen Gesprächstermin bei der BASFI hatte. Tatsächlich riefen einige Sympathisanten im Netz dazu auf, diese Gelegenheit für eine Solidaritätsbekundung vor der Behörde zu nutzen. Am 7. März gegen halb fünf Uhr wurde der Termin aber auf merkwürdige Weise abgesagt: Auf meinem Anrufbeantworter fand ich eine Nachricht, die ein männlicher Anrufer hinterlassen hatte, ohne seinen Namen zu nennen. Dieser Unbekannte erklärte, dass mein Termin bei der BASFI abgesagt würde, weil man eine Massenkundgebung befürchtete. Da hatte ich also noch einen Beweis, wie aufmerksam man bei der BASFI und dem Jobcenter die Internetaktivitäten rund um Inge Hannemann verfolgte. Aber wieso hatte der Anrufer seinen Namen nicht genannt?

Ich war mir nicht sicher, ob dieser anonyme Anruf seine Richtigkeit hatte oder womöglich ein Trick war, der dazu dienen sollte, mich von dem Termin fernzuhalten, um mir hinterher daraus einen Strick zu drehen. Ich schrieb also eine E-Mail an die Stadt, um nachzufragen, ob der Termin nun stattfinden würde oder nicht. Am Morgen des 8. März erhielt ich um zehn vor neun Uhr einen weiteren Anruf, in dem mir die Absage bestätigt wurde. Tatsächlich sagte die BASFI den Termin ab «zur Gewährleistung unserer und Ihrer Sicherheit, weil wir davon ausgehen mussten, dass 100 oder 200 Menschen Demonstration machen. Wir hätten uns mit Ihnen austauschen wollen. Ich hoffe, dass Sie noch nicht unterwegs sind». Diese Mitarbeiterin hinterließ auch ihren Namen.

Ich beschloss, trotzdem hinzugehen. Ich war den dritten Tag krankgeschrieben und wollte die Krankmeldung persönlich abgeben. Mit mir ging ein Bekannter, der früher bei der BASFI angestellt gewesen und inzwischen erwerbsunfähig war; ihn hatte ich gebeten, mich als Beistand zu begleiten. Als wir bei der Behörde ankamen, sahen wir überall am Straßenrand Polizeiwagen stehen.

Um in das Gebäude zu gelangen, mussten wir klingeln, und dort im Foyer warteten schon der Sicherheitsdienst und weitere Polizisten. Nachdem man uns eingelassen hatte, wurden wir wie Schwerverbrecher vom Sicherheitsdienst zum Personalbüro begleitet. Ich konnte das nicht ernst nehmen – wie groß musste deren Angst sein? Glaubten meine Arbeitgeber tatsächlich, dass ich die Massen mobilisieren würde? Natürlich hatte ich über meine Netzwerke verbreitet, dass der Termin abgesagt worden war, und es war auch kein Sympathisant erschienen. Anscheinend aber traute man mir bei der Stadt Hamburg allerhand zu.

Beim Personalbüro tat ich meine Pflicht als Arbeitnehmerin und gab meine Krankmeldung ab – und das war es dann auch. Dann gingen mein Beistand und ich, wo wir nun schon mal hier waren, in ein benachbartes Einkaufszentrum in ein Café, um erst einmal zu frühstücken. Als Dank, dass er mitgekommen war, lud ich meinen Begleiter dazu ein. Es wurde ein denkwürdiges Mahl, denn die ganze Zeit über, während wir dort in Ruhe saßen und unseren Kaffee tranken, schritt ein Sicherheitsbeamter der BASFI, der sich uns vorher in der Behörde vorgestellt hatte, demonstrativ um uns herum. Das war mal ein neues Gefühl, unter Bewachung zu frühstücken. Tatsächlich konnte ich es nicht fassen, dass sich die BASFI derart lächerlich machte.

Ich wusste nun, was die Stunde geschlagen hatte. Irgendwie hatte ich es im Gefühl, dass das Ganze auf einen Prozess hinauslaufen würde. Ich bin alles andere als reich, das Gehalt einer Jobcentermitarbeiterin in Teilzeit ist nicht so üppig, als dass man nennenswerte finanzielle Reserven ansammeln könnte. Ich bin ein bescheidener Mensch und brauche nicht viel. Aber einen Prozess gegen eine Bundesbehörde – das konnte ich nicht alleine stemmen.

Also meldete ich mich bei meiner ver.di.-Vertretung, schließlich bin ich dort langjähriges Mitglied. Eine der Leistungen, die die Vereinigte Dienstleistungsgewerkschaft ihren Mitgliedern gewährt, ist eine Kostendeckung im Falle eines Arbeitsprozesses. Umso überraschter war ich, als Susan Naumann, Bereichsleiterin Recht & Beratung, mir nach der Schilderung meines Falles am Telefon nahelegte, ich solle doch darüber nachdenken, ob ich nicht meinem Arbeitgeber gegenüber loyal sein wollte.

Zuerst war ich nur befremdet, dann wurde mir klar, wie frech diese Äußerung doch war. Wie alles, was mir widerfuhr, machte ich auch diese Aussage auf Facebook öffentlich.

Auch der Anwalt, der vor kurzem noch gemeint hatte, ich solle mich bei ihm melden, wenn es «so weit sei», bekam auf einmal kalte Füße. Er erklärte mir, dass das alles nicht so günstig für ihn sei. Er habe viele Mandanten mit Unternehmensinsolvenz, die von der Bundesagentur für Arbeit Überbrückungsgelder bekämen. Und für diese Mandanten befürchtete er Repressalien, wenn er nun auch meinen Fall vertreten würde.

«Angst essen Seele auf», dachte ich nur und setzte meine Suche fort.

Ende März erhielt ich erneut eine Einladung zu einem Gespräch in die BASFI, diesmal von Petra Lotzkat, der Leiterin des Bereichs «Amt für Arbeit und Integration». Man war allgemein bei der BASFI der Meinung, dass es für meine Sicherheit besser sei, wenn ich den Job wechselte. Frau Lotzkat unterbreitete mir also ein neues Stellenangebot im Bezirksamt Eimsbüttel im Bereich Bildung und Teilhabe. Dort hätte ich die Anträge für die Teilhabepakete erfassen sollen.

«Ich habe eine Arbeitsstelle», gab ich zur Antwort.

Darauf folgte der klare Hinweis: Sollte ich dieses Stellenangebot nicht annehmen, dann hätte ich mit einer Kündigung oder einer Freistellung zu rechnen. Außerdem erwähnte Frau Lotzkat während dieses Gesprächs, dass die Bundesagentur für Arbeit «Druck auf das Jobcenter team.arbeit.hamburg ausübe» – wie dieser «Druck» tatsächlich aussah, dazu wollte sie sich allerdings nicht äußern.

«Es gab ja keine Gespräche zwischen Ihnen und der Leitung», sagte Frau Lotzkat vorwurfsvoll, «und darum sieht Herr Siepe keine Möglichkeiten mehr, Sie weiterhin im Jobcenter zu beschäftigen. Die Situation ist verfahren, das müssen Sie doch zugeben. Der entscheidende Grund ist: Sie sind nicht loyal, Frau Hannemann.»

Seltsam, dachte ich, das hatte ich doch vor kurzem schon einmal gehört. Auch Frau Naumann von ver.di war der Meinung gewesen, ich solle loyal gegenüber meinem Arbeitgeber sein. Nun war sich also meine Gewerkschaft mit meinem Arbeitgeber einig?

Und die Begründung war, dass keine Gespräche stattgefunden hatten? War es doch Herr Siepe selbst, der sich nicht mit mir an einen Tisch setzen wollte, sondern einmal seinen Stellvertreter und das andere Mal Frau Lotzkat vorschickte?

Auch Frau Naumann von ver.di, die ich telefonisch nach ihrer Meinung fragte, bestätigte mir, dass ich durchaus mit einer Kündigung rechnen müsse, sollte ich dieses Angebot ausschlagen.

Was für ein Angebot, fragte ich mich. Ich wollte keine neue Arbeitsstelle, sondern Gespräche, ich wollte, dass sich etwas änderte. Ich wollte, dass man mich ernst nahm und mich und meine Forderungen in Augenhöhe wahrnahm. Was ich auf keinen Fall wollte: Auf einen Arbeitsplatz abgeschoben werden, wo ich von früh bis spät nur Anträge aufnahm.

Noch immer hatte ich keine Zusage für den mir zustehenden Rechtsschutz von ver.di. Und noch immer bekam ich noch nicht einmal einen Termin zu einem persönlichen Gespräch mit Frau Naumann. Inzwischen hatten von dieser unverständlichen Zurückhaltung seitens ver.di eine große Zahl von Menschen erfahren, und viele empörten sich darüber. Die Hamburger ver.di-Geschäftsführung wurde geradezu mit E-Mails bombardiert, in denen meine Sympathisanten ihr Unverständnis äußerten, warum man mich in dieser Situation so im Regen stehen ließ, sodass an einem Morgen gar der Server zusammenbrach. Schließlich breitete sich die Empörung bundesweit aus, und andere ver.di-Geschäftsstellen richteten Anfragen nach Hamburg, was denn da los sei und wie man dazu komme, mir den Rechtsschutz zu verweigern. Und so geriet die Hamburger ver.di derart unter Druck, dass ich endlich am 10. April eine Einladung zu einem Gespräch mit Frau Naumann bekam.

Bei diesem Termin erhielt ich nun endlich die längst fällige positive Antwort.

«Melden Sie sich, wenn Sie eine Abmahnung oder Kündigung erhalten», meinte Susan Naumann. «Dann werden wir nach den Rechtsschutzrichtlinien die Erfolgsaussichten und die Möglichkeit einer Deckungszusage prüfen.»

Klar, dass ich mit ihr diskutierte und verbindlichere Zusagen wünschte. Ich hatte damals bereits einen Anwalt gefunden, dem ich diese Aufgabe zutraute, und der auch – so hoffte ich – den Mumm hatte, die Sache durchzuziehen.

Tatsächlich hoffte ich immer noch, dass man vielleicht doch noch das Naheliegende tun könnte: sich wie erwachsene Menschen an einen Tisch setzen und vernünftig miteinander reden. Dass wir über die eigentliche Problematik, die mir am Herzen lag und die meiner Meinung nach auch die BA und die Jobcenterzentrale interessieren müsste, eine sachliche Krisenkommunikation führen könnten. Ich hoffte, dass sie so viel Rückgrat besäßen, sich mit einer Arbeitsvermittlerin zusammenzusetzen und über die Situation im Jobcenter, Hartz IV, die Sanktionen und den Umgang mit den «Kunden» konstruktiv zu sprechen. Und doch rechnete ich auch mit der Möglichkeit, dass dem nicht so wäre. Ich rechnete damals eigentlich mit allem.

An meine Krankschreibung fügte sich nahtlos ein Resturlaub aus dem Vorjahr an. Am 22. April war dieser zu Ende. Für meinen ersten Arbeitstag war ich früh um acht Uhr zu einem Gespräch mit dem stellvertretenden Geschäftsführer Oliver Weiße eingeladen worden – offiziell nicht wegen meiner öffentlichen Kritik an Hartz IV, sondern wegen der beiden anonymen Anrufe aus fremden Jobcentern und den Drohungen, die ausgesprochen worden waren. Ich hatte natürlich die Telefonnummern notiert und über die Zentrale die entsprechenden Kollegen eruieren können, zumindest den Kreis der für die Anrufe in Frage kommenden Mitarbeiter sehr eingrenzen können. Und doch hatte ich mich dazu entschlossen, die Namen nicht zu nennen, ebenso die Äußerung einer damaligen stellvertretenden Teamleiterin, dass eine Frau Hannemann «weggehöre». Was hatte ich davon, wenn diese Leute ihren Job verloren? Würde sich dadurch etwas zum Besseren wenden? Ich fand nicht. Stattdessen wollte ich nicht, dass die Problematik, um die es mir ging, uns Jobcentermitarbeiter spaltete. Es ging um viel Wichtigeres – auch wenn diese Kollegen das nicht verstanden.

Außerdem ahnte ich, dass es bei dem Termin mit Oliver Weiße um etwas ganz anderes gehen würde. Wegen anonymen Anrufen alleine, so vermutete ich, würde sich der stellvertretende Geschäftsführer von team.arbeit.hamburg sicherlich keine Zeit für mich nehmen. Vorsichtshalber hatte ich darum einen Beistand von ver.di zu dem Termin gebeten. Auf meinem Blog riet ich den Erwerbslosen, nie ohne einen Zeugen zu den Jobcenter-Terminen zu gehen. Inzwischen hielt ich das auch für mich für angeraten.

Wie immer begann ich meinen Arbeitstag sehr früh, 20 Minuten nach sechs war ich bereits vor Ort. Wir hatten Gleitzeit, und ich schätzte es, in aller Ruhe, noch bevor alle anderen eintrafen, mit meiner Arbeit zu beginnen. Für alle Fälle hatte ich einen Liveticker auf meiner Facebook-Seite eingerichtet und einen Administrator bestimmt, den ich regelmäßig über Kurznachrichten von meinem Handy auf dem Laufenden halten wollte. Und tatsächlich. Als ich meinen Computer hochgefahren hatte und versuchte, mich in das System einzuloggen, war das nicht möglich. Weder mein Benutzername noch das Passwort funktionierten mehr. Ich rief bei der IT-Abteilung in Nürnberg an, um mich zu erkundigen, was da los war, doch so früh am Morgen traf ich noch niemanden an.

Bis acht Uhr war noch Zeit, arbeiten konnte ich ja nicht. Ich informierte meinen Administrator und fotografierte vorsorglich mit meinem Handy meinen Schreibtisch und den Arbeitsplatz – nicht etwa als Andenken, sondern für den Fall, dass später etwas geändert wurde. Dann sah ich im angrenzenden Gebäude des eigentlichen Jobcenters nach der Post. Bei der Gelegenheit traf ich eine Kollegin. Sie grüßte mich nicht. Mir schien, das ganze Haus wusste bereits, dass Inge Hannemann nicht mehr dazugehörte. Dann ging ich mit dem Hausmeister einen Kaffee trinken, bis Herr Kohsiek von ver.di kam und es

Zeit wurde für den Termin beim stellvertretenden Geschäftsführer Oliver Weiße.

Das Gespräch war eine reine Farce. Oliver Weiße fragte mich, wie ich zu Sanktionen stehe. Er rief den Fall einer jungen Frau auf, die ich seit einigen Monaten nicht mehr sanktionierte.

«Warum nicht?», wollte er wissen.

Es handelte sich um einen dieser Fälle, bei denen ich es einfach nicht gerechtfertigt sah, die Betroffene zu sanktionieren, ein Fall, der dem von Jessica sehr ähnelte. Ich legte meine Gründe dar, ließ mich auf keine Diskussion ein.

«Fühlen Sie sich denn weiterhin bedroht?», wechselte Weiße die Strategie.

«Nein», gab ich zur Antwort. «Wie Sie wissen, bekam ich zwei anonyme Drohungen von Mitarbeitern anderer Jobcenter. Aber bedroht fühle ich mich dadurch nicht.»

«Ihre Sicherheit liegt uns aber am Herzen», meinte Oliver Weiße. Fast musste ich mir ein Grinsen verkneifen.

«Wissen Sie, Frau Hannemann», fuhr er fort, «viele Kollegen beschweren sich, dass ihre Arbeit durch Ihre Aktivitäten im Netz erheblich erschwert worden sei. Die Kunden kommen und sagen: ‹Frau Hannemann würde aber ganz anders entscheiden.› Was sollen die Kollegen denn dann noch sagen? Und seit Sie im Internet verbreiten, dass man besser die Eingliederungsvereinbarung nicht unterschreiben solle, weigern sich vermehrt Kunden, die Unterschrift zu leisten. Stimmt es, dass Sie die Umfrage zu erhöhten Schwierigkeiten in den Jobcentern auf Ihre Facebook-Seite gestellt haben?»

«Ja», bestätigte ich, «das habe ich. Ich finde nicht, dass wir etwas zu verbergen haben.»

Oliver Weiße wiegte seinen Kopf und machte eine ernste Miene.

«Ist Ihnen eigentlich klar, dass bundesweit die Jobcentermitarbeiter erhöhte Probleme mit ihren Kunden haben? Die sind alle angespannt und fühlen sich unter Druck gesetzt.»

Ich versuchte, das Gespräch in eine andere Richtung zu lenken, dorthin, wo wir konstruktiv hätten über die Situation sprechen können. Dass meine Vermittlungsrate sehr erfolgreich war – und dass ich trotzdem mehrfach um Sonderaufgaben gebeten hätte und Kurse in Kommunikation und Deeskalation in der Arbeit mit Leistungsbeziehern angeboten habe. Dafür hatte ich sogar Konzepte bei meiner Teamleitung eingereicht. Allerdings bewertete die Standortleitung meines Jobcenters diese Initiative von mir negativ. Es sei nicht die Aufgabe einer Arbeitsvermittlerin, hieß es, ich würde damit meine Kompetenz überschreiten.

Schließlich kam es, wie ich es erwartet hatte: Oliver Weiße und ein Vertreter der Personalverwaltung Jobcenter team.arbeit.hamburg berieten sich ein paar Minuten lang. Dann las mir Oliver Weiße die bereits vorbereitete Freistellung vor, ehe sie sie mir überreichten.

«Damit kommen Sie arbeitsrechtlich nicht durch», sagte mein Begleiter von ver.di. «So wie Sie diese Freistellung formuliert haben, kann sie Ihnen als extrem politisch motiviert interpretiert werden. Arbeitsrechtlich liegt nichts gegen Inge Hannemann vor. Damit sie wirksam ist, müssten Sie dieses Schreiben anders formulieren.»

Doch die Herren hörten nicht auf Herrn Kohsiek. Ich durfte in Begleitung des Hausmeisters noch einmal in mein Büro gehen und meine privaten Sachen holen. Dann musste ich die Schlüssel abgeben. Innerhalb von 20 Minuten wurde mein Team informiert. Die Freistellung gilt «bis auf Widerruf». Bereits damals, am 22. April 2013, kündigte ich an, dass ich dagegen klagen würde.

17. VON PLEITEN, MISSWIRTSCHAFT – UND KEINE KONSEQUENZEN

Im Frühsommer 2013 erreichten mich aus meinem alten Jobcenter team.arbeit.hamburg verzweifelte Anfragen von einigen meiner ehemaligen Kollegen. Ob ich wüsste, was eigentlich mit den Finanzen los sei, von der Führungsebene seien einfach keine Informationen zu bekommen. Und so wandten sich die Mitarbeiter ausgerechnet an mich, die seit wenigen Monaten freigestellte, rebellische Kollegin, auf deren Blog so manch unliebsame Wahrheit nachzulesen war. Doch immerhin waren es Wahrheiten.

Es dauerte nicht lange, und ich erhielt aus zuverlässigen Quellen jede Menge Informationen. Was ich erfuhr, wollte ich zunächst kaum glauben. Es offenbarte sich mir ein Finanzskandal, wie selbst ich ihn nicht für möglich gehalten hätte.

Für das Jahr 2013 erhielt das Jobcenter team.arbeit.hamburg insgesamt Gelder für die Förderung Erwerbsloser (im Fachjargon «Eingliederungstitel» genannt) in Höhe von knapp 97 Millionen Euro. Davon waren allerdings bereits im Vorjahr rund 61 Prozent für Maßnahmen wie Ein-Euro-Jobs, Trainingsmaßnahmen, Eingliederungszuschüsse, Selbständigenförderung und andere Maßnahmen bindend verplant worden, und waren so gut wie bereits ausgegeben.

Das war eine Menge Holz. Es war klar, dass die Mittel nicht bis zum Ende des Jahres 2013 reichen konnten. Im März 2013 zeichnete sich ein tatsächlicher Gesamtbedarf von rund 105,5 Millionen Euro ab, was nichts anderes bedeutete als einen zu erwartenden Fehlbetrag von rund 14,5 Millionen Euro. Man hatte im Voraus im großen Stil nicht vorhandenes Geld ausgegeben, und zwar für Weiterbildungsmaßnahmen, von denen man noch gar nicht wusste, ob sie überhaupt gebraucht werden würden. Jeder Privatperson würde man zu Recht Vorwürfe machen, jeder weiß, dass man nicht Waren in den Einkaufswagen häufen sollte, ohne zu wissen, ob man an der Kasse auch genügend Geld im Portemonnaie hat. Und so zeichnete sich jetzt schon die kapitale Überschuldung ab, wie ich mit Hilfe interner Dienstprotokolle, Mails an die Geschäftsführung und Controlling-Listen nachvollziehen konnte.

Was nun folgte, war ein Skandal, der allerdings vor der Öffentlichkeit vollkommen vertuscht wurde. Den Schaden mussten die Falschen tragen: Zum Beispiel die Bildungs- und Beschäftigungsträger, bei denen eingekauft worden war, und die auch ihre vertraglich vereinbarte Leistung lieferten. Viele Rechnungen sollten einfach ins Jahr 2014 verschoben werden. Nicht allein, dass man auf diese Weise die Verschuldung nur zeitlich nach hinten verschob und sich keine Gedanken darüber machte, wie man im Jahr darauf mit dem Problem umgehen sollte. Mit dieser Praxis wurden auch Vereinbarungen gebrochen und in Kauf genommen, dass die Vertragspartner durch die Zahlungsverzögerung in ernste wirtschaftliche Schwierigkeiten gerieten. Die Träger mussten also Monate auf ihr Geld warten. Parallel dazu wurden die Sachbearbeiter angewiesen, bei den Leistungen der Träger nach den minimalsten Fehlern oder sogenannten «Leistungsstörungen» zu fahnden und möglichst auch welche zu finden, um Vorwände zu generieren, die Rechnungen zu mindern oder sie überhaupt nicht zu bezahlen. Eine beliebte Taktik wurde es nun auch, Rechnungen formal in Frage zu stellen, um auf diese Weise einen Aufschub der Begleichung zu erreichen. Ja, man berichtete mir von den unglaublichsten Ausreden, die nun aus den Jobcentern kamen, warum es nicht möglich sei, die Rechnungen zu überweisen. Empörte Bildungsträger berichteten mir, dass angeblich vermehrt die hausinterne EDV beim Jobcenter ausfiele, dass behauptet wurde, Unterlagen würden fehlen, die Rechnungen seien falsch oder die Leistungen nicht zufriedenstellend gewesen. Ich fragte im IntegrationsLeistungsCenter (ILC) nach, also bei der Stelle im Jobcenter, die für die Auszahlungen zuständig ist, und erkundigte mich, ob das denn wahr sei. Ich erfuhr, dass sich die Rechnungen der Träger stapelten, die Mitarbeiter des ILC gezwungen waren, Däumchen zu drehen und manche sogar wegen der Unterbeschäftigung «Zwangsurlaub» nehmen mussten. «Wir sind buchstäblich handlungsunfähig», gestand mir im Herbst 2013 eine Mitarbeiterin des ILC.

Mit solchen zweifelhaften Maßnahmen erhoffte man sich offenbar Einsparungen in Höhe von rund 2,9 Millionen Euro.

Noch härter jedoch traf es die Erwerbslosen. Fördermittel standen nicht mehr zur Verfügung oder wurden radikal gekürzt. Der Bildungsgutschein für eine Qualifizierung galt auf einmal nur noch einen statt drei Monate lang. Die Dauer von individuellen Maßnahmen über einen Bildungsgutschein sollte drei Monate nicht überschreiten. Bewilligte Eingliederungszuschüsse, also die Förderungen von Betrieben, die Langzeitarbeitslose beschäftigten, wurden um rund zwei Drittel gekürzt, Einkäufe von Trainingsmaßnahmen sofort gestoppt und nahtlose Anschlüsse von auslaufenden Maßnahmen unterbunden. Diese Einschnitte zogen sich durch sämtliche Förderprojekte. Von ihnen erhoffte sich die Leitung des Jobcenters team.arbeit.hamburg eine Einsparung von rund 15,9 Millionen Euro.

Mitarbeiter erhielten sogar Tipps und Argumentationshilfen, wie sie insbesondere von Arbeitgebern beantragte Fördergelder durch schlaue Argumentationen ablehnen sollten.

Im Juni dieses Pleitejahres gibt die Leitung des Jobcenters neue «Steuerungsimpulse» heraus. Nun traf es die eigenen Leute, die Mitarbeiter des Jobcenters. Es erfolgten beispielsweise Weisungen, dass Mitarbeiter in der Probezeit kritisch beurteilt werden sollten, damit man sie zügig entlassen konnte. Mitarbeiter mit befristeten Verträgen wurden, trotz vorheriger Zusage, nicht «entfristet» bzw. fest angestellt. Auf diese Ungeheuerlichkeiten reagierte der Personalrat Mitte Juni, nachdem es sich herumgesprochen hatte, dass «Schwierigkeiten bestehen», und sprach von «Veränderungen der finanziellen Lage im Jobcenter team. arbeit.hamburg». Er forderte die Geschäftsführung zur Einhaltung der Zusagen auf und riet den Mitarbeitern, sich bei der Gewerkschaft oder von einem Fachanwalt rechtlich beraten zu lassen.

Trotz all dieser sogenannten «Steuerimpulse» musste man mit einer Unterdeckung von rund vier Millionen Euro rechnen.

Alles in allem wurde durch die Misswirtschaft des Jobcenters team.arbeit.hamburg allen Beteiligten großer Schaden zugefügt. Die Erwerbslosen konnten kaum bis keine qualifizierten Förderungen erhalten. Ihre Integration in den Arbeitsmarkt verschlechterte sich dadurch oder wurde teilweise ganz unmöglich. Das bedeutet, dass sie auch weiterhin auf das Arbeitslosengeld II angewiesen sind. Jobcentermitarbeiter hatten berechtigte Furcht davor, selbst auf der anderen Seite des Schreibtischs zu landen und demnächst als Kunden bei ihren Kollegen vorsprechen zu müssen. Diejenigen, die bleiben «durften», sahen sich mit noch mehr Arbeit konfrontiert, da sie die nicht verlängerten oder gekündigten Kollegen ersetzen mussten. Und die Bildungsträger mussten – teils vergeblich – auf ihr Geld warten, trotz erbrachter Leistungen. Noch im Vorstandsbrief von Herrn Siepe zum SGB II 2013 der Bundesagentur für Arbeit heißt es: «Auch im Jahr 2013 müssen die zur Verfügung stehenden Investitionsmöglichkeiten wirtschaftlich und wirksam eingesetzt werden (...). Grundlage für den Erfolg sind ausgewogene und den jeweiligen lokalen Bedingungen angepasste Arbeitsmarkt- und Integrationsprogramme.»

Schöne Worte, die ein Versagen ohnegleichen vertuschen sollen. Wirklich informiert über die Fakten wurden die Mitarbeiter von Seiten der Leitung offiziell nie. Um begreifen zu können, was tatsächlich vor sich ging, wandten sich unzählige Jobcentermitarbeiter und Bildungsträger an mich. In meinem Blog «altonabloggt» veröffentlichte ich im Oktober 2013 schließlich einen Artikel, in dem ich meine umfassenden Informationen offenlegte. Inzwischen ist dieser Artikel Bestandteil meiner arbeitsgerichtlichen Auseinandersetzung mit der Stadt Hamburg. Das Jobcenter team.arbeit.hamburg beschwert sich, ich hätte negativ über die Leitung geschrieben. Allerdings hat keiner bislang den Aussagen meines Artikels widersprochen. Auch erfolgte keine Unterlassungsklage, mit der meine Gegner, sollte ich die Fakten falsch wiedergegeben haben, gute Aussichten auf Erfolg hätten.

Man muss sich einmal darüber klar werden, wie verdreht hier gedacht wird: Eine Jobcentermitarbeiterin, die die wahren Umstände öffentlich macht, soll angeblich dem Ansehen der Bundesagentur für Arbeit schaden. Derjenige aber, der öffentliche Gelder in Millionenhöhe plan- und sinnlos verschleudert, ihrem eigentlichen Zweck, nämlich der Eingliederung arbeitsloser Menschen zu dienen, entfremdet, Vertragspartner schlecht behandelt und am Ende Arbeitsplätze gefährdet, richtet dagegen keinen Schaden an?

Die Pleite und Misswirtschaft von Jobcenter team.arbeit. hamburg ist leider kein Einzelfall. Auch in anderen Städten, zum Beispiel in Weimar, werden ähnliche Fehler gemacht. Doch immer ist es dasselbe Spiel: Statt Transparenz zu zeigen und zuzugeben, dass Fehler gemacht wurden, setzen die Führungskräfte auf Lügen und Vertuschen. Mitarbeiter bis hin zu der Teamleitung werden im Unklaren gelassen. Eine Behörde, die geschaffen wurde, um positive soziale Veränderungen zu schaffen, schädigt auf diese Weise im großen Stil gesunde Unternehmen, verspielt leichtfertig Vertrauen, gefährdet Arbeitsplätze in den eigenen Reihen, torpediert die Möglichkeiten einer Eingliederung von Arbeitslosen in den Arbeitsmarkt.

Kurz: Sie richtet in kürzester Zeit so viel Unheil an, wie es die Mitarbeiter an der Basis nie mehr ausgleichen können.

Um noch einmal deutlich zu machen, dass die Bundesagentur für Arbeit eigentlich in der Pflicht der Erwerbslosen steht, möchte ich hier aus der Zielvereinbarung der Bundesregierung von 2014 zitieren: «Diese Vereinbarung verpflichtet die Bundesagentur für Arbeit, unter Beachtung der Grundsätze von Wirtschaftlichkeit und Sparsamkeit die ihr zu Verfügung stehenden Kompetenzen wirkungsorientiert einzusetzen, damit die genannten bundesweiten Ziele und die für die gemeinsamen Einrichtungen vereinbarten Zielwerte mindestens erreicht werden.»

Weiter heißt es: «Der Vorstand der BA nimmt die ihm zur Verfügung stehenden Kompetenzen mit dem Ziel wahr, sicherzustellen, dass die gemeinsamen Einrichtungen die Leistungen der Grundsicherung für Arbeitsuchende rechtmäßig, wirksam und wirtschaftlich erbringen und das Recht einheitlich anwenden sowie die vereinbarten Ziele beachten.»

Für 2015 heißt es in den Zielvereinbarungen: «Die Budgetplanung erfolgt nach dem Grundsatz von Wirksamkeit und Wirtschaftlichkeit und soll marktorientiert erfolgen. Die Planung legt den Grundstein dafür, dass alle Kundinnen und Kunden, die eine Förderung benötigen und Erfolgsaussichten auf eine anschließende Integration haben, diese auch erhalten.»

In der freien Wirtschaft würde man die Dinge beim Namen nennen und von Misswirtschaft bis hin zur Insolvenzverschleppung sprechen. In der Verwaltung gibt es allerdings keine Insolvenz. In einem Wirtschaftsunternehmen hätten die Verantwortlichen den Hut nehmen müssen. Auch in diesem Fall wäre es angebracht gewesen, den zuständigen Bereichsleiter, der das Budget und deren Planung verwaltet, und zuständige verantwortliche Geschäftsführer der team.arbeit. hamburg abzusetzen, zu versetzen oder zu entlassen. Wenn man bedenkt, wie viele Arbeitsplätze diese «Panne» gekostet hat, wie viele Schicksale durch sie eine böse Wendung nahmen, wäre dies nur angemessen gewesen. Doch nichts geschah. Die Signale, die so ein Verhalten aussendet, sind eindeutig und kommen bei der Belegschaft durchaus an: Führungskräfte dürfen sich auf Kosten der Mitarbeiter jeden Fehler erlauben und kommen ungeschoren davon. Sie machen weiter, als wäre nichts geschehen. Sie gestehen nicht einmal ihre Inkompetenz ein. Die einzige Konsequenz in Hamburg war die Schaffung einer zusätzlichen Stelle in der Zentrale zum Zweck der Begleitung und Überprüfung der Budgetsteuerung. Die Verursacher der Pleite jedoch fühlten keine Konsequenzen durch ihr Versagen. Sie sind noch heute im Amt und entscheiden weiter über Millionen von Steuergeldern. Ob sie wenigstens etwas aus den Fehlern gelernt haben?

Es sieht nicht so aus. Einer meiner Unterstützer aus dem Jobcenter schrieb mir Mitte des Jahres 2014: «Das Finanzchaos im Jobcenter nimmt kein Ende, auch 2014 gibt es fast keine freien Mittel mehr. ... Die Hauptursache ‹Maßnahmeneinkauf› wird verschleiert. Selbst der Verursacher ... und die Geschäftsführung verstehen noch immer nicht, wie es so kam, also wird auch jetzt derselbe Fehler wiederholt. Es fehlt an sachgerechter Aufklärung von neutraler Stelle. Aber aufgrund von falsch verstandener Loyalität wird keine Krähe der anderen ein Auge auspicken ...»

Man kann also gespannt sein. Auf alle Fälle ist klar: Die Motivation der Mitarbeiter, täglich den komplexen Controlling-Vorgaben zu entsprechen, wird durch solche Umstände nicht gerade gesteigert. Kann man von den Mitarbeitern verlangen, an das System zu glauben und ihm zu entsprechen, wenn in der Führungsetage so kapitale Fehler gemacht und noch nicht einmal eingestanden werden? Wozu das ganze Controlling, wenn sich in der Führungsebene keiner daran hält?

In diesem Zusammenhang ist es nicht uninteressant, dass sich ausgerechnet in diesem krisengebeutelten Juni 2013 die BA bemüßigt fühlte, eine Pressemeldung mit der Überschrift herauszugeben: «Inge Hannemann gefährdet tausende Mitarbeiter der Jobcenter.» In diesem Text werden mir ungeheuerliche Dinge vorgeworfen. So sollte ausgerechnet ich daran Schuld haben, dass sich meine Kollegen in den Jobcentern «zunehmend Aggressionen von Seiten der Kunden ausgesetzt sehen». Der Volkswirtschaftler Stefan Sell nahm dies zum Anlass, um dazu eine Stellungnahme zu verfassen. Besonders amüsant findet er den Satz «Frau Hannemann ist keine ‹Whistleblowerin›, die Missstände aufdeckt, denn die behaupteten Missstände gibt es nicht – sie kann daher auch keine ‹Hartz-IV-Rebellin› sein».

Hartz-IV-Rebellin – so hatte mich inzwischen das «Hamburger Abendblatt» genannt, denn natürlich schlugen die Wellen nach meiner Freistellung hoch. Ich selbst blieb und bleibe bis heute grundsätzlich sachlich. Ich bin der Meinung, die Tatsachen an sich, die ich beim Namen nenne und kritisiere, sind schon unglaublich genug. Da muss ich nicht erst noch zur Polemik greifen.

Wie erwartet haben sich die Wogen auch Ende 2014 noch nicht beruhigt. Die Folgen der Misswirtschaft sind gravierend, und die Belegschaft der Agentur für Arbeit, vor allem Mitarbeiter in den Jobcentern in Hamburg, haben die Folgen schmerzlich zu spüren bekommen. Am 28. Oktober 2014 wurde eine Personalversammlung mit dem Motto «Auf zu neuen Ufern!» einberufen, zu der auch der Vorstand der BA Frank-Jürgen Weise und der Hauptpersonalrat Eberhard Einsiedler eingeladen waren. Der Personalrat rief in seiner Einladung im Vorfeld vollmundig zu Fragen auf: «Sie haben Fragen? Stellen Sie sie! Wir sorgen für Antworten!»

Diesem Aufruf folgten zahlreiche Mitarbeiter. Und schon aus dem umfangreichen Fragenkatalog, der im Vorfeld beim Personalrat einging, kann man die aufgeladene und besorgte Stimmung unter den Mitarbeitern herauslesen. Hier werden wesentliche Probleme angesprochen, die auch ich von Anfang an genannt habe. Da geht es um die Arbeitsbedingungen selbst und die Schwierigkeit, erfolgreich vermitteln zu können: Zum Beispiel werden die viel zu hohen Fallzahlen angesprochen, die dazu führen, dass ein Arbeitsvermittler sich für den einzelnen Arbeitssuchenden kaum Zeit nehmen kann und eine echte Vermittlung nicht möglich ist. Auch die «Bewertung» der Arbeit nach Zahlen bei kaum vorhandenen echten Arbeitsplätzen – wenn man einmal die Maßnahmen wie Ein-Euro-Jobs oder Zeitarbeitsverträge ausnimmt – wird beklagt. Aber auch das Gefühl, dass die eigene Existenz bedroht wird, nimmt nach dem Finanzskandal in Hamburg immer mehr zu. Dass der eigene Arbeitsplatz auf dem Spiel steht, haben inzwischen viele begriffen. Statt feste Arbeitsplätze bietet die Arbeitsagentur ihren Mitarbeitern weiterhin befristete Stellen an, deren Verlängerung, anders als versprochen, zum großen Teil ausläuft. So sind die Verträge von rund 10 Prozent der bundesweiten Mitarbeiter befristet. 1355 Verträge werden im Jahr 2015 nicht verlängert. Die Mehrheit davon in der Arbeitsvermittlung und Leistungssachbearbeitung. Das bedeutet noch mehr Arbeit für die, die (noch) bleiben «dürfen», bei wachsender Unsicherheit, seine Arbeit in Zukunft noch ausüben zu können, als ungerecht empfundene Einstufungen der Arbeit oder sogar Herabstufungen bei Einkommenseinbußen – der Unmut klang aus jeder Zeile dieser 16-seitigen Fragensammlung.

Bei der Personalversammlung war ich natürlich nicht persönlich zugegen. Dennoch wurde mir von verschiedenen Seiten vom Verlauf berichtet. Und so erfuhr ich, dass Frank-Jürgen Weise, Vorstand der BA, auf die kritischen Fragen nicht einging. Überhaupt habe er so gut wie keine der Fragen beantwortet. Stattdessen verwandte er die meiste Redezeit auf das «zwingend notwendige Controlling» und die Zielvereinbarungen. Besonders seine Äußerung, dass es zwar möglich sei, von den vorgegebenen Zahlen abzuweichen, wenn zum Beispiel viel mehr Menschen arbeitslos würden, als die Statistiken dies vorausgesehen hätten. Und doch stellten die zu erreichenden Zahlen ein Mindestmaß dar.

Auf diese Weise wurden unverhohlen Drohungen ausgesprochen, statt verunsicherte und verärgerte Mitarbeiter mit ihren Fragen und Sorgen ernst zu nehmen. Das Zusammentreffen wurde mit der Bemerkung beendet, dass sicher auch die Mitarbeiter gerne nach Hause wollten.

«Diese Personalversammlung war eine Farce», rekapitulierten meine Informanten. «Es war klar, dass man keine Antwort von dem Herrn bekommen würde. Darum resignierten die meisten und hatten nichts dagegen, diese unerfreuliche Begegnung zu beenden.»

«Das war verschwendete Zeit», lautete ein anderes Fazit. «Ich weiß gar nicht, warum wir uns die Mühe gemacht haben, unsere Fragen zu formulieren. Das interessiert die da oben doch sowieso nicht.»

Was bleibt, ist die Verunsicherung und das Gefühl, dass die eigene Arbeit sinnlos ist. Was bleibt, ist das Bewusstsein von zweierlei Maß, mit dem gemessen wird: Während «da oben» Geld hirn- und sinnlos zum Fenster hinausgeworfen wird, sollen die Mitarbeiter wie die Hamster in ihrem Rad den Controlling-Zahlen hinterher rennen. Die Mitarbeiter begreifen mehr und mehr, dass auch sie nichts weiter sind als Ziffern, als anonyme Größen, die jederzeit ersetzt werden können. Vielleicht stellt sich hier und dort die Erkenntnis ein, dass diejenigen auf der sogenannten «richtigen» Seite des Schreibtischs nicht viel besser dran sind als die auf der anderen, dass wir alle an einem Strang ziehen und uns nicht länger von «denen da oben» wie Marionetten herumzerren lassen sollten. Schon allein deswegen, weil jeder Jobcentermitarbeiter heutzutage mehr denn je damit rechnen muss, demnächst auf der anderen Seite zu landen.

Wie sehr das Image der BA als Arbeitgeber gelitten hat, zeigt paradoxerweise auch die Tatsache, dass sich offenbar immer weniger junge Menschen für einen Ausbildungsplatz bei dieser Behörde interessieren. Aus diesem Grund wurde ein Appell an die Mitarbeiter in Form eines Werbeblattes herausgegeben, in dem sie aufgefordert werden: «Vielleicht gibt es z. B. in Ihrem Bekannten- oder Verwandtenkreis jemanden, den Sie auf diese Möglichkeit ansprechen können.» Denn es «lohnt sich, auch einen Blick auf unsere eigenen Ausbildungsmöglichkeiten zu werfen, die sich vor anderen Angeboten des öffentlichen Bereiches oder der Wirtschaft nicht zu verstecken brauchen. Im Gegenteil, sie bieten alle Merkmale einer interessanten und ansprechenden Ausbildung bzw. eines Studiums. Sie wissen, welche Chancen und Möglichkeiten die BA als attraktiver Arbeitgeber bietet.»

Nun ja. Dem ist hier wohl nichts mehr hinzuzufügen.

18. WERTE GROSSGESCHRIEBEN – ODER: ÜBER DEN WERTEVERLUST EINER GANZEN GESELLSCHAFT

Viele beklagen den Verlust an Werten in unserer heutigen Gesellschaft. Der vorwurfsvolle Blick ist dann häufig auf die junge Generation gerichtet, die nichts anderes im Kopf zu haben scheint als schnellen Spaß ohne große Anstrengung. Und natürlich Konsum.

Dieser Einstellung schließe ich mich nicht an. Ich habe zu viel mit jungen Menschen zu tun gehabt, die mehr um ihre Werte kämpfen als viele Erwachsene. Man kann allerdings beobachten, dass der Transfer von bestimmten Werten von den Eltern an ihre Kinder heute oft nicht mehr stattfindet. Doch ist das ein Verlust? Schauen wir uns doch einmal an, was die Vätergenerationen im 20. Jahrhundert ihren Kindern weitergeben konnten: nationalsozialistische Werte, menschenverachtend und destruktiv. Nach Ende des Krieges galt es, die materiellen Werte der Vorkriegszeit wieder herzustellen, aufzubauen und sich aus dem Nichts in den Wohlstand zu schuften. «Wachstum» lautete das Zauberwort, und viele glauben heute noch, dass es damit immer so weitergehen wird. Aufgrund der negativen Erfahrungen aus dem Nationalsozialismus wurden die neuen Werte in unserem Grundgesetz verankert: «Die Menschenwürde ist unantastbar», so beginnt es, und: «Sie zu achten und zu schützen ist Verpflichtung aller staatlichen Gewalt.»

Ich habe bereits erzählt, dass in meinem Büro stets die ersten 19 Artikel unseres Grundgesetzes gut sichtbar an der Wand hingen. Für mich persönlich sind dies die Werte, auf denen sich unsere Gesellschaft seit dem 23. Mai 1949 gründet. Es ist hilfreich, sie sich in aller Ruhe einmal wieder durchzulesen. Denn auch wenn wir alle denken, dass wir diese Inhalte kennen, so überraschen doch einige Formulierungen durch ihre Klarheit und Radikalität.

Wenn ich so manche Geschichte meiner sogenannten U25-Kunden Revue passieren lasse, so bin ich doch immer wieder darüber befremdet, wie sehr die junge Generation heute von den Älteren im Stich gelassen wird. Wenn ich an Jessicas Kampf denke, für die ein Kraftakt sondergleichen wurde, was in meiner Jugend selbstverständlich war: die Möglichkeit, zu lernen und das zu werden, was sie möchte. Es ist leicht, über die Jungen herzuziehen, die sich schon früh hoch verschulden, und dies nicht etwa aus Not, sondern wegen Handyverträgen, einem schnellen Motorrad und dergleichen. Und doch ist es unsere Gesellschaft, die ihnen vorlebt, dass man heute ohne ein Smartphone nicht überlebensfähig ist, dass man «nicht dazugehört» und sich selbst «gleich begraben» kann, reitet man nicht auf der Konsumwelle mit. Offensichtlich war da niemand, als sie klein waren, der ihnen ihren eigenen Selbstwert ohne all den teuren Konsum-Schnickschnack vermittelt hat. In vielen Familien ist keiner da, der einen Blick auf die Hausaufgaben wirft, der sich darum kümmert, wie viele Stunden der Nachwuchs vor dem Fernseher hängt, den es interessiert, mit welcher Art von Videospielen sich die Kinder von den Schularbeiten ablenken. Ich bin die Letzte, die den Zeigefinger auf die nachwachsende Generation richtet, war ich doch selbst oft genug dickköpfig und «beratungsresistent». Ich hatte das Glück, Eltern zu haben, denen ich nicht egal war, die sich dafür interessierten, womit ich mich beschäftige, und die mich förderten, wo es mir guttat. Heute weiß ich besser denn je zuvor, wie selten das vorkommt und wie glücklich ich mich schätzen kann.

Tatsächlich scheint es, als hätten viele Erziehungsberechtigte heute nicht mehr die Kraft, diese Aufgabe zu erfüllen. In den vergangenen 15 Jahren fand in unserer Gesellschaft ein Wandel statt, der ein extrem neoliberalistisches Denken befördert

hat. Und je mehr diejenigen als die Stärkeren und damit die
«besseren Bürger» gelten, die sich diesem Neoliberalismus und
insbesondere dem Sozialdarwinismus von Hartz IV mit seiner
zur Staatsethik erhobenen Eigenverantwortung unterwerfen,
desto mehr erfahren Werte, man kann sie auch Tugenden
nennen, einen dramatischen Verlust. Die Schuld der Erwerbslosigkeit auf die Erwerbslosen selbst zu übertragen, bedeutet,
die Verantwortung unseres Sozialstaates auf diese Menschen
zu übertragen. Die Jobcenter als ausführende Organe des Staates sind für diese Übertragung verantwortlich und üben damit
eine unverantwortliche Funktion aus. Auf diese Weise kann
eine sinnvolle Reflexion über die Verhältnisse gar nicht mehr
stattfinden, schließlich agiert der Staat vorgeblich im Auftrag
des Volkes. Es wird uns suggeriert, dass es in unserem eigenen
Interesse ist, was hier geschieht. Wo also solche grundlegenden Werte wie Empathie, Wahrung der Menschenwürde, Respekt vor dem Einzelnen bis hin zu Rechtsstaatlichkeit fehlen,
können auch keine Werte mehr glaubhaft vermittelt werden.

Darunter haben alle Betroffenen zu leiden, völlig unabhängig von ihrem Alter oder ihrem Status. Ganz besonders gravierend sind die Auswirkungen dieses allgemeinen Werteverlusts-
lusts auf junge Menschen, die sich noch im Prozess der Reife
befinden und deren Wertegefüge sich noch ausbilden muss.
Es muss ihnen erlaubt bleiben, dass sie Erfahrungen sammeln,
indem sie ihr Leben «ausleben» und genießen. Das Gefühl der
Freiheit und der Chance zur Entfaltung ist für ihre zukünftige
Entwicklung ungemein wichtig. Wir können von einem jungen Menschen nicht erwarten, dass er handelt und denkt wie
jemand, der Jahrzehnte an Lebenserfahrungen hinter sich hat.
Junge Menschen wollen und müssen sich orientieren und ausprobieren, um ihre eigenen Fähigkeiten kennenzulernen, aus-
zuweiten und einschätzen zu können. Liest man Biographien
von äußerst erfolgreichen Menschen, so stößt man immer wieder auf dies: Allen gemeinsam waren Jugendjahre, in denen sie

die Chance hatten, verschiedenste Möglichkeiten auszuloten. Und häufig galten ausgerechnet Menschen, die die Welt durch ihre Erfindungen und Leistungen veränderten, als Jugendliche durchaus als renitent.

In den Jobcentern wird jedoch genau dieses verhindert. Die Regelungen nach dem Sozialgesetzbuch II sind zu starr, als dass diese jugendliche Reifephase möglich wäre. Meine Erfahrungen zeigen, dass es sich auszahlt, erlaubt man Jugendlichen und jungen Erwachsenen eine «lange Leine», damit sie sich ausprobieren können. Auf diese Weise wird das Selbstbewusstsein gestärkt. Der Mut, etwas Neues in Angriff zu nehmen, steigt. Ich meine mit der «langen Leine» keinesfalls eine antiautoritäre Erziehung oder «Kuschelpädagogik». Vielmehr führte ich persönlich die Gespräche grundsätzlich in einer demokratisch-liberalen Haltung, in der wir die Ergebnisse des Sich-Ausprobierens, ob sie nun positiv oder negativ verliefen, ehrlich evaluierten. Es heißt auch nicht, dass wir uns immer in allem einig waren und die Gespräche stets in vollendeter Harmonie verliefen, davon kann man nicht ausgehen und das ist auch nicht nötig. Auch machte ich mich nicht zur «Freundin» meiner Kunden, wohl aber verhandelte ich mit ihnen stets mit Respekt und in Augenhöhe. In der Regel wurde dies auch anerkannt und wertgeschätzt – und wirkte sich positiv auf die Entwicklung meiner jungen «Kunden» aus. Entwicklung muss stets von innen kommen, als Jobcentermitarbeiter kann man lediglich Möglichkeiten aufzeigen und unterstützend wirken. «Ich kann dir die Tür nur zeigen», heißt es in dem Film «The Matrix», «durchgehen musst du selbst.» Dafür braucht es aber auch den nötigen Respekt vor einem Menschen, egal welchen Alters, und dessen Träume.

Auch wenn die grundlegenden Werte idealerweise durch die Familie vermittelt werden sollten, so ist unsere Gesellschaft ebenso dazu verpflichtet. Das beginnt schon im Kindergarten, in der Schule und in den Medien und sollte laufend im späteren beruflichen Werdegang fortgesetzt werden. Wie kann man von jemandem die Einhaltung bestimmter Werte verlangen, wenn umgekehrt sich am Arbeitsplatz, auf den Behörden oder sonst im öffentlichen Leben niemand daran hält? Werte müssen vorgelebt werden, damit sie abgeschaut und selbst ausprobiert werden können. Und gerade in einer Behörde sollten Werte niemals fehlen.

Ich stamme aus einer Generation und auch einem Umfeld, in dem eine positive Streitkultur einen hohen Stellenwert besaß. Während meiner Schulzeit waren Diskussionen aller Art in den meisten Unterrichtsfächern Standard. Wir debattierten über literarische Klassiker wie Brecht, Böll oder Frisch, aber auch über damals aktuelle Themen wie die Friedensbewegung, Kommunismus, Krieg und Politik, sowohl international, auf Bundesebene oder in unserem lokalen Umfeld. Unterschiedliche Positionen wurden auch von unseren Lehrern kritisch hinterfragt, um das Thema von allen Seiten zu beleuchten. Vor allem aber wird auf diese Weise die Fähigkeit zu vernetztem Denken vermittelt, eine Fähigkeit, die von unschätzbarem Wert für das gesamte weitere Leben ist. Wir Schüler spürten damals natürlich sehr schnell, welche politische Ausrichtung unsere Lehrerin oder unser Lehrer jeweils favorisierte.

Aus den Rückmeldungen, die ich heute von Schülerinnen und Schülern erhalte, muss ich schließen, dass solche Diskussionen heute in den Schulen nur noch sehr selten stattfinden. Stattdessen werden sogenannte Debattier-Arbeitsgemeinschaften für den Nachmittag eingerichtet. Das bedeutet, dass eine in meinen Augen grundlegende Schulung des Denkens und der Rhetorik, die eigentlich in jedem beliebigen Fach stattfinden müsste, in die freiwillige, zusätzlich zum Regelunterricht stattfindende Zeit abgeschoben wurde und zu Lasten der Freizeit geht. Dies hat zur Auswirkung, dass sich für solche «Debattier-Kurse» in der Regel nur diejenigen Schüler eintragen, die sich ohnehin schon dafür interessieren. Damit wird einem Großteil der Schüler die Möglichkeit genommen, das Diskutieren «ganz nebenbei» zu erlernen. Sie haben kaum Chancen zu lernen, wie man mit unterschiedlichsten Ansichten umgeht, wie man aufmerksam zuhört und seine eigenen Argumente bündelt und formuliert. Sie lernen auch weder Kritik auszuhalten noch selbst in konstruktiver Weise Kritik zu üben, denn auch dies ist ein wichtiger Lernprozess, der durch die Schulen unterstützt werden kann und muss. Nicht jeder junge Mensch wächst in einer Familie auf, in der kritisches Denken umgesetzt und vermittelt wird. Doch genau diese Fähigkeit ist es, die die Startpositionen junger Menschen in ein erfolgreiches Berufsleben verbessert und ihnen während ihres gesamten Lebens hilft, für sich und die Gemeinschaft selbstverantwortlich zu agieren.

Nun beobachte ich schon seit Jahren, dass dieses kritische Denken immer weniger erwünscht ist. Polemisch ausgedrückt kann man sagen: Deutschland wird immer dümmer, und das ist auch so gewollt. Mir fällt auf, dass der Wortschatz der Deutschen immer kleiner wird, dass mein Gegenüber häufig nicht in der Lage ist, einen Satz zu Ende zu formulieren. Man spricht in Satzfetzen, in Abkürzungen, in den Kürzeln der Kurzmitteilungen und E-Mails. Die Spanne der Aufmerksamkeit wird immer kleiner, meist sind junge Leute heute gerade mal in der Lage, sich für 20 Minuten wirklich auf ein Thema zu konzentrieren, dann wird es ihnen schon «zu viel», und Fluchtmechanismen greifen. Davon sind heutzutage ja auch mehr als genug vorhanden. Der hektische Blick auf das Smartphone, um ja nichts zu verpassen, was sich gerade in den sozialen Netzwerken tut, ist symptomatisch für dieses ständige Springen zwischen verschiedenen Aufmerksamkeitsebenen. Und das kann man nicht nur bei jungen Menschen beobachten.

Welche Werte aber vermitteln uns diejenigen, die uns regieren? Jene, die Entscheidungen für unsere Gemeinschaft treffen und Maßstäbe setzen? Die jungen Bürger lernen: Politiker machen Versprechungen, die sie nach den Wahlen nicht halten. Der Staat ist nicht auf der Seite derjenigen, die seiner Hilfe bedürfen, sondern unterstützt die Starken. Studienplätze sind abhängig von sogenannten Supernoten, unbezahlte Praktika führen nicht in die erhoffte Festanstellung, sondern oft von einem Praktikum zum nächsten, Bildung wird immer mehr zur Privatsache und ist in vielen Bereichen vom Geldbeutel der Eltern abhängig. Und sind die jungen Leute bereits in der Kartei des Jobcenters erfasst, lernen sie leider viel zu häufig, dass man ihre Sorgen und Wünsche nicht ernst nimmt, sondern sie lediglich als Zahl sieht – und vor allem, dass sie ohnehin schon längst zu den Versagern gehören.

Sind das unsere Werte? Ist es das, was von der viel gerühmten deutschen Kultur der Dichter und Denker übrig bleibt? Ein Haifischbecken, in dem es ums nackte Überleben geht? Ich habe eine andere Vision von unserem Land und unserer staatlichen Gemeinschaft. Und hoffe, dass wir zu den Werten zurückfinden, die einen kultivierten Umgang miteinander beinhalten und fördern.

19. MEINE KURZFRISTIGEN FORDERUNGEN – ODER: WAS SICH DRINGEND ÄNDERN MUSS

Wenige Wochen nach meiner Freistellung schrieb ich einen offenen Brief an meine Kollegen, der sehr gut wiedergibt, wie ich mich damals fühlte, und was sich meiner Meinung nach unbedingt so bald wie möglich ändern sollte. Vor allem, und das meine ich auch heute noch, muss mehr Menschlichkeit in die Behörde einziehen: Mehr Menschlichkeit unter den Kollegen, damit Mobbing ebenso ein Ende hat wie der Druck, der von oben nach unten weitergegeben wird und die Menschen krank macht. Und dann natürlich mehr Menschlichkeit gegenüber den Empfängern von Arbeitslosengeld II, den sogenannten «Hartzern». Ich stehe noch heute zu diesem Brief, der sowohl in Frankreich als auch in England abgedruckt wurde und auf großes Interesse traf, er ist heute noch so aktuell wie im Frühjahr 2013.

> Liebe Kolleginnen und Kollegen in den Jobcentern. Seit nunmehr sieben Wochen sorge ich mit meiner öffentlichen Kritik für Wirbel. Ich bin erstaunt, dass es schon sieben Wochen sind. Mir kommt es vor, als wäre es erst gestern oder vorgestern gestartet. Wochen mit Hochs und Tiefs. Aber auch Wochen, in denen ich sehr viel, vor allem intellektuell, gelernt habe. Erfahrungen, die ich nicht mehr missen möchte, und die mich sicher mein Leben lang begleiten werden. Ich habe sehr viel Zuspruch erhalten, aber natürlich auch Ablehnung. Das war mir im Vorfeld bewusst und ich bin auch für die Kritik aus den eigenen Reihen dankbar. Konstruktive

Kritik, sofern sie eine ist, ist bereichernd und sollte durchaus diskutiert werden.

Die vielen Mails und Outings von euch zeigen mir, dass es auch im Inneren der Jobcenter brodelt. Dass ein Nachdenken entsteht. Sie zeigen mir aber auch, dass die Angst vor Repressalien von oben und vor dem Verlust des eigenen Arbeitsplatzes und der darauffolgenden Existenzangst sehr groß ist. Und ich denke, dass ich nichts Falsches behaupte, wenn ich sage, dass diese Angst durchaus berechtigt ist. Mein eigener «Fall» zeigt dieses ja deutlich. Allerdings überlege ich, was ist die Prämisse? Meine eigene Existenz oder die Existenz eines würdigen Lebens von Millionen Erwerbslosen? Was wiegt mehr? Und wiegt es nicht mehr, unseren Rechtsstaat so einzufordern, wie wir es als Bürger verdienen?

Selbstverständlich habe ich mir auch darüber Gedanken gemacht, warum handelt ihr so, wie es der große Aufschrei durch die leidgeprüften Leistungsberechtigten zeigt. Ist es die reine Ausübung von Weisungen, ist es die eigene Angst vor Repressalien, ist es eine Ohnmacht, ist es Ignoranz oder ist es gewollt? Ich befürchte, es ist ein Mix von allem. Hier möchte ich nochmals ganz klar zum Ausdruck bringen, dass ich niemals von euch allen als Kollektiv gesprochen habe. Ich spreche von Kollegen, die Weisungen ausführen, ohne darüber nachzudenken, was sie tun. Auch ich kenne sehr viele Kollegen, die bemüht sind, empathisch und entsprechend ihren Kräften im Sinne der «Kunden» zu agieren. Solange sie es schaffen und die Kraft dafür aufwenden. Kollegen schrieben mir dazu unter anderem: «Das Hartz-System ist menschenunwürdig, grundgesetzwidrig, unsozial, zerbricht die betroffenen KollegInnen und Hilfesuchenden.» Sie versuchen sich treu zu bleiben, soweit es die Kraft zulässt. Und das ist der springende Punkt. Soweit es die

Kraft zulässt. Auch sie stehen unter dem Druck von oben und durch uns als Kollegen. Statt dem entgegenzuwirken, werden diese Kollegen großem Mobbing und Bossing ausgesetzt. Die Beurteilung fällt entsprechend aus, obwohl gerade sie einen Anspruch auf eine gute haben.

Selbstverständlich habe auch ich in einen Ein-Euro-Job vermittelt. Einen jungen Menschen. Auf seinen ausdrücklichen Wunsch hin. Dieser junge Mensch wurde von mir über diesen Ein-Euro-Job vollständig aufgeklärt und dass die Chance nicht besteht, damit in ein festes Arbeitsverhältnis oder in eine Ausbildung zu gelangen. Dieser junge Mensch ist zufrieden, dort wo er derzeit steht. Er fühlt sich gebraucht und vor allem sozial anerkannt. Auf seinen Wunsch hin wurde diese nochmals verlängert. Eine Zukunft ist es jedoch nicht.

Ebenso habe ich auch in meiner Vergangenheit sanktioniert. Den Satz «Ich wusste es nicht besser und wir müssen es ja», lasse ich allerdings auch bei mir nicht gelten. Eine Dummheit, die ich heute umso mehr bereue, als mir klar wurde, was ich damit anrichte. Bei diesen Menschen habe ich mich persönlich entschuldigt und die Gespräche gesucht. Inzwischen sind mir die Gründe des Nichterscheinens bekannt. Es waren Menschen, die ich nicht an den Tisch bekommen habe. Die Gründe für das Nichterscheinen waren die Ängste vor dem Jobcenter, vor einer neuen Arbeitsvermittlerin, die ja vermutlich nur wieder in einen Ein-Euro-Job vermitteln möchte. Eine Arbeitsvermittlerin, die einen ebenso großen Druck ausüben wird, wie sie ihn zuvor erlebt haben. Gebrochene junge Menschen. Aussagen von Menschen, die ihr Leben vor sich haben. Ich habe mich nur noch geschämt und dieses auch so klar ausgedrückt.

Und hier fängt meine Kritik an. Es werden Aktionen

durchgeführt, wo das eigene Nachdenken unterbleibt. Ja, wir haben Weisungen. Wir haben aber auch einen eigenen Kopf und, so hoffe ich, ein Herz und ein Gewissen. Und genau dieses suche ich. Warum erzählt ihr mir als Sozialpädagogen, dass nur mit Druck und Geldentzug die Erwerbslosen an den Tisch kommen? Ist es so? Habt ihr nicht im Studium gelernt, dass Druck Gegendruck erzeugt? Dass Druck, vor allem wenn die Existenz bedroht ist, zu Ängsten und zu schwersten Depressionen führt. Und gerade die darauffolgende Depression macht es einem Menschen unmöglich, zu agieren. Sie verkriechen sich in ihren eigenen vier Wänden. Es fehlt die Kraft, um aufzustehen und Licht in die Seele zu lassen. Dieses Gefühl ist so mächtig, dass sie dann lieber das reduzierte Geld in Kauf nehmen. Ein Teufelskreis entsteht. Allerdings nur beim Betroffenen. Wie reagieren wir als Jobcenter? Es folgt die nächste Sanktion bis hin zur Vollsanktion. Die weiteren Folgen sind bekannt. Es ist ein Leichtes für uns, die Sanktionsanhörung und die anschließende Sanktionsverfügung zu erstellen und auf den Postweg zu bringen. Fünfzehn Minuten Administratives gegen ein Leben.

Liebe Kolleginnen und Kollegen, ihr müsst nicht mit mir einer Meinung sein; aber ich bitte euch inständig, geht in euch, reflektiert euch selbst und versucht nachzuempfinden, wie ihr euch fühlen würdet, wenn ihr so behandelt würdet. Dieses ist ein Leichtes. Denkt einfach nur darüber nach, wie ihr euch fühlt, wenn ihr in den Jobcentern aufbegehrt, und die Folgen daraus. Nicht anders ergeht es den Erwerbslosen. Sie haben ein Recht auf Leben, so wie wir es auch für uns beanspruchen. Es gibt und darf keine Differenzierung zwischen den Schreibtischseiten geben. Auch wir können morgen Betroffene sein. Wir sind die Agierenden, auch wenn es scheint, der

Druck kommt aus Berlin oder Nürnberg oder aus den eigenen Reihen. Nein, so ist es nicht! Wir sind für unser Handeln und Gefühle selbst verantwortlich. Wären wir es nicht, wären wir Maschinen.

Freue mich auf Rückmeldung von euch. Vielen Dank! In diesem Sinne ...

Kollegiale Grüße

Inge Hannemann

Was ich als Allererstes fordere, ist also mehr Empathie, ein menschenwürdiges Miteinander. Nach dem Motto: «Was du nicht willst, was man dir tu / das füg auch keinem anderen zu». Ich fordere, dass die Angestellten der Bundesagentur für Arbeit und der Kommunen persönlich für das eigene Handeln Verantwortung übernehmen, statt sich hinter Vorschriften und Anweisungen zu verstecken. Diese Haltung hat in Deutschland zu sehr schlechten Erfahrungen geführt – wir sollten aus den Erfahrungen des Dritten Reichs wenigstens eines gelernt haben: dass man sich am Ende des Tages nicht hinter Gesetzen und Vorschriften verstecken kann, wenn wir andere Menschen dadurch ins Elend stürzen.

Vor allem müssen wir uns alle wieder daran erinnern, dass wir im Jobcenter Dienstleister sind und uns auch als solche verhalten sollten. Wir haben einen Auftrag – und der kann nicht einfach nur beinhalten, eine gute «Quote» zu erreichen und dem Controlling zu entsprechen. Stattdessen müssen wir wieder den Menschen an die erste Stelle setzen, sein Wohl und sein Weh zählen mehr als Zahlen.

Dann braucht es mehr Fachkompetenz, damit wir den Arbeitssuchenden wirklich helfen können, sie nicht nur verwalten und von einer Maßnahme in die nächste schicken und ihnen am besten gar nicht den Weg in die prekären Sackgassen Ein-Euro-Job und Zeitarbeit weisen, aus denen sie ihr Leben lang nicht mehr herauskommen. Dazu braucht es zum Beispiel mehr als nur Grundkenntnisse im Bereich Psychologie. Denn ich muss einschätzen können, in welcher Seelenlage sich der Arbeitssuchende befindet, welche Not in ihm welche «Knöpfe drückt» und was er im Moment am dringendsten braucht. Ich muss wissen, welche Reaktionen ich durch mein eigenes Verhalten bei meinem Gegenüber hervorrufe, und sorgfältig auf meine eigenen Emotionen achten. Obwohl ich ohnehin schon sehr auf diese Dinge bedacht war, öffnete mir ein junger Mann eines Tages die Augen darüber, wie subtil und unbewusst wir unsere eigenen Sorgen und Emotionen mit in unseren Arbeitsalltag nehmen und damit ungewollt eine Begegnung von vornherein prägen. Damals ging es mir privat nicht besonders gut, und dieser junge Mann war ein ziemlich guter Spiegel meines eigenen Verhaltens. Bereits nach vier, fünf Minuten sagte dieser pfiffige Kerl doch tatsächlich: «Frau Hannemann, welchen Ärger haben Sie zu Hause?»

«Wieso?», fuhr ich ihn an.

«Sie sind heute so unfreundlich», gab er zurück. Er setzte sich in seinem Stuhl zurück, verschränkte seine Arme vor dem Bauch und machte ein verschlossenes Gesicht. Ich konnte es nicht glauben – er spiegelte mich selbst tatsächlich eins zu eins, und zwar richtig gut. Statt noch wütender zu werden, hielt ich kurz inne.

«Sie haben recht», sagte ich dann. «Ich habe richtig Stress zu Hause. Ich hab mich gestern Abend tierisch geärgert und heute früh noch mal. Aber ich kann das nicht an Ihnen auslassen.»

Der junge Mann grinste.

«Gut», sagte er, «Problem erkannt. Dann fangen wir doch einfach noch mal von vorn an.»

Er verließ mein Büro, klopfte erneut an, öffnete die Tür.

«Guten Morgen», sagte er. Und so setzten wir beide die Zeiger auf null und begannen noch mal neu.

Diese kurze Episode war mir eine Lehre. Seither achtete ich immer sehr genau darauf, dass ich meine persönlichen Probleme nicht mit ins Jobcenter nahm. Und ich war dem jungen Mann sehr dankbar, wohl wissend, dass sein Verhalten bei bestimmten Kollegen nicht besonders gut angekommen wäre. Wer lässt sich schon gerne einen solchen Spiegel vorhalten? Und doch: Können wir ein Interesse daran haben, dass eine Situation einzig und allein deswegen eskaliert, weil wir unseren Gefühlshaushalt nicht im Griff haben und unsere privaten Probleme auf unsere «Kunden» übertragen?

Neben Kenntnissen in der Psychologie und der Fähigkeit, sich selbst ebenso kritisch zu betrachten wie das Gegenüber, brauchen Jobcentermitarbeiter meiner Meinung nach unbedingt auch Kenntnisse in den Grundbegriffen der Pädagogik, vor allem, wenn wir es mit jungen Menschen zu tun haben. Die aktuelle «Rohrstockpädagogik», die Verstöße gegen Vorschriften mit Sanktionen bestraft, ist nämlich äußerst kontraproduktiv. Druck erzeugt Gegendruck, das ist schon aus der Physik bekannt und gilt für den Umgang mit Menschen ebenso. Hilfreich sind außerdem Kenntnisse in Rhetorik, um zu begreifen, wie eine Ansprache wirkt und wie unterschiedlich ein Gespräch verlaufen kann, wenn auf grundlegende Regeln geachtet wird – vor allem auf die Regel der Wertschätzung und Höflichkeit, die einem Termin eine völlig andere Wendung geben kann, als wenn von oben herab im Ton eines Oberlehrers kommuniziert wird.

Als ich noch im Jobcenter arbeitete, bot ich immer wieder an, für interessierte Kollegen Kurse in Rhetorik, die auch die Körpersprache mit einbezieht, zu halten. Schließlich hatte ich eine Ausbildung bei dem Pantomimen und anerkannten Gesprächstrainer Samy Molcho gemacht und anderes mehr. Das Interesse war äußerst gering. Manchmal wollten meine Kollegen zwar wissen, wie ich es schaffte, die von ihnen aufgegebenen Fälle doch in die richtige Spur zu kriegen und am Ende langfristig zu vermitteln. Wenn ich dann meine Unterlagen zu den unterschiedlichen Coachings, die ich mit den Arbeitssuchenden machte, anbot, wollte sie doch kaum einer haben. Diese Unterlagen lagen außerdem in meinem Büro immer offen da, jeder hätte sie sich anschauen können, doch als würden sie sich die Finger an ihnen verbrennen, fasste sie kaum ein Kollege an.

Vielleicht ist es nicht das Richtige, dass Kollegen von Kollegen lernen – obwohl ich persönlich das wunderbar fände und nicht das geringste Statusproblem darin erkennen kann. Grundsätzlich aber sind die Jobcentermitarbeiter auch deswegen in einer misslichen Lage, weil von ihnen Ergebnisse erwartet werden, die sie kraft ihrer Qualifikationen einfach nicht liefern können. Es ist schlichtweg unmöglich, die Masse der täglichen Mails, internen Hinweise, schriftlichen «Arbeitshilfen», die ständigen gesetzlichen Veränderungen sowie die Sonderwünsche einzelner Jobcenter im zeitlichen Rahmen eines Arbeitstages komplett zu lesen, geschweige denn die Inhalte aufzunehmen und umzusetzen.

Dabei zeigt gerade das umfangreiche Arbeitshilfenpaket zu Sanktionen, dass sich die Lektüre durchaus lohnt. Denn tatsächlich sind in diesem Paket Anweisungen zu finden, die für die Erwerbslosen positiv sind, wenn sie auch tatsächlich angewendet werden. Als Beispiel möchte ich hier das sogenannte «A–Z des wichtigen Grundes» anführen, in dem Gründe aufgeführt werden, aufgrund derer von einer Sanktionierung abgesehen werden soll. So wird in der Praxis sehr schnell sanktioniert, wenn ein Erwerbsloser wegen Alkoholgenuss seine Pflichten nicht erfüllt. In diesem Arbeitshilfepaket wird jedoch explizit erwähnt, dass ein wichtiger Grund vorliegt, nicht zu sanktionieren, wenn eine krankhafte Alkoholsucht besteht. Auch ein zerrüttetes Arbeitsverhältnis ist ein wichtiger Grund, nicht zu sanktionieren. Die Mitarbeiter in den Jobcentern werden in dieser Arbeitshilfe dazu aufgefordert, die Strategie im Umgang mit dem Kunden zu ändern, sofern häufige kurzfristige Arbeitsunfähigkeitsbescheinigungen eingereicht werden.

Ebenso wird erwähnt, dass die sogenannte Beweislast für

ein vermeintliches unzumutbares Vergehen von Seiten des Erwerbslosen beim Jobcenter liegt – mit anderen Worten: Das Jobcenter muss beweisen, dass zu Recht sanktioniert wird. Von vielen Erwerbslosen ist zu hören, dass Einladungen zu Terminen im Jobcenter bei ihnen nicht ankommen. Was viele nicht wissen, und zwar sowohl Jobcentermitarbeiter als auch Erwerbslose: Wird die Einladung mit normaler Post versendet, muss das Jobcenter den Versand nachweisen. Ist das nicht möglich, darf nicht sanktioniert werden. Müssen Kinder während eines Jobcentertermins betreut werden und diese Betreuung fällt unvorhergesehen aus, ist auch das ein wichtiger Grund für den Erwerbslosen, den Termin zu versäumen, und es darf nicht sanktioniert werden.

Mich erreichen immer wieder E-Mails, in denen sich Erwerbstätige, die vor allem bei Zeit- und Leiharbeitsunternehmen arbeiten, darüber beschweren, dass sie ihren Lohn nicht erhalten. Aus diesem Grund bleibt ihnen oft nichts anderes übrig, als zu kündigen, da sie sich schon allein die Fahrt zu den Einsatzorten nicht leisten können. Die Jobcenter argumentieren hier gerne, dass durch die Kündigung ein Verstoß vorliegt, der die Sanktion zur Folge haben muss, weil die Betroffenen absichtlich kündigen, um erneut hilfsbedürftig zu werden. Allerdings gibt es auch hierzu eine Anweisung, dass diese Situation einen wichtigen Grund darstellen kann, wenn der Arbeitnehmer seinen Lohn bei seinem Arbeitgeber vor der Kündigung angemahnt hat. Auch Mobbing, Sittenwidrigkeit des Lohnes und sexuelle Belästigung im Betrieb sind anerkannte Kündigungsgründe, die ebenfalls nicht zu Geldkürzungen führen dürfen.

Grundsätzlich ist es jedoch so, dass ein Sachverhalt zweifelsfrei geklärt sein muss, ehe sanktioniert werden darf. Ist er das nicht, so darf keine Sanktion erfolgen. Das betrifft hauptsächlich die zahlreichen Fälle, in denen ein Termin nicht wahrgenommen wurde – was im Jobcenterjargon mit «vergessen» interpretiert wird. Ob der Termin allerdings wirklich vergessen wurde oder ob der Erwerbslose echte Gründe für sein Nichterscheinen hatte, das muss vom Jobcenter zunächst geklärt werden. Dazu muss man mit den sogenannten «Kunden» offen reden, ihr Vertrauen erwerben und bereit sein, sich in seine Situation hineinzudenken, statt sofort mit der Sanktionskeule zuzuschlagen. Meint man es also ernst damit, auch Langzeitarbeitslose in dauerhafte Beschäftigungsverhältnisse zu bringen, wie in den Zielvorgaben gefordert, so muss sich in der Einstellung zu den Menschen einiges ändern.

Ändern muss sich auch die Einstellung der Führungsebene zu den notwendigen Vernetzungen der Jobcentermitarbeiter mit anderen Behörden. Viele der Fallbeispiele, von denen ich hier berichte, zeigen, dass von einem Jobcentermitarbeiter oder einem sogenannten Fallmanager weit mehr erwartet wird als reine Vermittlungsarbeit. Das erste Problem ist schon allein die Tatsache, dass wir so gut wie keine echten Jobs zu vermitteln haben. Außerdem ist die Behörde so strukturiert, dass die Abteilung der Arbeitsvermittler von der Abteilung des Arbeitgeberservice getrennt ist. Das heißt, Arbeitssuchende werden von einer Abteilung «verwaltet», während die Anlaufstelle von Arbeitgebern, die Mitarbeiter suchen, von einer anderen Abteilung betreut werden. Das ist völlig in Ordnung, solange ein guter Austausch zwischen diesen beiden Bereichen besteht. Ich suchte stets den Kontakt zu den Kollegen vom Arbeitgeberservice, und doch wurde das von meiner Teamleitung nicht gern gesehen. Dabei ist es doch einleuchtend, dass es hilfreich sein kann, wenn ich als Sachbearbeiterin eines Arbeitssuchenden vor dem ersten Vorstellungstermin ein kurzes Telefonat mit dem entsprechenden Personalleiter führe. Ich konnte auf diesem Weg «meinem» Bewerber oftmals damit den Weg zum Gespräch ebnen, dem Personalleiter ein paar Lebenslauf-Lücken erläutern und einige signifikante Stärken meines Kunden ans Herz legen. Meine Erfahrung zeigte, dass die Chancen für den Arbeitssuchenden stiegen, wenn ich im Vorfeld die Chance hatte, Kontakt mit dem Unternehmen aufzunehmen. Warum also sollte die Behörde diese Möglichkeit nicht nutzen?

Fälle wie der von Jessica R. zeigen außerdem, wie wichtig es ist, sich mit anderen Sozialbehörden zu vernetzen: mit den Jugendämtern zum Beispiel, der Straßensozialarbeit, der Schuldnerberatung, dem Jugend- und Familiengericht, Suchtberatungsstellen und viele andere mehr. Hier sollten die Mitarbeiter unterstützt werden, die Vernetzung muss systematisch befördert werden, denn oftmals ist es notwendig, mit mehreren Behörden gemeinsam Lösungen für individuelle Fälle zu finden. Die Realität aber sieht ganz anders aus: Ich zum Beispiel wurde dafür getadelt. Vernetzungen sind nicht erwünscht, warum auch immer.

Grundsätzlich bin ich der Meinung, dass die so viel gepriesene Sozialreform getrost abgeschafft werden sollte. Doch mir ist klar, dass wir nicht von heute auf morgen unsere Gesellschaft komplett verändern können. Darum fordere ich kurzfristig eine Erhöhung des Hartz-IV-Satzes auf ein Niveau, das den Bedingungen in unserem Grundgesetz entspricht: Ein Regelsatz oberhalb der Armutsgrenze, die außer der Befriedigung der Grundbedürfnisse des Menschen nach Wohnung, Essen, Kleidung und Bildung auch die soziale Teilhabe am kulturellen Leben ermöglicht. Außerdem fordere ich die sofortige Abschaffung jedweder Sanktionspraxis. Sie ist unnötig, kontraproduktiv und unmenschlich – das sollte für uns Grund genug sein, um Menschen nicht in Armut und Verzweiflung zu treiben. Wir sollten anerkennen, dass das Phänomen der Arbeitslosigkeit kein privates Verschulden ist, sondern eine Erscheinung unserer modernen Gesellschaft, in der es – so wie unsere Arbeitswelt strukturiert ist – nicht genügend Arbeitsplätze für alle Menschen gibt. Statt dem Gesetz des Stärksten, wie wir es aus dem Tierreich kennen, sollte in unserer Menschengesellschaft der Grundsatz der Solidarität gelten. Dazu gehört eine gerechte und intelligente Verteilung der Arbeit, damit nicht die einen gezwungen werden, so sehr über ihre Kräfte zu arbeiten, dass sie an Körper und Seele erkranken, während die anderen unter dem Stigma der Arbeitslosigkeit ähnliche Krankheitsbilder zeigen. Dazu gehört auch, dass das Reichtums-Armuts-Gefälle nicht derart extreme Unterschiede zeigen darf, wie es das heute tut, sondern sich die Mittel gerecht verteilen und allen Bürgern unseres Landes ein Leben in Würde erlauben.

Und dazu gehört nicht zuletzt ein wichtiges Gut, das unserer Gesellschaft und vor allem der Politik mehr und mehr abhandenkommt: die Tugend der Ehrlichkeit in einem Klima, in dem Probleme als solche erkannt und gemeinsam gelöst werden, statt um des schönen Scheins und der internationalen Machtpolitik wegen unter den Teppich gekehrt zu werden.

Wir leben in einer Kultur, die vom Christentum geprägt ist. Tatsächlich hat Jesus Christus uns jene Tugenden vorgelebt, die wir heute am nötigsten brauchen und auf die sich meine Forderungen stützen: Ehrlichkeit, Gerechtigkeit, die Liebe nicht nur zu uns selbst, sondern auch zu unseren Mitbürgern – die berühmte Nächstenliebe. Und darum sollte nicht nur jede Partei, jede Gewerkschaft, jeder Verein, der das berühmte «C» in seinem Namen trägt, sondern wir alle uns auf diese Werte zurückbesinnen.

20. WAS ICH LANGFRISTIG FORDERE – ODER: VISIONEN FÜR EINE NEUORDNUNG DES ARBEITSMARKTS

Stellen Sie sich vor, Sie wachen morgens auf und wissen: Sie *müssen* nicht zur Arbeit gehen, sie *dürfen*. Sie dürfen das tun, was Ihnen am meisten Freude macht, was Sie am meisten herausfordert, wo Sie sich am besten einbringen können. Und das alles völlig ohne Druck, ohne Angst, denn ihr Lebensunterhalt ist von vornherein bereits gesichert.

Utopie? Keineswegs. Nur eine andere Form, die Gesellschaft zu strukturieren. Und seien wir doch mal ehrlich: Was hat uns unsere Arbeitswelt, so wie wir sie kennen, eingebracht? Psychische Erkrankungen, darunter ganz vorne das sogenannte Burnout-Syndrom, zählen zu den Hauptursachen vorübergehender Arbeitsunfähigkeit. Die Anzahl der Burnout-Fälle ist in den vergangenen zehn Jahren um 142 Prozent gestiegen, im Jahr 2013 waren in Deutschland etwa neun Millionen Menschen davon betroffen. Von der Armutsentwicklung durch die Sozialreform haben wir bereits gesprochen: Die solide Mittelschicht, die unsere Gesellschaft viele Jahrzehnte lang prägte, bröckelt ab, immer mehr Menschen sinken unterhalb die Armutsgrenze.

Tatsächlich hat die Umsetzung der Agenda 2010 zu einer Gesellschaftsspaltung auf den verschiedensten Ebenen geführt. Sogar Erwerbslose untereinander bewerten sich nach Aktivitäten. So schauen sie zum Teil auf diejenigen herab, die sich nicht in einem Ein-Euro-Job versklaven lassen. Noch-Erwerbstätige halten, auch unter prekären Arbeitsbedingungen, an ihrem Arbeitsplatz fest. Kinder von Hartz-IV-Empfängern werden ausgegrenzt. Durch den viel zu niedrigen Regelsatz ist den Betroffenen weder eine gesellschaftliche noch eine soziokulturelle Teilhabe möglich. Damit werden auch politische Interessen und Aktivitäten mit Absicht unterbunden. Hartz IV ist damit eine gewollte Armut, um Menschen bewusst aus der Gesellschaft zu treiben. Weder hat die Agenda 2010 mehr tatsächliche Arbeitsplätze geschafft, noch ist die Zahl der Langzeitarbeitslosen gesunken. Stattdessen scheint sie sich verfestigt zu haben.

Auch finanziell sieht das Ganze unterm Strich für unsere Gemeinschaft nicht nach einem guten Geschäft aus: Im Jahr 2013 gaben wir innerhalb der gemeinschaftlichen Einrichtungen der Jobcenter rund 10,8 Milliarden Euro für Hartz-IV-Leistungen und im Jahr 2015 geschätzte 2,6 Milliarden für Maßnahmen sowie rund 3 Milliarden für die Verwaltungskosten aus. Somit steht ein geschätztes Gesamtbudget von rund 5,6 Milliarden Euro zur Verfügung. Die rund 2,6 Milliarden Euro für Maßnahmen können zum Beispiel für Bewerbungstrainings, Ein-Euro-Jobs, EDV-Kurse, Bewerbungs- und Reisekosten oder für Qualifizierungen mit einem Bildungsgutschein verwendet werden. Auch die Eingliederungszuschüsse für Arbeitgeber und Zeit- und Leiharbeitsunternehmen sind darin enthalten. Entsprechend den strukturellen Begebenheiten werden die 2,6 Milliarden Euro jeweils in Ost und West aufgeteilt. Der Osten bekommt ein Viertel des Kuchens und der Westen zwei. Dieser Anteil an Geldern entspricht grundsätzlich nur rund 75 Prozent, da 25 Prozent für die Förderung von Arbeitsverhältnissen zurückbehalten werden. Hier erhält der Arbeitgeber bis zu zwei Jahre einen Lohnzuschuss, der bis zu 75 Prozent betragen kann.

Wenn man die durchschnittlichen monatlichen Beschäftigungen nimmt (4158 im ersten Halbjahr 2014), die durch Eingliederungszuschüsse gefördert wurden, und diese mit dem genannten Beispiel von Airbus und den Schweißern mit

500 Euro monatlich multipliziert, dann kommt man zu dem Ergebnis, dass durchschnittlich zwei Millionen Euro monatlich[39] an Unternehmen und Zeitarbeitsfirmen bezahlt werden. Und das nur, damit sich die Unternehmen dazu bequemen, Menschen zu beschäftigen.

Unser System hält uns außerdem weltweit durch die Furcht vor weiteren Rezensionen und Börsencrashs in Atem, weil heute einfach nicht mehr funktioniert, was vor 50, 60 Jahren als Mittel zum «Reichtum für alle» gegolten hat: Aufschwung, Wachstum, Konsum. Warum also nicht einmal ganz neu ansetzen?

Betrachten wir unser System doch einmal unter den Maßgaben des Grundgesetzes, und wir stellen fest, dass es gleich gegen mehrere Artikel verstößt: Da ist die Prämisse «Jede Tätigkeit ist zumutbar», die in der Praxis zu nichts anderem als Zwangsarbeit führt, sei es in Form von Ein-Euro-Jobs, die von den neu eingerichteten, skandalösen Null-Euro-Jobs in Hamburg abgelöst werden. Wobei ich der Meinung bin, dass auch in anderen Bundesländern, zum Beispiel in Baden-Württemberg, mit den unbezahlten Praktikantenstellen die Null-Euro-Jobs klammheimlich schon längst eingeführt wurden.

Mit demselben Argument werden Menschen gegen ihren Wunsch in Ausbildungen gepresst, nur damit die Statistik stimmt. Dies ist ein Verstoß gegen die Ausbildungs- und Berufsfreiheit.

Thema Niederlassungs- und Wohnungsfreiheit: Ein Umzug bedarf oftmals einer Zustimmung durch die Jobcenter, ansonsten besteht die Gefahr, dass die zukünftigen Mietkosten nicht übernommen werden. Auch dieses Grundrecht wird gebeugt.

Eine Ortsabwesenheit, die den Rahmen einer täglichen Briefkastenleerung überschreitet, muss vom Jobcenter genehmigt werden. Hier handelt es sich um einen Verstoß gegen die

39 Stand 2014

Freizügigkeit, die Freiheit des Einzelnen wird unverhältnismäßig eingeschränkt.

Ebenso der Grundsatz der Unverletzlichkeit der Wohnung – immer wieder gibt es Hausbesuche durch den sogenannten Außendienst, beispielsweise bei Beantragung von Erstausstattung, die einem Erwerbslosen zustehen, wenn er beispielsweise aus dem Elternhaus auszieht oder nach einer Scheidung eine neue Wohnung einrichten muss. Auch gibt es die Fälle der «freundlichen Nachbarn», die schon mal gerne einen Hartz-IV-Empfänger anonym anzeigen und behaupten, er besitze zu viel. In all diesen Punkten wird gegen die Menschenwürde, die ja laut Grundgesetz unantastbar ist, verstoßen.

Nach der UN-Menschenrechtscharta[40] hat jeder das Recht auf Arbeit, auf freie Berufswahl, auf gerechte und befriedigende Arbeitsbedingungen sowie auf Schutz vor Arbeitslosigkeit. Es ist offensichtlich, dass unser Staat so, wie er strukturiert ist, diese Menschenrechte nicht garantieren kann. Darum wird es höchste Zeit, über Alternativen nachzudenken, und zwar ruhig ein bisschen mutiger, als das bisher geschah. Und bei allen unseren Überlegungen müssen wir uns grundsätzlich wieder mehr auf die Werte besinnen, die unsere Kultur ausmachen.

Götz Werner, der Gründer der dm-Drogeriemarktkette, ist einer der bekanntesten Befürworter eines bedingungslosen Grundeinkommens, kurz BGE genannt. Gemeinsam mit einigen anderen ist er der Meinung, dass der Staat es jedem Einzelnen überlassen sollte, ob er oder sie arbeiten möchte, und wenn ja, auf welchem Gebiet. Dafür sollte jeder Mitbürgerin und jedem Mitbürger ein monatliches Grundeinkommen ausbezahlt werden, das an keine Bedingungen geknüpft ist, das BGE. «Weniger Erwerbsarbeit», argumentiert er, «mehr Freiheit, mehr Familie, mehr soziales Engagement.» Auf diese Weise wird niemand mehr zum Bittsteller degradiert, die Bun-

40 http://www.un.org/depts/german/menschenrechte/aemr.pdf

desagentur für Arbeit wird in ihrer aktuellen Form überflüssig, ebenso die Jobcenter. Wer sich mehr leisten möchte, als es das BGE zulässt, der kann sich dazuverdienen, was er möchte und vor allem auch: wie er es möchte. Dabei geht Götz Werner davon aus, dass derjenige, der seine Arbeit gern macht, sie auch weiterhin ausüben wird. Wichtig ist, dass sie erfüllt und dass der Betroffene einen Sinn in ihr erkennen kann, damit er am Ende des Tages das Gefühl der Zufriedenheit und der Sinnhaftigkeit haben kann. Denn der Mensch ist ein soziales Wesen, er möchte sich in die Gemeinschaft einbringen, etwas leisten, worauf er stolz sein kann und womit er sich identifiziert. Wir alle brauchen Anerkennung und das Bewusstsein, für die Leistung, die wir freiwillig und gerne erbringen, einen fairen Gegenwert zu erhalten. Entsprechend geht Götz Werner genau wie ich von einem positiven Menschenbild aus, entgegen der herrschenden Meinung, der Mensch sei grundsätzlich faul, und wenn er die Möglichkeit dazu hat, sei er egoistisch und denke nur an sich selbst. Ich für meinen Teil kann nur versichern, dass meine Erfahrungen völlig anders aussehen. Denn vierzig Stunden in der Woche untätig zu sein, ist für viele Menschen mit mehr Stress verbunden, als eine sinnvolle Tätigkeit auszuüben. Untätigkeit macht genauso krank wie ein unglückliches Beschäftigungsverhältnis.

Stellen wir uns doch der Realität: Die Gallup-Studie 2013 ergab, dass nur jeder Vierte mit seiner Tätigkeit zufrieden ist und sich mit ihr identifizieren kann. Die Krankmeldungen aufgrund von psychischen und psychosomatischen Leiden steigen stetig an. Unzählige Arbeitnehmer haben innerlich gekündigt und erledigen ihre Arbeit nur noch als «Dienst nach Vorschrift». Was könnte alles möglich sein, wenn Druck, Angst und Frustration aus unserem Arbeitsleben mehr und mehr verschwinden würden? Ein ungeahntes Potenzial würde sich nach und nach entfalten, das unserer gesamten Gesellschaft neue Impulse geben könnte.

Ein Buch über die Problematik Arbeitslosigkeit muss sich mit dem Begriff «Arbeit» an sich auseinandersetzen. Im philosophischen Sinne umfasst laut Wikipedia beispielsweise Arbeit «Prozesse der bewussten schöpferischen Auseinandersetzung des Menschen mit der Natur und der Gesellschaft. Sinngeber dieser Prozesse sind die selbstbestimmt und eigenverantwortlich handelnden Menschen mit ihren individuellen Bedürfnissen, Fähigkeiten und Anschauungen im Rahmen der aktuellen Naturgegebenheiten und gesellschaftlichen Arbeitsbedingungen.»

Das klingt doch schon ganz anders als der alttestamentarische, rund 3000 Jahre alte Satz, den 2006 der damalige SPD-Arbeitsminister Franz Müntefering in Hinblick auf die Hartz-IV-Empfänger äußerte: «Nur wer arbeitet, soll auch essen.»

Durch den jetzigen Neoliberalismus, insbesondere der aktuellen Arbeitsmarktpolitik, fällt und steht der Mensch mit seiner produktiven Arbeit. Reproduktive Arbeiten, wie Pflege eines Angehörigen, werden in der Praxis oft als privates Hobby angesehen. Menschen, die andere pflegen, werden in den Jobcentern und auf dem freien Arbeitsmarkt häufig diskriminiert. «Wieso geben Sie denjenigen nicht in ein Heim?», diese Frage fällt häufig, eine Frage, die jede Privatsphäre und Persönlichkeitsrechte mit Füßen tritt. Außerdem wird diese Pflegearbeit von Unternehmen oftmals nicht anerkannt. Wer Angehörige pflegt, verliert meist den Anschluss an die Berufswelt und büßt langfristig seine «Wertigkeit» ein. So kommt es häufig zu der grotesken Situation, dass Menschen, die sich dafür entscheiden, einen Angehörigen in Vollzeit zu pflegen, parallel trotzdem vom Jobcenter verpflichtet werden, sich nebenbei auf sämtliche Tätigkeiten zu bewerben. Dabei gibt es nach den internen «Arbeitshilfen», die jedem Jobcentermitarbeiter vorliegen, hierzu eine klare Regelung: Liegt der Nachweis einer

Pflegebedürftigkeit vor, ist dies ein wichtiger Grund. Lässt die Pflege eine Erwerbstätigkeit zusätzlich nicht zu, gilt außerdem der Grundsatz der Unzumutbarkeit. In diesem Fall ist die Höhe der Pflegestufe entscheidend.

Bei einem BGE würden auch die sinnlosen Ein-Euro-Jobs oder andere repressive Arbeitsbeschaffungsmaßnahmen der Vergangenheit angehören. Der Mensch in seiner Würde dürfte mit dem BGE Mensch bleiben und Tätigkeiten ausüben, deren Fähigkeiten und Ressourcen er mitbringt.

Doch das BGE birgt noch weitere Vorteile. Wir leben derzeit in einer Gesellschaft, in der die Schere zwischen Arm und Reich immer größer wird. Das hat zur Folge, dass der sich immer weiter ausbreitende Niedriglohnsektor und die hohe Anzahl der Dauerlangzeitarbeitslosen unvermeidlich in eine nie gekannte Altersarmut führen wird. Bei einem BGE würde diese materielle Armut und die Folgen daraus verhindert werden.

Armut führt zu einer Gesellschaftsspaltung und macht krank. Die derzeitigen großen Einkommensunterschiede gefährden den sozialen Frieden. Ein BGE verringert diese Unterschiede und hilft somit, den sozialen Frieden zu erhalten. Frauen erschaffen sich damit eine finanzielle Unabhängigkeit. Kinder werden in ihrer Entwicklung und damit in ihrer Persönlichkeit gestärkt und erhalten gleiche Rechte in Bezug auf Bildung. Mit einem BGE im Rücken können Erwerbstätige und Arbeitssuchende ihre Interessen bei Bewerbungsgesprächen und Lohnverhandlungen viel selbstbewusster vertreten. Ist der Arbeitgeber nicht bereit, menschenwürdig zu bezahlen, muss er umdenken oder seinen ausgeschriebenen Job selbst ausüben. Auch Existenzgründungen können mutiger angegangen werden und unter Umständen zu neuen Arbeitsplätzen führen.

Und was geschieht mit unserem aufgeblähten Verwaltungsapparat und seinem Bürokratiedschungel? Vieles davon wird überflüssig werden, unnötige Sozialbürokratie kann abgebaut werden. Auf diese Weise würden unvorstellbare Summen an öffentlichen Geldern eingespart.

Mit dem bedingungslosen Grundeinkommen wird den Menschen soziokulturelle Teilhabe ermöglicht und damit auch eine Teilhabe am politischen Leben selbst, was wiederum eine Stärkung der Demokratie bedeutet. Der Einzelne hat die notwendige Zeit, um sich demokratischen Zusammenschlüssen vor Ort, sei es in der Gesellschaft oder im Betrieb, anzuschließen, und damit die Chance, sich einzubringen. Man stelle sich vor: Jeder könnte seine Energie für Wichtigeres einsetzen als für die Sorge ums nackte Überleben, so wie es derzeit in unserer neoliberalen Gesellschaft mit ihren sozialen Spaltungen für Millionen von deutschen Bundesbürgern notwendig ist, in der zu viel Kraft für das Treten von oben nach unten aufgebracht werden muss. Mit einem BGE können rassistische und fremdenfeindliche oder konkurrierende Reflexe in der Gesellschaft und am Arbeitsmarkt reduziert werden – insbesondere dann, wenn sie durch Existenzängste ausgelöst werden.

Das wichtigste Argument für ein BGE jedoch ist, dass damit die Existenz nicht mehr bedroht ist, selbst wenn man einen Arbeitsplatz verlässt. Auf diese Art und Weise erhält jeder Mensch – und ich meine damit wirklich JEDEN – die Chance, neue Wege zu gehen.

Natürlich kommt spätestens an diesem Punkt immer die Frage nach der Finanzierung. Wie soll das bezahlt werden? Für die Finanzierung des BGE werden von verschiedenen Befürwortern unterschiedliche Modelle vorgeschlagen: Attac möchte das BGE in Form einer «Bürgerversicherung» finanzieren. In diesem Modell verwalten die Versicherten das BGE, Kranken- und Rentenversicherung selbst. Die Rolle des Staates beschränkt sich auf die rechtliche Garantie. So werden weiterhin die Kosten der Kranken- und Rentenversicherung auf Arbeitnehmer und Arbeitgeber aufgeteilt. Dabei sollen die in Deutschland erzielten Bruttowertschöpfungserträge auf alle in Deutschland tätigen Unternehmen umgelegt werden, auch dann, wenn sich ihr Sitz im Ausland befindet. Götz Werner schlägt eine Finanzierung über die Konsumsteuer vor. Die Partei Die Piraten diskutiert unterschiedlichste Finanzierungsmodelle.

Ich persönlich bin der Meinung, dass die Finanzierbarkeit des BGE nichts mit seinem Grundgedanken zu tun hat, sondern nur mit seiner Realisierung. Wie die Finanzierung umzusetzen sein wird, ist ein rein technischer Aspekt, der nicht an den Anfang der Diskussion gehört. Denn die ständige Frage nach der Finanzierung lenkt von der eigentlichen Diskussion um die wichtigen Argumente für ein BGE ab. Denn hier geht es um die Menschenwürde, außerdem um eine Neudefinition der Begriffe Arbeit und Leistung. Es geht um die Beseitigung von Armut und Existenznot und der damit verbundenen lähmenden Existenzangst von Millionen von Menschen. Es geht darum, auch diesen Menschen wieder die Kraft zurückzugeben, ihre Kreativität und Lebensfreude zu nutzen, damit sie sich selbst helfen und selbst verwirklichen können – zum Wohl unserer Gesellschaft. Es geht darum, Freiwilligkeit und Ehrenamt zu unterstützen und aufzuwerten, echte Emanzipation möglich zu machen und zu Unabhängigkeit zu verhelfen. Es geht außerdem darum, reproduktive Arbeit wieder zu würdigen, Kinderrechte zu stärken und deren Entwicklung zu fördern. Es geht um nichts weniger als die Freiheit und Zukunft Deutschlands.

Doch statt diese verloren gegangenen Werte anzuerkennen, die für die Gesundheit und Stärke einer Gesellschaft und unseren sozialen Frieden so dringend notwendig sind, wird in der Diskussion um die Finanzierbarkeit des bedingungslosen Grundeinkommen als Totschlagargument von astronomischen Beträgen in Milliardenhöhe gesprochen, die derzeit noch gar nicht wirklich berechenbar sind.

Ich bin der festen Überzeugung, dass das Bedingungslose

Grundeinkommen finanzierbar sein wird, wenn es gewollt ist. In diesem Buch habe ich viele Beispiele dafür genannt, wie seit Jahren sinnlos riesige Summen von Steuergeldern verschwendet und den ohnehin schon Reichen in den Rachen geworfen werden. Wenn wir außerdem bedenken, wie teuer uns allein die Behörde der BA kommt, die ja dann nicht mehr oder nur in begrenztem Maße notwendig wäre, wird deutlich, dass die vorhandenen Gelder nur anders und gerechter verteilt werden müssten. Der Kuchen muss neu aufgeteilt werden. Und das braucht einen starken politischen Willen.

Hier sind wir beim Gedanken des «Um-fair-teilens». Das heißt nichts anderes, als dass diejenigen, die viel haben, nun endlich an der Reihe sind, etwas abzugeben. Ist keiner bereit zu teilen, bleiben wir dort stecken, wo wir uns jetzt befinden: in einer Spirale, in der Reiche immer reicher werden und Arme immer ärmer.

Wie der Kuchen neu berechnet und verteilt werden muss, damit wir in einer gerechteren Welt leben können, und ob dazu Steuern notwendig sind, neue Versicherungen oder sonstige Beiträge – das sollten unabhängige, keiner Lobby angehörende Fachleute prüfen und errechnen.

21. AUFGEBEN KOMMT NICHT IN FRAGE – JETZT FÄNGT ES ERST RICHTIG AN

Nachdem ich meine Freistellung erhalten, meine privaten Dinge eingepackt und den Schlüssel abgegeben hatte, fuhr ich mit Roland Kohsiek, meinem Beistand von ver.di, unverzüglich zur Geschäftsstelle von ver.di Hamburg, um die nun notwendige Rechtsschutzdeckungszusage einzuholen, die mir ja bereits mündlich zugesagt worden war. Anschließend suchte ich meinen Anwalt auf, um so schnell wie möglich ein Einstweiliges Verfügungsverfahren gegen die Freistellung beim Arbeitsgericht einzureichen. Und damit begann eine bis heute andauernde juristische Farce.

Die erste Verhandlung fand am 6. Juni 2013 statt. Ich klagte auf Widerruf der Freistellung, da arbeitsrechtlich nichts gegen mich vorlag. Das Jobcenter argumentierte, es halte eine Weiterbeschäftigung der Jobcentermitarbeiterin Inge Hannemann für unzumutbar, da ich angeblich den «Betriebsfrieden störe».

«Die 15. Kammer des Arbeitsgerichts Hamburg konnte nach ausführlicher Verhandlung, wobei es auch darum ging, ob Frau H. angemessene andere Beschäftigungsangebote unterbreitet worden sind, noch nicht entscheiden. Den streitenden Parteien wird Gelegenheit zu ergänzendem Sachvortrag gegeben. Es wird einen weiteren Verhandlungstermin geben. Dieser steht noch nicht fest, wird jedoch per Pressemitteilung bekanntgegeben werden», so das Justiz-Portal der Stadt Hamburg in einer Pressemeldung.[41] Eine Woche später verschickte

---

41 http://justiz.hamburg.de/pressemitteilungen/4000880/
pressemeldung-2013-4/

die BA eine Pressemitteilung, die von den Medien zu Recht mit großem Befremden aufgenommen wurde. Denn tatsächlich wurde ich in diesem Text in mehreren Punkten erheblich diffamiert. Weil er zum einen äußerst amüsant zu lesen ist, aber auch um zu zeigen, wie sehr die BA jedes Maß verloren hat, möchte ich hier den vollständigen Text zitieren:

«Angesichts der anhaltenden öffentlichen Attacken der (inzwischen freigestellten) Mitarbeiterin des Hamburger Jobcenters Inge Hannemann sieht sich die Bundesagentur für Arbeit gezwungen, Stellung zu nehmen – allein schon zum Schutz der vielen tausend Mitarbeiterinnen und Mitarbeiter, die durch die Äußerungen von Frau Hannemann beleidigt, herabgewürdigt und in Gefahr gebracht werden.

Die Behauptungen von Frau Hannemann sind falsch und führen die Öffentlichkeit in die Irre. Weder widerspricht die Grundsicherung (‹Hartz IV›) dem Grundgesetz, noch verletzen die Mitarbeiterinnen und Mitarbeiter der Jobcenter durch ihre tägliche engagierte Arbeit die Würde der Kunden. Weder gibt es eine Anweisung oder eine Zielvorgabe, über Sanktionen Geld einzusparen, noch gibt es ‹tausende von Selbstmorden› unter Kunden der Grundsicherung. Und in den Jobcentern arbeiten auch keine seelenlosen Maschinen, die nur Zielvorgaben, nicht aber die Menschen im Blick haben. Die Kolleginnen und Kollegen in den Jobcentern arbeiten Tag für Tag daran, Menschen in Ausbildung und Beschäftigung zu bringen.

Frau Hannemann missbraucht ihre angeblichen Insider-Ansichten, um sich in der Öffentlichkeit als einsame Kämpferin für Entrechtete darzustellen, und behauptet dabei auch noch, für die Mehrheit der Jobcentermitarbeiter zu sprechen. Darüber hinaus gefällt sie sich in der Rolle der Märtyrerin, die von ihrem Arbeitgeber (der Freien und Hansestadt Hamburg) ‹kaltgestellt› werden soll.

Dazu drei einfache Feststellungen:
- Frau Hannemann spricht bei ihrer Kampagne gegen die

Grundsicherung, die Millionen von Menschen die Existenz sichert, nicht für die Belegschaft der Jobcenter. Im Gegenteil: Sie bringt ihre Kolleginnen und Kollegen in Gefahr, die sich zunehmend Aggressionen von Seiten der Kunden ausgesetzt sehen.

- Frau Hannemann ist keine ‹Whistleblowerin›, die Missstände aufdeckt, denn die behaupteten Missstände gibt es nicht – sie kann daher auch keine ‹Hartz-IV-Rebellin› sein.
- Wer in einem Jobcenter arbeitet, hat sich an Recht und Gesetz zu halten. Es kann nicht sein, dass eine Mitarbeiterin nach Gutdünken handelt und persönliche, politische Vorlieben auslebt.

Frau Hannemann hat sich den falschen Beruf ausgesucht. Sie sollte nicht ihre Kolleginnen und Kollegen darunter leiden lassen.

Stand 14.06.2013»

Der Schuss ging, wie man so schön sagt, für die BA nach hinten los. Mit diesen haltlosen und nicht durchdachten Diffamierungen und falschen Vorwürfen, denen ich auf meinem Blog allen entgegnen und sie als unhaltbar entlarven konnte, brachte sich die Behörde selbst in öffentlichen Misskredit. Innerhalb von wenigen Tagen unterschrieben rund 2000 Menschen eine Petition, in der verlangt wurde, die Bundesagentur für Arbeit solle sich bei mir entschuldigen. Bundesweit solidarisierten sich Menschen mit mir und gingen dafür auf die Straße. Entschuldigt hat sich natürlich niemand. Und doch hat mir unter dem Strich dieser Fauxpas der BA noch mehr Sympathien und Unterstützer eingebracht.

Viele Menschen aus dem gesamten Bundesgebiet, darunter auch Anwälte, rieten mir, gegen die Pressemitteilung rechtlich vorzugehen und zumindest eine Unterlassungsverfügung durchzusetzen. Da dieser Text für mich und mein Anliegen jedoch bis heute eine perfekte Werbung darstellt, habe ich davon Abstand genommen. Auffällig war, dass ich nach seiner Veröffentlichung massenhaft E-Mails von Mitarbeitern der Jobcenter und Arbeitsagenturen erhielt, die sich über diese Pressemitteilung empörten und sich fragten, für was für einen Arbeitgeber sie da eigentlich arbeiten. Einige schrieben, sie hätten nach der Lektüre ihren Computer heruntergefahren und das Büro verlassen. Von jenem 14. Juni 2013 an stieg und steigt die Zahl meiner internen Unterstützer signifikant und stetig an.

Seit meiner Freistellung sind inzwischen zwei Jahre vergangen. Zwei Jahre, in denen die gerichtliche Auseinandersetzung mit dem Jobcenter team.arbeit.hamburg nicht vorankam. Immer wieder wurden die Termine vom Arbeitsgericht verschoben, und von Anfang an hielt es das Gericht noch nicht einmal für nötig, mir oder meinem Anwalt die Verschiebungen oder die neuen Termine mitzuteilen. Ja, es scheint, als fände es das Gericht angemessen, dass ich diese Informationen aus den Medien erfahre. Die Verfahren, die bislang stattfanden, zeigten, dass ohne Vorbehalt einer Behörde mehr Glauben geschenkt wird als einer Jobcentermitarbeiterin, dass Aussagen aus den Medien als Beweise gelten und Zeitungsüberschriften, für die ich ja nichts kann, gegen mich verwendet werden dürfen. Nicht dass mich dies verwundern würde. Die Überforderung, die das Arbeitsgericht in meinem Fall so überdeutlich zeigt, ist geradezu peinlich für unsere Rechtsstaatlichkeit. Bis heute wurde weder auf eine unserer Klageschriften Bezug genommen, noch der Fall in der nötigen Tiefe beleuchtet. Stattdessen setzt man alles daran, das Verfahren durch formelles Taktieren im Sande verlaufen zu lassen: Das Jobcenter team.arbeit.hamburg beendete offiziell die Zuweisung durch die BASFI, worauf das Arbeitsgericht beschloss, dass es ja nun auch das Verfahren gegen das Jobcenter aussetzen könne. Der zuständige Richter informierte meinen Anwalt telefonisch über diesen Beschluss und versuchte ihn unter Druck zu setzen, das Verfahren einzustellen. Er machte deutlich, dass das Arbeitsgericht kein Interesse daran hat, das Verfahren weiterzuführen. Neben dem ursprünglichen Verfahren gegen meine Jobcenterzentrale wegen der Freistellung aufgrund meines Blogs entstand nun ein zweites Verfahren gegen meinen eigentlichen Arbeitgeber, die Stadt Hamburg. Hierbei ging es darum, die Rechtmäßigkeit der Versetzung in eine andere Behörde und der Beendigung meiner Zuordnung zum Jobcenter gerichtlich abklären zu lassen. Da der öffentliche Dienst ein sogenanntes Direktionsrecht hat, ist es für die Stadt Hamburg möglich, mich auf einen beliebigen Platz zu setzen, auch unabhängig davon, ob ich die Qualifikation mitbringe oder nicht. Obwohl dies nun zwei voneinander völlig unabhängige Verfahren sind, tut das Arbeitsgericht so, als sei das Verfahren gegen Jobcenter team.arbeit.hamburg vom Verfahren gegen die Stadt Hamburg und dem neuen Arbeitsplatz abhängig. Spätestens jetzt wurde deutlich, dass mit aller richterlicher Gewalt versucht wird, mir mein Recht auf ein faires Verfahren zu nehmen und damit auch das Recht auf ein Urteil.

Ich hatte mir keine Illusionen gemacht, und das war auch gut so. Letztendlich geht es weniger darum, ob ich mit meiner Klage auf Wiedereinstellung erfolgreich bin oder nicht, sondern darum, die öffentliche Aufmerksamkeit auf die Missstände zu lenken, wegen denen ich überhaupt erst dazu gezwungen wurde, Kritik zu üben. Was mich überwältigte, war die ungeheure Welle an Solidarität, die mir seither entgegenschlägt. Täglich erhalte ich unzählige Zuschriften von Menschen, die unter dem System von Hartz IV leiden, die mich ermutigen, weiterzumachen. Dabei erfahre ich allerdings auch von Geschichten, die mich zutiefst betroffen machten. Individuelle Schicksale, wo Menschen durch Willkür und Schikanen erst richtig in Schwierigkeiten gerieten. Die Not ist riesengroß, und viele gestehen mir, dass sie es erst jetzt wagen, von ihr zu erzählen, nachdem sie von mir und meiner Freistellung erfuhren und dadurch merkten, dass sie nicht alleine dastehen.

Ich war bei vollen Bezügen freigestellt und entschlossen, diese Chance zu nutzen. Auch bin ich niemand, der zu Hause sitzt und auf den nächsten Gerichtstermin wartet. Die gerichtliche Auseinandersetzung ist nur ein Schauplatz in diesem Kampf und beileibe nicht der wichtigste. Denn es muss sich grundsätzlich etwas an der Situation der Erwerbslosen ändern: Die derzeit herrschende Sanktionspraxis muss abgeschafft werden und schlussendlich das desolate System Hartz IV, da es nachweislich gescheitert ist. Die Verfestigung der Langzeitarbeitslosen, die Zementierung und die Steigerung der Armut, insbesondere der Kinderarmut, die rasante Ausweitung des Niedriglohnsektors und die daraus resultierende Gesellschaftsspaltung, dies alles ist nur ein kleiner Teil der offensichtlichen Missstände, die durch die Agenda 2010 entstanden sind.

Ich kämpfe also nicht gegen das Jobcenter und auch nicht gegen die Bundesagentur für Arbeit, denn beide sind lediglich exekutive Behörden, die das umsetzen, was die neoliberale Regierung an Fakten schuf, als sie mit Hilfe der Agenda 2010 und deren Sozialgesetze die Willkür und deren Folgen überhaupt erst möglich und verbindlich machte. Also begann ich eine entsprechende Petition zur Einreichung beim Deutschen Bundestag vorzubereiten. Die Petition, die die Nummer 46483 erhielt, lautet folgendermaßen:

«Der Deutsche Bundestag möge beschließen, die Paragraphen im Zweiten Buch Sozialgesetzbuch (Grundsicherung für Arbeitsuchende, § 31 bis § 32 SGB II) und im Zwölften Buch Sozialgesetzbuch (Sozialhilfe, § 39a SGB XII) ersatzlos zu streichen, die die Möglichkeit von Sanktionen bzw. Leistungseinschränkungen beinhalten. Begründung:

Die Sanktionen (§ 31 und § 32 Zweites Buch Sozialgesetzbuch) und die Leistungseinschränkungen (§ 39a Zwölftes Sozialgesetzbuch) verletzen das Recht auf die Absicherung des

zwingend gesetzlich festgelegten soziokulturellen Existenz-
minimums. Wem ganz oder teilweise die Grundsicherungs-
leistung gestrichen wird, dessen Existenz und gesellschaftliche
Teilhabe ist bedroht.»

Dieser Text verbreitete sich in den Netzwerken rasend schnell,
und als sie innerhalb von nur vier Wochen von mehr als
90 000 Menschen unterzeichnet wurde, wusste ich, dass ich
auf dem richtigen Weg war.

Am 17. März 2014 erhielt ich Gelegenheit, in einer öffentlichen Sitzung des Petitionsausschusses des Bundestags meine
Forderungen darzulegen und mich der Diskussion von Par-
lamentariern und Experten zu stellen. Diese hochinteressante
Diskussion ist heute noch im Netz zu finden und zeigt in erschreckendem Ausmaß, wie unzugänglich sich die Vertreter
der Regierungsparteien doch gegenüber jedem vernünftigen
Argument zeigen.[42]

Dennoch, die öffentliche Aufmerksamkeit, die diese von
mir mit großer Sachlichkeit geführte Diskussion erfuhr, hat
viel bewirkt. Derzeit befindet sich der Petitionstext in der Prüfung und wurde dafür den Abgeordneten zugeleitet, die als Berichterstatter eingesetzt wurden. Das Ergebnis ist hinlänglich
bekannt: Die Grünen und die Linke sind für die Abschaffung
der Sanktionen, während die Große Koalition sie unbedingt
beibehalten will.

Unverfroren ist es jedoch, dass die vom Petitionsausschuss
eingesetzten Berichterstatter für ihren Bericht Zeit bis Ende
der Legislaturperiode und sogar darüber hinaus bekommen haben. Der Petitionsausschuss selbst gab keine Deadline vor. Es
ist unglaublich, wie von Seiten der Regierung mit dem Recht
der Bürger auf Petitionen umgegangen wird: Vordergründig
stellt es sich so dar, dass die Bürger in Form von Petitionen ein

42 https://www.youtube.com/watch?v=-XTijAid0H8

minimales Mitspracherecht erhalten. Um diese jedoch auszubremsen, lässt man deren Bearbeitung einfach nur liegen. Auf diese Weise, so hofft man offenbar, erledigt sich das «Problem» früher oder später von selbst.

Dennoch erfuhren wir bereits Teilerfolge: Bisher sieht es so aus, als solle die Sanktionspraxis entschärft werden. Die harten Regelungen im Bereich der jungen Menschen unter 25 Jahren sollen der Sanktionspraxis der Menschen ab 25 Jahren angeglichen werden. Damit kann das Arbeitslosengeld nicht direkt beim zweiten Fehltritt komplett gestrichen werden. Weiterhin sollen die Mietkosten nicht mehr gekürzt werden dürfen, was eine drohende Obdachlosigkeit abwenden soll. Im November 2012 wurde eine sogenannte Bund-Länder-Arbeitsgruppe eingerichtet, die die Aufgabe erhielt, die derzeitige Umsetzung der Sozialgesetze zu vereinfachen. Unter dem hochtrabenden Namen «Vereinfachung des passiven Leistungsrechts – einschließlich des Verfahrensrechts im SGB II (AG Rechtsvereinfachung im SGB II)» formierten sich die BA gemeinsam mit zwei Vertretern aus den Jobcentern, Ministerialbeamten, Vertretern kommunaler Spitzenverbände und dem Deutschen Verein für öffentliche und private Fürsorge, unter Ausschluss von Sozialverbänden, Gewerkschaften, Parteien und Erwerbslosen, um sich über die künftige Umsetzung und mögliche Vereinfachung der Sozialgesetze nach dem SGB II zu beraten. Die Mitglieder dieser Gruppe wie auch die Mitarbeiter aus den Jobcentern konnten Vorschläge einbringen, welche in acht Workshops und vier Tagungen diskutiert wurden. Allein schon die Tatsache, dass die Gewerkschaften, Parteien, Sozialverbände und die eigentlichen Betroffenen ausgeschlossen wurden, zeigt, dass über deren Köpfe hinweg entschieden werden sollte, ohne deren Kritik zu berücksichtigen. Vielmehr zeigt es, dass die Gesetzesänderungen eine Vereinfachung für die Mitarbeiter darstellen sollen, damit die Mitarbeiter mehr Zeit für die Erwerbslosen hätten. Der im September 2013 vorgelegte Zwischenbericht zeigte allerdings keine Vereinfachungen für die Erwerbslosen, sondern weitere Verschärfungen von Hartz IV. Harald Thomé von der Erwerbsloseninitiative in Wuppertal umschreibt es treffend, wenn er sagt, dass die Jobcenter zu «Sonderrechtszonen» werden.[43] Diese geplanten Veränderungen gelangten stückweise durch Whistleblower an die Öffentlichkeit und standen in heftiger Kritik. Aus Verlautbarungen des Arbeitsministeriums gegenüber Journalisten wurde deutlich, dass die angedachten Vorschläge nicht für die Öffentlichkeit gedacht waren. Ob man mit dieser Geheimniskrämerei, wie schon bei der Hartz-Kommission, die geplanten Verschärfungen still und heimlich einführen und auf diesem Wege ein mögliches «Hartz V» umsetzen wollte? So wurde der Wegfall des Mehrbedarfes für die Alleinerziehenden heftig kritisiert, ebenso das Ausspionieren von Daten im Internet über eBay-Verkäufe oder die Streichung des Arbeitslosengelds II bei nicht erfolgreicher Selbständigkeit innerhalb von zwei Jahren. Und dies ist nur ein kleiner Teil der geplanten Verschärfungen. Von den über 120 Vorschlägen sind 36 übriggeblieben.

Allerdings sind nicht alle schlecht. Die Verlängerung des Bewilligungsbescheides von sechs auf zwölf Monate und die Einführung einer Bagatellgrenze, bis zu der versehentlich zu viel gezahltes Arbeitslosengeld II nicht an das Jobcenter zurücküberwiesen werden muss, bedeuten Verbesserungen für die Betroffenen. Bei allen neuen Reformvorschlägen bleibt Hartz IV ein ständiges Diskussionsthema und damit auch ein Konfliktherd.

Im Mai 2014 stellte ich mich parteilos für die Linke in Hamburg zur Wahl in die Bezirksversammlung Altona und erhielt genügend Stimmen. Der nächste Schritt war die Kandidatur

---

43 Quelle: http://www.harald-thome.de/media/files/Bewertung-der-Konsense-ASMK-19. 02. 2014-HT.doc.pdf – Seite 17

auf der Landesliste für die Bürgerschaftswahl 2015, um auf diesem Weg Stimmen für Die Linke in Hamburg zu sammeln. Mit bereits im Vorfeld vereinbartem hinterem Listenplatz sind die Chancen in die Bürgerschaft einzuziehen gering. Jedoch bin ich der Meinung, dass ich als Aktivistin mehrere parallele Wege einschlagen sollte. Da die Hartz-IV-Gesetzgebung ein bundespolitisches Thema ist, kann ein Weg über die Politik führen. Das hindert mich jedoch nicht daran, auch außerparlamentarisch aktiv zu sein. Hierzu gehören mein Blog, der Besuch von Kundgebungen, Vorträge, Medienauftritte sowie der juristische Weg. Hartz IV muss von allen möglichen Seiten kritisiert werden: politisch, außerparlamentarisch und juristisch. Es bleibt spannend, und wo wir in einem Jahr stehen werden, wird sich weisen. Denn wer von uns kann schon in die Zukunft schauen?

Aber eines steht fest, und dafür kämpfe ich: Hartz IV polarisiert, spaltet unsere Gesellschaft und ist ein zutiefst inhumanes System. Es ist voller Widersprüche und entmündigt die Menschen und deren Angehörige in der Bedarfsgemeinschaft. Menschen, die zuvor in der Gesellschaft integriert waren, werden stigmatisiert, gedemütigt und entrechtet. Das «Vierte Gesetz für moderne Dienstleistungen am Arbeitsmarkt» hat eine politische Brisanz entwickelt, die es nötig macht, es von allen Seiten zu beleuchten. Und hierbei geht es nicht nur um ein moralisches oder ethisches Werteurteil, sondern vielmehr um die Analyse der Implikation von Hartz I–IV in die Gesellschaft, in die Politik, in den Arbeitsmarkt, in die Beschäftigungs- und Bildungsträgerlandschaft und nicht zuletzt in die Wirtschaft. Dass das moralische und ethische Werteurteil vernichtend ausfällt, erklärt sich von selbst. Wenn Frank-Jürgen Weise von mehrheitlichen Gewinnern der Arbeitsmarktreform spricht, ist er zwar mehr als zynisch, denn dabei kann er nur die Nutznießer des Systems im Auge haben, während er die «Verlierer» ignoriert und deren Situation beschönigt. Hartz IV muss endlich insgesamt als Systemfehler erkannt werden. Niemand hat etwas davon, wenn Schuldzuweisungen auf Mitarbeiter in den Jobcentern verlagert werden. Solange die beiden Seiten des Schreibtischs immer weiter gegeneinander aufgebracht werden, wird ihr Blick von der eigentlichen Ursache der Misere abgelenkt. Die hilflose und verzweifelte Wut von Erwerbslosen gegenüber willkürlich agierenden Jobcentermitarbeitern ist verständlich, und diese Fälle von Machtmissbrauch gehören ans Tageslicht. Und doch ist es wichtig zu erkennen, dass auch hier eine Entsolidarisierung unserer Gesellschaft, eine Spaltung stattfindet, die von den eigentlichen Missständen ablenken soll.

Denn ist es nicht mehr als erstaunlich, dass sich die Große Koalition bis heute für die Agenda 2010 auf die Schultern klopfen lässt und Alternativen zu einer Lösung der sozialen Probleme ein Schattendasein führen? Man kann nur einen Schluss aus dieser Haltung ziehen: Zehn Jahre Hartz IV ist gewollte Armut und Stigmatisierung von Menschen und ihren Angehörigen, deren gesellschaftliche Teilhabe durch den Neoliberalismus ausgeschlossen ist.

Doch das ist noch lange nicht das letzte Wort. Es wird Zeit, dass sich die Akteure unserer Politik, unserer Wirtschaft und unserer Verwaltung auf die Werte besinnen, die unsere Kultur seit so langer Zeit bestimmen sollten und die gerade die Parteien mit dem C in ihrem Namen stets vor sich hertragen, ohne sie wirklich auszufüllen: auf die Begriffe der Nächstenliebe, der Gleichheit, des Teilens und der Achtung eines jeden, egal aus welcher sozialen Schicht, aus welchem Land und welchem politischen Lager er auch stammt. Wir sollten endlich wieder einander wirklich zuhören, ohne den eigenen Vorteil im Hinterkopf zu haben, einander mit offenen Augen begegnen, ohne uns von Vorurteilen leiten zu lassen, und zulassen, dass Mitgefühl in unser Handeln einfließt. Es sind die einfachsten Grundbegriffe des sozialen Miteinanders wie Ehrlichkeit,

Rechtschaffenheit und gesellschaftliche Verantwortung für unsere Handlungen, die wir einfordern, und zwar nicht nur von den einfachen Leuten, sondern auch von Politikern, von den Verwaltungschefs und den Unternehmern und Konzernen. Denn wir wollen nicht zulassen, dass wir Jahrhunderte zurückfallen in eine neue feudale Gesellschaft, in der wenige alles besitzen und die Masse wie Sklaven gehalten werden. Weit davon entfernt sind wir nicht. Noch ist es Zeit. Worauf warten wir noch? Tun wir endlich, was nötig ist!

DANKSAGUNG

«Die Hartz-IV-Diktatur» wäre nicht geschrieben worden, wenn ich nicht so eine großartige, herzliche und empathische Hilfe durch Beate Rygiert erfahren hätte. Sie war es, die mir Mut zusprach, mich an ein Buch zu setzen und meine eigene Geschichte mit dem fachlichem Hintergrund zur Agenda 2010 und Hartz IV aufzuschreiben. Ich danke Beate Rygiert für ihr kritisches Feedback in der Entstehungsphase, das mich auf den richtigen Weg brachte, fachliche Sprache in eine einfachere Sprache umzusetzen. Danke, Beate!

Ein großes Dankeschön geht auch an meine Agentin Christine Proske von Ariadne Buch aus München. Ihr danke ich besonders für die Beharrlichkeit und den Schwung, mit dem sie mich vertritt.

Danke auch an die Mitarbeiter des Rowohlt Verlages für die gute Zusammenarbeit und das wundervolle, sorgfältige und herzliche Lektorat durch Susanne Frank. Dafür bin ich sehr dankbar.

Danke auch an alle bundesweiten Kolleginnen und Kollegen und Führungskräfte, die mir jederzeit für Interviews und Informationen zur Verfügung standen. Außerdem danke ich allen Betroffenen, die mir ihre Geschichten erzählten oder aufschrieben, damit sie veröffentlicht werden konnten. Ein weiterer Dank geht an Ulrike, Angelika, Gabriel, Horst und Wolfgang für ihre absolute Loyalität, Unterstützung und positive Lebenseinstellung. Danke. Sie wissen, warum.

Dank geht an all diejenigen, die mich laufend unterstützen und über ihre Kanäle die Thematik in den Vordergrund rücken: die Bundespartei Die Linke und ihre wissenschaftlichen Beraterinnen und Berater, die Mitglieder des Bundestages und der Landtage von Die Grünen, Die Linke, Die Piraten, SPD, Whistleblower Netzwerk e. V., ver.di Gesellschaften, die Landesvorstände und Mitarbeiter des DGB, GEW, IG BAU, Netzwerk Grundeinkommen, Initiative BGE.BEK sowie weitere Verbände, Arbeitskreise und Erwerbsloseninitiativen. Hier ein besonders großer Dank an Harald Thomé, den ich aufgrund seiner Sachlichkeit und fachlichen Kompetenz ganz besonders schätze.

Für die fachliche Unterstützung bedanke ich mich bei Wolfgang Neskovic, Prof. Dr. Stefan Selke, Prof. Dr. Stephan Lessing und Prof. Dr. Helga Spindler.

Ein Dank geht auch an meine Familie, die mich die ganze Zeit mental unterstützt. Meinen Eltern danke ich ganz besonders für die offene, kritische und demokratische Erziehung. Sie lehrten mich, immer neue Wege auszuprobieren, Dinge sachlich und kritisch zu hinterfragen und das Positive im Menschen zu erkennen.

Und schließlich danke ich dem wichtigsten Menschen in meinem Leben: meinem Mann, der dafür sorgte, für mich und uns Pausenzeiten einzulegen, und mir aber auch den Freiraum gibt, mich auf meine Arbeit zu konzentrieren. Ich danke ihm dafür, dass er Vertrauen in mich hatte, als ich keins hatte.

Danke!

HILFEN UND LITERATURHINWEISE
ZUM THEMA HARTZ IV

INTERNET

www.arbeitsagentur.de
Bundesagentur für Arbeit
Regensburger Straße 104
90478 Nürnberg
Zentrale@arbeitsagentur.de

www.bundesweite-montagsdemo.de
Koordinierungsbüro Gelsenkirchen
45879 Gelsenkirchen
Ringstraße 71
hans.nowak@ok.de

www.erwerbslosenforum.de
Schickgasse 3
53117 Bonn
redaktion@erwerbslosenforum.de
Forum: www.elo-forum.org

www.gegen-hartz.de
Redaktion GEGEN-HARTZ.DE
Gellertstr. 15
30175 Hannover
E-Mail: gegen-hartz.de@gmx.de
Forum: http://hartz.info

www.hartz4leaks.de
Luisenstrasse 13
90478 Nürnberg
info@hartz4leaks.de

www.hartz4-umzug.de
Kyllmannstr. 3
14109 Berlin
info@architekt4you.de

www.hartz-tour.de
Südring 4
31241 Ilsede
info@hartz-tour.de

www.kinderarmut-durch-hartz4.de
Erwerbslosen Forum Deutschland
Schickgasse 3
53117 Bonn
redaktion@erwerbslosenforum.de

www.labournet.de
Saladin-Schmitt-Str. 23
44789 Bochum
redaktion@labournet.de

www.sgb2.info
Bundesministerium für Arbeit und Soziales (BMAS)
Wilhelmstraße 49
10117 Berlin
info@bmas.bund.de

www.sozialberatung-kiel.de
Rechtsanwalt
Helge Hildebrandt
Holtenauer Straße 154
24105 Kiel
helgehildebrandt@hotmail.com

www.sozialesleben.de
Soziales Leben e. V.
Blücherstraße 3a
32547 Bad Oeynhausen
E-Mail: info@sozialesleben.de

www.sozialleistungen.info
Mittelstr. 38
68169 Mannheim
mail@sozialleistungen.info (online Kontaktformular nutzen)

www.tacheles-sozialhilfe.de
Tacheles e. V.
Rudolfstr. 125
42285 Wuppertal
E-Mail: info@tacheles-sozialhilfe.de
Forum: http://forum.tacheles-sozialhilfe.de

Michael Molli bei www.youtube.com
Archivierung von Hartz-IV-Berichten

Arbeitszeitverkürzung
www.arbeitszeitverkuerzung-jetzt.de

Mindestlohn
www.mindestlohn.de

Netzwerk Grundeinkommen
www.grundeinkommen.de

Whistleblower Netzwerk e. V.
www.whistleblower-net.de

SOZIALVERBÄNDE

Der Paritätische
www.der-paritaetische.de

Sozialverband Deutschland (SoVD)
www.sovd.de

Sozialverband VdK
www.vdk.de

GEWERKSCHAFTEN

Deutscher Gewerkschaftsbund
www.dgb.de

Gewerkschaft Erziehung und Wissenschaft
www.gew.de

IG Bauen-Agrar-Umwelt
www.igbau.de

IG Metall
www.igmetall.de

Gewerkschaft Nahrung-Genuss-Gaststätten
www.ngg.net

Vereinte Dienstleistungsgewerkschaft
www.verdi.de

LITERATURHINWEISE

Arbeitslosengeld 2 für Geringverdiener und Erwerbslose:
Hartz IV 2014, Grundsicherung, Rechtsstand Januar 2014
v. Der Paritätische Gesamtverband (Hg.)
München, 2014

Archiv für Wissenschaft und Praxis der sozialen Arbeit:
04/2014 – Beratung im Jobcenter
v. Gabriele Moos, Uta Rothermel, Matthias Konrad, Klaus Titz
Freiburg, 2014

Arm durch Arbeit – Ein Undercover-Bericht
v. Markus Breitscheidel
Berlin, 2008

Armut in einem reichen Land. Wie das Problem verharmlost
und verdrängt wird – 3. Auflage
v. Christoph Butterwegge
Frankfurt am Main, 2012

Ausgewählte Probleme der Verwaltungsethik (II)
v. Tobias Trappe (Hg.)
Frankfurt am Main, 2014

Bewährungsproben für die Unterschicht? Soziale Folgen
aktivierender Arbeitsmarktpolitik
v. Klaus Dörre u. a.
Frankfurt am Main, 2013

Brauchen wir Tafeln, Suppenküchen und Kleiderkammern?
Hilfen zwischen Sozialstaat und Barmherzigkeit
v. Caritas in NRW (Hg.)
Freiburg, 2011

Der aktuelle Hartz-IV-Ratgeber: Mehr Geld – höhere
Zuschüsse. So stellen Sie den richtigen Antrag
v. Horst Marburger
Regensburg, 2013

Denkschrift zum neuen Aktivierungs- und Vermittlungsgutschein (AVGS MPAV): Entwicklung seit der Instrumenten-
reform 2012
v. Dorothea Hegele, Thomas Krug, Thomas Bloch, Dirk
Feiertag
Leipzig, 2012

Die Sanktionierung arbeitsunwilliger «1-Euro-Jobber» und ihre
verfassungsrechtliche Zulässigkeit
v. Georg Faude
Marburg, 2014

Es liegt kein Antrag vor – Unerhörtes aus dem Alltag einer
Jobsuchenden
v. Johanna Richter
Berlin, 2014

Friss oder Hartz – Warum Hungerlöhne unsere Gesellschaft
zerstören
v. Laurent Joachim
Norderstedt, 2014

Hartz IV: Jobwunder oder Armut per Gesetz
v. Helmut Hartmann, Deutscher Verein für öffentliche und
private Fürsorge e. V. (Hg.), Lambertus Verlag (Hg.)
Freiburg, 2013

Hartz IV und der Tag gehört dir. Über das Schicksal Lang-
zeitarbeitsloser, den Zerfall unseres Sozialsystems und das
Milliardengrab ARGEn/Jobcenter
v. Björn Lange
Norderstedt, 2011

Hartz IV und die Folgen – Auf dem Weg in eine andere
Republik?
v. Christoph Butterwege
Weinheim, 2014/2015

Hartz IV: Mein Leben am Rande der Gesellschaft
v. Nicole Zieseniss
Moers, 2014

Hartz 5: Ein Hartz-IV-Roman
v. Peter Hetzler
Norderstedt, 2013

Hartz IV – Rechte erfolgreich durchsetzen: Ein Leitfaden
für Sozialberater
v. Malte Crome
Freiburg, 2013

Leitfaden zum Arbeitslosengeld II: Der Rechtsratgeber
zum SGB II
v. Arbeitslosenprojekt TuWas (Hg.)
Fachhochschulverlag
Frankfurt, 2014

Schamland: Die Armut mitten unter uns
v. Stefan Selke
Berlin, 2013

Schwarzbuch Hartz IV: Sozialer Angriff und Widerstand –
Eine Zwischenbilanz
v. Agenturschluss (Hg.)
Berlin/Hamburg, 2006

Schwarzbuch Soziale Arbeit
v. Mechthild Seithe
Wiesbaden, 2. Auflage 2012

Sozial- und Arbeitsmarktpolitik nach Hartz: Fünf Jahre Hartz-
reformen: Bestandsaufnahme – Analysen – Perspektiven
v. Jürgen Klute, Sandra Kotlenga (Hg.)
Göttingen, 2008

Soziale Bürgerrechte unter Druck: Die Auswirkungen von
Hartz IV auf Frauen
v. Karin Lenhart
Wiesbaden, 2009/2012

Wir Kinder von Hartz IV: Drei Reportagen über Familien aus
prekären Verhältnissen
v. Nicole Glocke
Halle an der Saale, 2012

Zahltag: Zwang und Widerstand: Erwerbslose in Hartz IV
v. Peter Nowak
Münster, 2009

ÜBER DIE AUTORINNEN

Inge Hannemann, Jahrgang 1968, arbeitete als Kaufmännische Angestellte und als Coach für Arbeitssuchende. 2006 wurde sie Arbeitsvermittlerin im Jobcenter Hamburg-Hamm, 2011 in Altona. Im Frühjahr 2013 stellte man sie aufgrund ihres «Brandbriefes» an die Agentur für Arbeit, in dem sie auf Missstände im Zusammenhang mit Hartz IV hinwies, frei. Ein Prozess vor dem Arbeitsgericht ist anhängig. 2013 wurde sie mit dem taz-Panter-Preis für Zivilcourage ausgezeichnet, 2014 erhielt sie den Clara-Zetkin-Frauenpreis der Partei Die Linke.

Beate Rygiert ist Autorin von zahlreichen international erfolgreichen Biographien, wie zum Beispiel «Als ich vom Himmel fiel» mit Juliane Koepcke (ausgezeichnet mit dem Internationalen Corine Literaturpreis 2011) und «Nicht ohne meine Mutter» mit Meral al-Mer. Sie lebt und arbeitet im Schwarzwald und in Stuttgart.

Hamed Abdel-Samad, Hans Rath
Ein Araber und ein Deutscher müssen reden

Ein Schlagabtausch zur Lage der Nation!

Der eine ist ägyptischer Politikwissenschaftler, der andere deutscher Unterhaltungsautor. Kein Wunder also, dass beide aus ganz unterschiedlichen Richtungen auf die Situation in Deutschland blicken. Persönlich, humorvoll und streitlustig diskutieren Hamed Abdel-Samad und Hans Rath über die Flüchtlingskrise und was sie für unsere Gesellschaft bedeutet: Wieso ist die deutsche Mentalität so schwer zu fassen? Ist das Grundgesetz verhandelbar? Wie gehen wir mit Vorurteilen um – und gibt es eine Grenze der Meinungsfreiheit? Warum klappt die Integration bis heute nicht richtig? Muss Religion Privatsache sein und Gleichberechtigung vom Staat geregelt werden? Einfache Antworten gibt es nicht – aber einige verblüffende Erkenntnisse.

128 Seiten

Weitere Informationen finden Sie unter www.rowohlt.de